财新图书
Caixin book series
U0857274

财新图书
Caixin book series

舒立对话2

未来十年，中国会更好吗

胡舒立 王烁 主编

财新图书
Caixin book series

凤凰出版传媒集团
江苏文艺出版社
JIANGSU LITERATURE AND ART PUBLISHING HOUSE
博集天卷
CS-BOOKY

图书在版编目（CIP）数据

舒立对话 2 / 胡舒立，王烁主编．—南京：江苏文艺出版社，2011.6
（财新图书）
ISBN 978-7-5399-4411-1

Ⅰ.①舒…　Ⅱ.①胡…②王…　Ⅲ.①中国经济—文集　Ⅳ.①F12-53

中国版本图书馆CIP数据核字（2011）第060369号

上架建议：财经・时政

舒立对话 2

主　　编：胡舒立　王　烁
责任编辑：刘　霁
监　　制：伍　志
特约编辑：于向勇
封面设计：王　军
出版发行：凤凰出版传媒集团
　　　　　江苏文艺出版社　http://www.jswenyi.com
集团网址：凤凰出版传媒网　http://www.ppm.cn
印　　刷：北京嘉业印刷厂
经　　销：新华书店
开　　本：720×1040　1/16
字　　数：320千字
印　　张：20.5
版　　次：2011年6月第1版
印　　次：2011年6月第1次印刷
书　　号：ISBN 978-7-5399-4411-1
定　　价：39.80元

推荐序一

三年前一天，胡舒立和李昕走进华盛顿美国财政部部长保尔森的办公室。几天后，他们与保尔森的对话，以《保尔森信号》为题，刊于《财经》杂志。对话关注当时即将举行的第二轮中美战略经济对话。和本书37篇对话的核心关切一样，也和舒立自上世纪80年代以来始终如一的职业兴趣一样，与保尔森对话的焦点，是中国的改革。

特别提到此篇，是因为注意到舒立团队采访保尔森的日子——2007年3月14日。就在这一天（北京时间3月15日），中国内地各主要网站刊出消息《美次级贷款地雷引爆　金融危机四伏》。舒立无疑是步入了正在形成的风暴的中心。她应该已经注意到美国新世纪金融公司发出盈利预警，和汇丰控股为在美次贷业务增加18亿美元坏账准备的新闻。但是那一天，无论她还是保尔森，显然都还没有意识到祸之将至。"保尔森信号"，不是关于一场世界范围的金融海啸已经逼近的警讯，而是对中国加快开放资本市场的鼓励。

五个月后危机全面爆发。舒立任主编的《财经》杂志刊出了《金融风暴 全球共振》一文。倏忽三年。三年后的2010年4月5日，舒立在北京再次访问保尔森。依然是从前的团队，但他们的媒体已是《新世纪》周刊。在题为《保尔森答案》的新的一篇对话里，有段耐人寻味的交谈：

保尔森：……危机发生的时候，中国副总理王岐山跟我说，“Hank，我们的‘老师’有麻烦了。”

《新世纪》：中国没老师了。

许多年后，人们一定会越来越清楚地看到，在2007/2008这个时间刻度上，有一条极其重要的历史分界线。正进入改革深水区的中国人，在这个时刻遭遇逆风和恶浪。在《保尔森答案》一文中舒立和她的同事评述：

许多致力于改革的人士认为，此次金融危机，中国在经济上受创有限，但改革开放之路受挫，影响更为深远。中国经济增长的动力，内部以经济自由化为主，外部以对外开放融入国际体系为主。在金融危机之后，两者都有所失速。国家干预主义不仅大占上风，还隐有固化可能。对外开放特别是金融对外开放的声音在金融动荡之下失声。中国30年来固然走所谓自己的道路，但自己的道路是不变量，变量基本来自“以美为师”。

在这个意义上说，“我的老师有麻烦了”，有麻烦的还有学生。

这正是舒立最深的忧虑——“许多人有一种错觉，以为中国幸亏没改那么快，如果真改了，说不定更像欧美，更容易出问题。金融危机好像不但没有成为改革的推动力，而且简直变成了不必要改革的一个根据”。就在2010年再访保尔森的4天前，舒立团队与经济学家吴敬琏、汪丁丁、高尚全座谈。《推进整体改革议程》一文，第一句话便是“中国正站在十字路口”。在这篇对话中，舒立团队和三位学者更深入地探讨了当今中国的困局和出路，他们的对话掷地有声。

高尚全说：“中国30年改革开放的成就举世瞩目。近年来，中央政府在教育、卫生、社会保障等民生领域的改革上有所进展，但从总体上看，改革进展并不平衡，主要有四大不协调：首先，改革滞后于开放；其次，宏观改革滞后于微观改革；三是政府改革滞后于企业改革；四是政治体制改革滞后于经济改革。这种不协调，累积了诸多深层矛盾。”

吴敬琏说：“2000 年至今，十年过去了，中国前途的两种趋向、两种力量在赛跑。即基于法治的市场经济道路跟‘权贵资本主义’或称‘官僚资本主义’，正在赛跑。目前，赛跑的态势怎样呢？应该说，两方面都有所斩获，现在还胜负难分。”

汪丁丁说：“对抗或抑制官僚资本主义倾向的更具体的步骤，我认为最值得优先尝试的是地方政府的财政民主化实验。预算民主和预算透明很重要，这其实是抑制官僚资本主义的最可行的办法。……记住美国独立战争的导火索是什么，我常常警告周围的朋友们，是税收和预算的专断权力。如果未来中国经济冲突转化为政治危机，它很可能是导火索。”

这是本书中提纲挈领的文字。座谈结束时，舒立说：“其实，30 多年改革的经验，概括言之，无非 12 个字：市场经济、民主政治、法治社会。未来十年，中国何去何从，不但攸关 13.3 亿中国人的切身利益，而且也对世界的稳定和繁荣有直接影响。”

“未来十年，中国何去何从？”舒立的发问，道出无数有识者心头的关切。这正是本书的主旨。《未来十年，世界是谁的游戏？》这个书名，看似举重若轻，却无法让人轻松。我是舒立的同行。书中诸篇对话，把我的视线引向世界和中国的变局，也引向舒立团队本身。未来十年，中国传媒何去何从？作为中国传媒的领跑者，这个团队的理念、品质和未来路向，值得同行瞩目。

中国新闻改革，是中国整体改革的重要子系统。新闻改革同样有内外两种动力。内在的动力，源自传媒人对前苏联“真理报模式”的扬弃和对新闻专业主义的追求，外在的动力，源自传媒市场化。告别“真理报模式”与政治体制改革密不可分，传媒市场化与经济体制改革有莫大关系。

观察一些转型国家和地区的传媒演变历程与中国的历史和现实，我认为中国传媒大致有四种路向：

第一块路标上写着“权力”。这是改革开放前的“真理报模式”：严密管制，以计划经济方式运行。这过去的历史似已遥远，然而若改革发生严重逆转，新闻改革的内外动力丧失殆尽，媒体仍有可能倒退回 30 多年前。这可能性虽微乎其微，但仍应存有警觉——极“左”势力并没有完全退出历史舞台。

第二块路标上写着“金钱”。这是一些转型国家和地区发生过的事实：威权管制崩塌，媒体的洪水冲决闸门，利润最大化成为传媒的最高追求，媒体进入恶质化的痛苦期。海峡彼岸的朋友曾告诉我们这种“自由到来后的苦闷”，但饱受钳制之苦的我们对这种前景注意不多，却对凭借市场化力量突破控制怀有浪漫的希冀。

第三块路标上写着“权力＋金钱”。这是今天的现实：畸形的传媒市场化。在政治改革明显滞后于经济改革的现实环境下，一些媒体正将“一要听话，二要赚钱”作为信条。“真理报”那一套改变无几，但却被大大注入了商业元素。一些媒体被赋予做强做大的特殊地位，依附权力，又试图垄断市场。这样的“市场化”，没有自由平等的竞争，却处处可见计划体制的遗弊。此种官商官媒，正为权贵资本主义所需。

第四块路标上写着“公器”。这条道路上的媒体，有志独立于权力与资本之间，把“自由”和“责任”视为一对相伴相生的永恒命题；坚守新闻理想，又能驾驭市场风浪，在传媒市场竞争中自立自强。

我认为舒立团队奋力探索的是第四条路，一条在传媒市场中谋生存、求发展、争自由、做公器的道路。这是一支专业性很强的财经类媒体制作团队，他们尊重专业知识，有冷峻严苛的操作流程，但却不囿于狭义的“财经”。他们自觉承担社会责任，高度关注公共政策，难能可贵地“既不惟权力的马首是瞻，也不惟资本的马首是瞻”。或者可以说，在舒立眼中，原本就没有那种可以自外于社会与政治的所谓“市场”和“财经”。她有一段谈论资本市场的名言，道出她的理念：“任何道理都不可能凌驾于市场‘公开、公正、公平’的原则之上，而在三‘公’之中，‘公开’居于首位；而媒体的批评权与公众的知情权就是公开性的保证。”

今天中国传媒的种种坎坷，就是高尚全先生所说政改滞后于经改所累积的深层矛盾的反映。中国传媒的生存发展离不开市场经济，但只有吴敬琏先生所说的“好的市场经济”，才能给中国传媒带来希望。而推动民主法治，呼唤

“好的市场经济”，正是传媒的迫切使命。

传媒不可避免地要涉及政治，投身市场竞争。今天的中国传媒，是政治角色，是经济角色，然而更应该是社会角色。在现代公民社会中，它承担着维护公共空间的使命。媒体是企业，但优质的媒体一定是不以营利为唯一目的的社会企业。它的专业性，首先表现为它的公共性。它监督权力的运行，但自身亦要接受社会的监督。从这个意义上说，重新定义传媒属性，让媒体成为独任其责的社会角色的新闻改革，无疑是政治体制改革的一翼，也是社会体制改革的一翼。

未来十年，是攸关中国前途、也攸关中国传媒命运的关键十年。改革之路会不会受挫？基于法治的市场经济和权贵资本主义间的赛跑谁胜谁负？是否会发生经济冲突？经济冲突是否会引发政治危机？舒立团队正密切关注。2010年秋，国务院总理温家宝在40天中七谈政治体制改革。舒立第一时间在个人博客上发表评论：

> ……值得警惕的是，当前出现了一种论调：中国经济的巨大成功，反过来证明了中国政治上的成功。按此逻辑，中国60多年来几无变化的政治体制，先验地既适应计划经济，也适应市场经济；基于这种“中国模式”之“政治优势”，过去不必改革，今后也无需改革。这种论调无视当前经济发展与政治体制不相适应的现实，与中共已有的政改决策相抵牾，也是对昭昭民意的漠视。

这是舒立的敏锐，也代表着团队的品质。未来十年的大幕已经开启，新的大戏充满悬念。危机，冲突，奋进，挫折，衰亡，新生……波澜起伏的新故事将一幕幕拉开。舒立团队，请当仁不让，和新一代改革者一起，担当起推动中国进步的历史重任！

香港大学新闻及传媒研究中心中国传媒研究计划主任

钱　钢

推荐序二

转型期中国，文化、社会、政治、经济生活与金融活动，无不受到转型的影响。收录在这里的舒立对话，自 1998 年至 2010 年（主体为 2007—2010 年），正是中国经济发展在前期“放权让利”改革结束后经历的最错综复杂时期。

中国社会这一次转型，是“文化—政治—经济”三重转型，以经济的转型期最短，大约需要 30~50 年。各国人口生育率迁移（demographical transition）的数据表明，在两代人时间内，一个“人口经济”过程通常完成这一迁移，进入人口的老龄化阶段。经济转型的起始年份，按照通常的看法，是 1978 年。不过，主导经济的思想转变，应是 1956 年，以毛泽东的《论十大关系》为标志。所以，从 1978 年开始的经济转型大约在 2028 年以前结束。

政治转型是一个复杂得多的社会过程，它首先依赖于本土社会文化传统和政治文化传统的转型，这就需要远比两代人更久的时间。例如，以 1900 年“欧风美雨”自西洋和东洋呼啸而来为开端，政治的转型已持续了百年之久，此即李鸿章所言“三千年未有之变局”。这一过程令人困惑的原因或内在紧张的原因，归根结底是我们数千年以来固有的情感方式与我们试图适应的新的生活方式之间的冲突，大国尤其如此。

制度（家庭的、教育的、医疗的、生产组织的和国家的等），马歇尔曾指出，毕竟要适应人们的生活方式和情感方式，故不能迅速改变。然而，中国社会这一次经历的转型却是迅速的，与各国转型相比，我们无论如何不能称之为不迅速。在这里，我们熟悉的一切事物，在十年之内发生的改变，足以让我们每一个人感叹，更足以让每一个外国人或在海外生活的中国人感叹。

如此大范围的社会变迁，在如此短促的时期内发生着，激发了生活在稳态社会里的观察者难以想象的事件的丰富性和冲突的尖锐性。舒立，在我试图概括她的特殊禀赋之前，我必须指出，她首先和我们每个人一样，“赶上了这个特殊的时代”。

人类社会经历过许多特殊的时代。纵观思想史，在西方和中国，要指出这些特殊的时代并不困难。例如，王国维指出过，商周更迭，为亘古以来最大一变。这之后的秦至前汉、魏晋至唐初、宋末和清末民初，均可称为特殊的时代。

鲁迅自述，家道中落的人，最有机会洞察世事。类似地，特殊的时代，社会的起伏动荡远比平常剧烈，从而产生无数人家的兴衰更替，这就为思想者提供了难得的体验。思想的深刻程度，与事件的丰富性和冲突的尖锐性恰成正比。

有机会体验，并不意味着能够激发深刻的思想。前者是客观的，后者依赖于主观因素。思想的深刻性，更主要地取决于心灵的敏锐程度。另一方面，在同一社会环境内，一个人的体验孰多孰寡，更主要地取决于性情。性情，心理学的术语是“personalities”，直译是“人格”。我们人类的情感，延续时间最短的，称为“情绪”（emotion）；稍长些的，称为“心情”（mood）；更长些时间的，称为“性情”（temper），或更学术地称为“气质”（temperament）；最后，我们性情当中能够维持毕生而不变的部分，心理学家称之为“人格”（最近发表的研究报告表明，受试者人格量表的得分在23岁至83岁之间无显著改变）。

舒立的性情——熟悉她的朋友们都知道，是性情中人。这是一种人格魅力。哪怕出自相似的家庭和社会背景，有这种人格魅力的人与没有这种人格魅力的人相比，可以有更多的体验机会。古希腊人相信，人格即命运。在舒立那里，这一信条可再度接受检验。

我和王烁（我替王烁作此猜测）属于上世纪90年代后期初识即被舒立的人格魅力吸引的人。我记得一件小事，那时我因文笔较佳而常被报刊主编们询问可否撰稿。某年某日，我赴三联书店董秀玉的宴请，席间一位主编再询撰稿事宜并再遭婉拒之后，终于启齿问了一个平常很难提出的问题：请问舒立给你多少报酬？众友静默，等待我回答。知道了我所得的报酬，那位主编大笑不已。我明白，我难以用报酬这样的理由推辞撰稿邀请。董秀玉迅速替我解围，她的解释：丁丁和舒立，当然友情更重要。十年过去，我仍记得此事，因为董秀玉的解释，显然最中肯。

舒立的财新团队几乎是一个关于中国新闻的传奇故事。我在舒立的编辑部也多次试图概括这一传奇的思想史涵义。我记得，比较令人信服的一种概括，我们称为“小圈子”的广泛“影响力”。例如，以马赫为思想领袖的维也纳小组是战前欧洲一个影响深远的小圈子，维特根斯坦、塔尔斯基、波普和哈耶克，以及许多重要的科学家和思想家，都受了它的影响，然后，这些影响通过这些重要的科学家和思想家带给包括中国在内的（例如，洪谦老先生是石里克主持的维也纳小组的成员）文明世界更广泛的影响。又例如，在数学界有个影响广泛的小圈子——“布尔巴基小组”，这个小组的成员通过一系列的文章和学术研究改写了现代西方的全部数学。最后一个例子是当代中国的，香港中文大学的陈方正教授在收集了足够多的素材之后，在一次学术会议发言时指出：中国经济体制改革最初的活跃人物几乎都源自陕西和山西的两个“知青点”。

无论如何，最终让我的“小圈子假说”获得充分说服力的，是MIT一位统计物理学教授发现的“幂律”。根据这一规律，我们体验到的自然的和社会的全部事件，如果按照事件的重要性排序的话，统计而言可出现这样一种规律：在经历了许多，例如几千项平凡的事件之后，总会有例如一项不那么平凡的事件发生。让我们将平凡事件的集合记做集合1，后来发生的不那么平凡的事件的集合记做集合2，在经历了许多集合2的事件之后，总会发生一些比“不那么平凡”更重要的事件，这样的事件的集合记做集合 3，诸如此类，我们于是可以有一系列集合，记做集合 1、集合 2、集合 3……幂律的意思是：任何一类事件，足够多的集合 1 的事件的发生意味着要有一件集合 2 的事件发生，足够多的集合 2 的事件的发生意味着要有一件集合 3 的事件发生……以此类推。如果在平面上画出重要性的级别及其事件数目的关系，那么，重要性的级别和各级重要性事件数目的对数，二者之间呈现一条负斜率的直线。根据幂律，我们有理由推测：当我们培养了 10 万名北大毕业生的时候，意味着大约有 1000 名可称为“出类拔萃”之辈的毕业生，在他们当中大约有 10 名可称为“天才”的人物……依此类推，若要涌现出 1 名爱因斯坦这样的天才人物，我们或许需要培养 100 万名北大毕业生。

在社会思想的领域，小圈子之所以特别重要，是因为那些最重要的观念，它们相互之间具有强烈互补性。于是，我们必须寻找尽可能多的携带着较高级别重要性的观念的人，非如此，不能获得更高级别重要性的观念。

不难想象，这些携带着级别较高的重要性的观念的人，可能多么地难以相处。文人相轻的倾向，在中国始终很严重。舒立的性情，在职业优势之外，使她能够恰到好处地与这些携带着较高重要性的观念的人相处。

职业优势，是的，舒立在新闻界享有优势。例如，那一著名评语——“亚洲最危险的女人”，从海外新闻人的角度刻画了舒立的这一优势。从局内人的角度，多年前我为她的另一本文集作序时写过，舒立的优势源于她心智的特征。她具备一名优秀新闻记者的心智特征——在任何突发事件中迅速捕捉最重要的信息。什么是最重要的？这与上述关于重要性的观念有关，不过，你还必须具备足够强大的理解力，否则，即使你接触到这些具有较高级别重要性的观念，你仍无法理解它们。在任何特定的社会里，如上述，携带着具有重要性的观念的人总是试图接触与他们同类的人。但芸芸众生，他们到何处寻找他们的同类呢？媒体，只有媒体最可承担这样的功能。你可以试着通过一份影响广泛的媒体发布和阐释你的那些具有较高级别重要性的观念，并预期由此引来同类重要性的观念携带者的注意。舒立兼有二者。她是携带着较高级别重要性的人，同时还是最具影响的媒体人。我再重复一遍，这要求一颗强有力的心。

收录在《舒立对话》中的文章，我认为，难度最大且内涵最丰富的采访，同时也代表了这本文集的最高水平的，是“中信再出发”。我甚至建议读者直接去读那一篇，以便熟悉和适应舒立的风格。其次，从学术角度，我认为提出了最多的既是实践问题也是学术问题的最具挑战性的采访，是“工行应变”。对话的水平取决于对话双方所思的深切与广泛。舒立在这两篇采访中的对话者，前一篇是孔丹和常振明，后一篇是姜建清。作为经济学家和主持金融学教育的学者，我对这几位对话者的印象，如上所述，因读了舒立的这两篇采访报告，十分深刻。

一颗强有力的心——情感的和智力的，如舒立这样的，随着更多和更深切的体验而不断进步。这样的预期，是可以确认的——从这本文集各篇文章写作的时间和它们的品质。

北京大学教授、经济学家

汪丁丁

目录

Directory

第三辑　圈钱不应当是中国特色

第四辑　国企艰难变革

第六辑　激荡中的民营资本

第一辑
宏观政策的进退之策

转变增长方式与转变政府职能

——与吴敬琏、高尚全、江平、许小年四人谈

主持人：《财经》编辑部

发表时间：2006-11-14

国有企业、国有银行、国家财政“三位一体”的体制，现在难以为继了。政府的角色应当转换为创造市场环境的主体，企业和个人才是创造财富的主体，这样，财富的源泉才能充分涌流出来。

主持人语：

10月8日至11日在北京召开的十六届五中全会，提出了中共中央关于制定“十一五”规划的建议。由是，加快转变经济增长方式，引人注目地成为“十一五”时期的战略重点；而为了转变增长方式，进一步转变政府职能、让市场机制在资源配置中发挥更大的作用，也成为改革的方向。

转变增长方式和转变政府职能的话题，并非始于今日。然而，多年悬而未决之后，当前的形势似乎已把中国推到非解决这个问题不可的位置。要解决这个问题，政府必须自我改革，整个社会亦需共同参与；说中国经济的长期健康发展与此息息相关，当不为过。

为了梳理问题，澄清困惑，展望前景，我刊编辑部近日邀请了国内经济学界和法学界的四位专家展开面对面的讨论。他们是：国务院发展研究中心研究员吴敬琏、中国经济体制改革研究会会长高尚全、中国政法大学终身教授江平、中欧国际工商学院教授许小年。

从他们各自意见的切磋砥砺之中，或许可以窥见转变增长方式和转变政府职能问题的关键所在。

无法回避的问题

主持人：转变经济增长方式和转变政府职能，现在已经被提升到国家发展的战略重点的高度。这个问题是从何而来，又怎样发展到今天这个位置的？

吴敬琏：转变增长方式是20世纪60年代后期苏联最先提出的，可是直到苏联解体，他们的增长方式始终没有转变过来。中国经济学界也早在那时就已经引进这个概念，但政府只是在改革开放以后才逐渐意识到问题的重要性。

转变增长方式问题首先是在制定“九五”计划（1996—2000年）时由国家计委提出来的。中央在作出“九五”建议的时候认真考虑了这个问题，提出实现“两个根本转变”，即经济体制转变和增长方式转变的任务，并且指出实现经济体制转变是实现增长方式转变的关键。这个理念是很先进的。由于1993年中共十四届三中全会以后，宏观经济改革取得不错的成效，“两个转变”在“九五”计划期间取得了一定的成绩。

“十五”计划提出了以结构调整和结构优化为主线。按理说，这与增长方式转变是一个路子。问题在于，产业结构由谁来调整和向什么方向调整：是更多地发挥市场的基础性作用，还是一切由政府来指挥和操办。如果按前一方向，经济结构就能够向优化的方向走，实现经济学所谓“帕雷托改进”；如果按后一种办法去做，实际上是改革开倒车。由于旧体制的遗产，如各级政府继续掌握很大的资源配置权力、土地等生产要素价格严重扭曲等没有得到清除，有些地方在执行中实际上变成了由各级政府官员按照自己的意愿去调整结构，大搞“形象工程”和“政绩工程”，这就引发了一系列问题。

高尚全：对这个问题首先要有清晰的理论认识。什么是“社会主义市场经济”？按照十四届三中全会的提法，是“市场在国家宏观调控下对资源配置起基础性作用”。这里有几个问题需要深入研究：一是宏观调控是资源配置的前提条件，还是市场经济的重要内容？二是资源配置的主体是政府还是市场？是政府主导型的还是市场主导型的市场经济？三是谁代表国家进行宏观调控？国务院当然代表国家，但地方政府也自称代表国家，大家都来代表国家进行宏观调控，行不行？

另一方面，市场经济下创造财富的主体是企业和个人。在计划经济年代，政府是创造财富和投资的主体，通过国家财政把纳税人的钱收起来，然后在各行各业投资；老百姓则把钱存进银行，银行就把这些钱大部分贷给国有企业。企业借钱的时候就没有还的打算，认为无非是从国家的一个口袋进到另一个口袋里。

许小年：为什么苏联提出要转变增长模式却解决不了？为什么我们提了这么多年也解决不了？因为现有的增长模式有一个非常坚实的基础，即政府主导资源配置。只要政府仍然主导资源配置，增长模式就不可能转换。

政府配置资源的目标函数不是效率，一定是别的指标，例如速度、规模、市政形象等。这就决定了政府配置资源不可能，也不应该是追求效率最大化的。政府的功能主要是实现社会目标，而不是赢利。因此，只要政府配置资源，就会追求速度、规模，具有很强的规模扩张冲动，从源头上就忽视效益。只有民间办企业、建工程，才会追求效率的最大化。

解决增长模式转变的问题，政府要逐步退出经济；要弱化政府配置资源的功能，让市场和民间发挥更大的作用。苏联没有做经济体制的根本改革，所以不可能实现经济增长方式的转变。中国改革进行了20多年，有了很好的开端，下一个课题是政府如何从资源配置的领域中退出来，这是实现增长模式转变的最重要的前提。

主持人：中国目前的政府和市场之间具体处于一种什么样的关系？这种关系朝什么方向发展，才有利于中国经济的可持续发展和社会进步？

吴敬琏：现在各级政府在土地、信贷等资源配置中仍然有过大的权力，这是改革还不够彻底的结果。例如，由于银行改革没有到位，各级政府实际上对银行信贷发放仍然有很大的影响力。许多地方的做法是，由领导班子开“办公会议”决定项目，要银行给予支持。又例如，“十五”计划时期各级政府掌握了一项新的重要资源——土地的批租权力。加上与政治周期重合，有些地方急于出“形象”、出“政绩”，于是投资项目纷纷上马，大量投入土地、资本等资源来实现改善“形象”和增加产值的目标，很快就造成了2003—2004年的经济过热。这使“十一五”不能不重提增长方式的转变问题。

许小年：尽管中国有了一个社会主义市场经济的大模样，但目前市场能够发挥较大作用的仅仅是产品和服务市场，三大要素（土地、劳动力、资本）的配置还是由政府主导。土地的一级市场几乎由政府垄断。劳动力，特别是职业经理人的配置方面，国有企业的高层主管大多数由政府指定，而不是在市场上选聘。资本市场过去有股票发行的配额制，现在有核准制；企业发债还是要政府批额度；上市公司主体仍然是国有企业；政府对资本市场有很大的影响。

有数据表明，银行信贷资金中，国有企业拿走50%以上；就投资而言，全国固定资产总投资来自政府、国有企业以及国有控股企业的也在50%以上。

除了直接控制的资源，政府还通过价格管制，包括存贷款利率、汇率、股市的市盈率，间接进行资金配置。所以从总体上看，中国经济要素配置的市场化程度还很低，需要进一步的改革。

要继续深化改革，特别是要素市场的改革，政府不仅要退出产品市场，也要逐步退出要素市场，让市场根据效益原则在要素配置上发挥更大的作用。政府退出还意味着解除价格管制，让价格反映资源的稀缺程度。现在的增长方式的基础是什么？廉价的能源、原材料和资金。价格管制的结果是人为扭曲资源的真实成本，助长了浪费资源的倾向。

高尚全：政府的主要职能是公共产品的提供者、良好市场环境的创造者、人民权利的维护者。政府职能的本质是服务。因此，建设服务型政府是政府改革的重要目标。

建设服务型政府，首先是要为老百姓提供公共产品、搞好公共服务。现阶段存在着的是公共需求的全面、快速增长与公共产品供给严重不足的矛盾。因为人均 GDP 到了 1000 美元的时候，大家对于公共产品的需求会快速全面地增长；但政府热心于私人产品而非公共产品，导致公共产品提供严重不足。为了适应公共需求的全面快速增长，政府必须扩大和强化公共服务职能，把主要精力和财力集中到发展社会事业和扩大公共产品的供给上来，切实解决好民生问题。

市场经济中的政府职能

主持人：看来，增长方式的转变要归结到政府职能的转变。那么转变政府职能的关键在什么地方？

高尚全：需要从根本上解决政府在经济生活中的所谓越位、缺位、错位问题。政府“越位”——当了运动员而不是裁判员；现在的重要问题是，各级政府仍然管了许多不应该管又管不好的事。“缺位”——政府的职能本来是提供公共服务和公共产品，首要的是提供法律和秩序，但不少应该由政府管理的事却没有管好。“错位”——投资主体本该是企业和个人，而一些竞争性产品，政府却充当了投资主体。这是改革不到位的重要原因。

要转变政府职能，必须要做到的是，“越位”的要退下来，“缺位”的要补上去，“错位”的要改过来。

主持人：很多人认为，这些现象在地方政府身上表现得尤其明显，比如说，地方政府为了追求政绩什么都干。对此应当如何理解？

吴敬琏：有人误解说经济过热的原因只在于各个地方有扩张冲动，毛病只出在地方政府。我看这是一种不正确的判断。地方政府和任何一个社会主体一样，需要考虑自己和本地区的利益，问题的症结在于，人们在什么样的体制环境下去争取自己的利益。设定适当的体制，使局部和整体能够"激励兼容"，这就是中央政府的事情了。现有制度存在许多不合理的地方。例如，把产值增长看成最重要的政绩指标，对土地、贷款等生产要素规定了过低的价格，等等，自然会鼓励各级官员不惜资本和其他资源耗费去追求"形象"改善和产值增长。

现在有一种说法，认为只要制定出一套全面的考核指标，就能防止各级政府只追求产值增长。西方经济学家讨论研究全面的人类发展或社会福利指标已经几十年了，至今还没有制定出公认的良好指标体系；更何况这里要的不是一种研究性的指标体系，而是考核用的指标体系，更是谈何容易。

我看更容易见效的解决办法，还是毛泽东在和黄炎培关于历史周期律的谈话中所提出的那一条，就是实现民主。要让各级政府官员都受纳税人，即全体成年公民的代表的监督。专注于产值增长，而不顾资源耗竭、环境破坏等损害群众切身利益的做法就很难行得通了。因为任何只靠由上而下的考核，而没有作为社会主人的群众有效行使民主权利，是管不住官员的越权行为的，更没办法保证所有官员都自觉自愿地为大众谋福利。

许小年：现在有一种看法很流行，认为给地方政府或者国有企业"设计"一套考评体系，就能解决问题。其实不可能找到一套完美的指标，最好的评价体系是市场。

市场上那么多企业给职业经理人打分，综合分数就是总经理的工资，这就是最准确的指标。这也是为什么要发展劳动力市场的原因，市场给出总经理的价格，给出专业人士的价格。在价格信号的指导下，人力资源得到有效的配置。同样的道理，地方政府最好的评价体系是老百姓的打分，是民众的满意度。

主持人：政府发挥作用的另一个途径是影响产业。最近，中国几个比较重要的行业，像资源和能源产业，相继出台了一些产业政策。其中非常重要的一条，是设立严格的市场准入的行政许可制度，反而强化了政府的主导作用，同时，真正的垄断大企业仍然可以设立新厂。怎么看待这些打着贯彻中央政策旗号的产业政策呢？

吴敬琏：这不符合十四大“市场要在资源配置中起基础性作用”的决定，也不符合市场经济法治的一个基本理念，即“非禁即入”。“非禁即入”意味着从事一切不损害他人利益的活动，是每一位公民的天然权利，并不需要行政许可。因此，只要法律没有禁止，公民都有权自动进入，而不是说人民只能干政府批准你干的事情。像最近的手机生产核准制就非常严苛，条件包括技术、资本、土地等。最近中央全会的决定指出，“政府不该管的坚决不管”。问题是，首先必须明确什么是政府不该管的。“产业政策”泛化的结果是，政府管的事情越来越多。即使是日本这样一个产业政策大行其道的国家，产业政策也是一个存在很大争论的问题。在我看来，可能还是反对产业政策万能的意见比较正确。

现在认识和实践上还有一种误区，就是把产业政策等同于宏观调控。这种说法完全搞乱了宏观调控的概念。宏观调控是总量的调控，指用货币、财政等宏观经济政策调节社会总需求，而不是去管具体部门的发展和企业的运营。现在有一种倾向，把任何政府的管理、干预都叫宏观调控。这样一来，就把所有的行政干预都说成是必要的、合理的了。

许小年：关于监管、垄断、市场准入，美国经济学家施蒂格勒（George Stigler）在20世纪60年代对电力行业作了一个经典的研究，发现凡是实施电力监管的美国各州，电价比没有监管的各州还高。他提出“监管俘获”理论解释这种现象，即垄断厂商把监管当局和政府俘获了，监管当局成了维护垄断厂商利益的工具。

这个说法现在已基本被学界接受，施蒂格勒也因此获得诺贝尔经济学奖。这个理论对我们理解中国的情况很有帮助，我们有没有监管俘获的问题？监管是削弱了垄断，还是制造了垄断、巩固了垄断？

法治与公平

主持人：从法治的角度看，如何理解转变政府职能？

江平：我认为有四个问题需要注意。

第一，有文件说，国家政府调控经济是通过法律手段、经济手段和行政手段。但是，这三种手段之间是什么关系？行政手段离开法律手段是什么？经济手段离开法律手段又是什么？政府并没有对三种手段的使用领域、条件、方法作出规定，从而造成一个模糊的空间，似乎政府愿意采用哪种手段就可以用哪种手段。

第二，国家调控市场的理念，特别是市场准入和退出机制方面，任意性非常大。《公司法》第八条关于公司设立的第一款规定是准则主义的，即符合条件就可以设立，第二款才讲需要经过审批作为前置条件。一般第一款的自由设立是基本原则，第二款的审批是作为例外。但在实际中却反过来了，自由设立是例外，审批才是正常。

第三，三种手段对应三种权利和权力。一是私人自主的权利，在法律上讲是当事人意思自治；二是社会中介机构和社会组织的权利；三是国家介入市场经济领域的权力。

改革开放以来，在法律上讲有私法和公法之分，本质上就是要重新设立私法和公法的制度，特别要建立私法的范围和空间，其手段就是私人意思自治，由当事人自己解决。国家要保护每一个市场参与主体的权利不受侵犯，这是一个服务功能，不是某种批准性的、强制性的功能。在市场的活动范围内，能由当事人自己解决的，尽量由当事人自己解决；能够由中介机构解决的，尽量由社会中介机构解决；只有当事人意思自治解决不了，必须由国家干预，必须通过审批手段、使经济有序发展的时候，国家才出现。这个先后顺序是市场中非常重要的理念，但是长期以来是倒过来的，国家被放在第一位。

第四，现在的问题是国家干预的无序性，即缺乏程序性规范，而无程序就是无法律。现在某个主管部门、某个领导的批示，就有可能成为市场活动的依据。因此，通过严格程序来界定国家权力、政府权力，极其重要。

主持人：这就是把政府行为纳入法治的轨道。具体而言，政府行为在市场经济中应当受到哪些约束？

江平：要回答这个问题，我们需要从法律角度理解市场经济。市场里有三种自由：一是财产自由，私人财产不受侵犯；二是契约、合同自由；三是营业自由。

第一，财产自由，只有在社会公共利益下才可以征收征用，而且必须合理补偿，国家干预只能在这个范围内。法律其实写得很清楚，但滥用的多得很，不给予补偿是经常的。

第二，交易行为、合同行为，一个是法律没有禁止的都是合法的，另一个是违反公平竞争秩序的国家要干预。国家的干预不是任意的，必须依法。

第三，营业自由，就是准入和退出的机制。这方面中国做得最差。准入机制国家干预很多，退出机制更是不完善。这里还有两个政府权力的特区，一个就是宏观调控，另一个是整顿市场秩序。宏观调控让你进你才能进，不让你进你就进不了；整顿市场秩序，让你关你就得关。这两方面还没有规范性操作，宏观调控可能具体到一个企业的审批，整顿秩序是哪怕你有正常的营业执照，让你关就得关。将来的《反垄断法》会有一条，反对政府垄断和行政垄断。

许小年：政府还需要正确理解用法律和行政手段调节经济的含意。如果理解为调节经济周期是有问题的。经济周期波动三年五年来一次，法律要有相对的稳定性，法律总不能三到五年调一次吧？经济运行时松时紧，时冷时热，不能让法律跟着变动。经济学意义上的政府干预，是在经济发生周期波动的时候，政府用宏观政策调节经济运行。

颁布《反垄断法》、《公平竞争法》等，并不是用法律手段干预经济，而是为市场的有效运行创造法律环境。如果否定了用法律手段调节经济周期的话，行政手段调节经济也就失去了依据，因为行政手段必须要有法律基础，对经济周期的调节就剩下经济政策一个选择。

主持人：现在大家看到市场存在很多不公平的现象，认为只有政府才能去维持公平；如果政府退出资源配置，会导致社会的更不公平。对此应当如何理解？

吴敬琏：保持社会公平是社会主义国家政府的一项重要职能。而且，贫富悬殊的确是目前我们社会中违反社会公正的社会主义原则的一个严重问题。要妥善地解决这个问题，首先要弄清楚，不公平的根源来自哪里，才能对症下药。收入不平等有两个可能的来源：一个是机会的不平等，一个是结果的不平等。照我看，目前中国社会贫富悬殊，主要来自机会的不平等；例如贪官污吏利用手中的公共权力，通过权力寻租，通过盗窃公共财产，通过买官卖官，很容易就成了千万、亿万富翁。

市场经济中因为能力、财产等等不同造成富裕程度有差别，这个问题也要妥善处理，但是孰轻孰重必须分清楚。这个事情不弄清楚，事情就会搞乱、搞糟。比如有人说，现在不应当强调效率优先了，应当以公平为主。这种说法就把两种不平等混为一谈，而且把主要的矛头对准了结果的不平等。这是有问题的。效率优先、兼顾公平这个口号是有点问题，问题就在于这里所指的平等是结果平等，结果的平等和效率提高在许多情况下是有负相关关系的，比如平均主义的分配就会损害效率。但现在主要的不平等是机会不平等，而机会平等和效率提高是正相关关系，机会越平等，效率越高，增进平等和提高效率方向是相同的，而不是相反的。

混同两种不平等，把矛头主要指向结果不平等的最大问题，是把“反腐”

和“反富”混为一谈，矛头不是指向贪官和“红顶商人”，而是指向中等收入阶层的上层分子，如医生、教授、国企高管、中小企业主等，这在政治上也是错误的。“腐”和“富”之间容易混同，但是领导和传媒的责任在于帮助大众分清二者，真正懂得谁是我们的朋友，谁是我们的敌人。令人担忧的是，现在好像集中注意的是结果的不平等，于是就要限制国企经理的最高薪酬，对一般的富人征高额税等；还动不动就要“向富人开枪”。这种说法和做法不但没有抓住要点，还会导致严重的社会后果。贫富悬殊，是腐败、是用权力换取收入，即权力寻租造成的。

内地一个大学校长告诉我，在那边最腐败的是卖矿，不大的官员卖一个小煤矿的采矿权，他和他的亲戚朋友一年之中就可以净赚一两千万。政府官员在什么地方拥有资源支配权力，就在什么地方造成了寻租环境，什么地方就是腐败的温床。贫富差距就会因此而扩大。

卖官这么猖獗，就是因为权力有价。如果制止不了这个，限制国企经理人员的薪金等做法都是舍本逐末。

江平：我举一个例子。这次讨论《物权法》，很多学者提出，不是老讲农村贫困吗？那就干脆让集体土地自主开发、自主交易，这不是能解决这个问题吗？为什么非要限制？限制的结果就是集体土地跟国有土地根本不平等，造成了农民贫困。

高尚全：在计划经济的时代似乎大家很公平，每人每个月半斤肉三两油，但贫穷不是社会主义。搞市场经济要承认按劳分配，按要素分配，结果不可能一样，如果一样就是平均主义了。每个人能力不同，掌握的要素也不同，收入肯定不一样，因此，政府要创造公平竞争的环境，同时要通过税收调节收入差距。

现在大众最不满意的就是权力市场化，搞权钱交易。过去是利用价格双轨制，一个批件就可以发财；后来利用土地批租、资金信贷和股权融资等，可以一夜暴富。这种暴富侵犯了他人创造社会财富的收益，是对社会财富的瓜分，加强了社会的利益关系失衡。

许小年：与现代市场经济相适应的平等观念，是机会的平等，而不是传统的“不患寡而患不均”的平等，那只会限制人们的勤奋与创新。所以搞市场经济，观念要更新，知识分子有责任推动这方面的讨论，逐渐转变社会的观念；观念要能够适应市场经济，否则会束缚经济的发展。

改革的动力与前景

主持人：政府改革的问题，你们一方面认为很迫切，一方面认为很困难。那么怎样才能解决问题？是需要一个总的转变，还是先做一个一个具体的事情？哪些事可以先做？是否要从政治体制改革的高度来看这个问题？

吴敬琏：原则其实都已经很清楚了。要看领导对问题的认识是不是足够清楚，政府对完善制度有没有足够的决心和魄力。至于政治体制改革，先做什么、后做什么很费斟酌。但不管怎么样，法治总是第一位的。

江平：有一个对十六届五中全会的很好解读："让社会主义更加社会主义，让市场更加市场。"让社会主义更加社会主义，就是要让分配更公平；让市场更加市场，就是要更加市场化。至少在政策口号上，已经达到一定高度了。

高尚全：改革应该是渐进的。当前应当把政府改革提到很突出的位置，这是全面深化改革的关键。政府改革既连接社会体制改革，又连接政治体制改革，处于中心环节。

主持人：现在似乎缺乏专门的推进改革的机构？

高尚全：改革需要公正协调，这靠垄断部门肯定不行。我提出过三个方案：第一是恢复体改委；第二是国务院成立高层次的改革协调领导小组，总理任组长，副总理任副组长，综合部门第一把手当组员；第三是发改委要加强改革的职能。

恢复国家体改委方案的难度大一些，因为需要进入全国人大的程序。如果由国务院成立领导小组来操作，会相对容易。

主持人：政府的行为是出于自己的利益和惯性的；很难想象它会由于思想认识到了而发生转变——何况它还认识不到。你们怎么看待前途？

高尚全：前途是光明的。如果不加快政府改革，国有企业、金融改革以及要素市场化很难着力推进。

许小年：动力有两个，一个是巩固执政党地位；二是不改的话，可能会出事。

日本的邮政改革为什么只有在今天才能成功？如果日本没有十年萧条，小泉的改革会寸步难行。十年萧条迫使日本商界、政界、民间都反省问题到底出在哪里。尽管传统上自民党很保守，随着日本经济和金融形势的恶化，自民党上下都认识到日本的问题不能再拖了，社会上改革的呼声也越来越高。小泉及时把握机会，推动改革，获得了党内外的支持。我们则不能等到这个地步才进行改革，完全可以采取主动。

主持人：你们认为政府感受到这种程度的迫切性了吗？

吴敬琏：这次决议把政府职能转变提到了这样的高度，说明领导上已经认识到问题的重要性和解决这些问题的必要性和迫切性。

许小年：现在的改革和20多年前的也不一样。20多年前基本是自上而下的推动，现在民间的改革力量也已经很强了，会发挥很大的推动作用。

江平：现在无论哪个领导人都不会，也不能让改革往后退。当然，也不能寄望太高。中国的改革是一个波浪式前进的过程。

高尚全：我们还要注意排除干扰。有人批判改革，否定20多年来改革的成就，我们对此千万不要上当，否则会有灾难性的后果。

宏观政策的进退两难

——专访建设银行董事长郭树清

采访人：温秀、冯哲

发表时间：2010-3-29

宏观政策进退两难之际，身兼前国家宏观调控官员、学者、银行家的郭树清畅谈宏观政策选择、资产价格调控和银行改革的核心问题。

从最困难的一年步入最复杂的一年，中国商业银行的微观表现与宏观经济、结构调整的政策选择之间的互动越发直接。就中国的商业银行家而言，对于经济全局的理解和改革方向的判断已成为最重要的课题。

自金融危机以来，中国建设银行显得有些特立独行。先是在银行业犹豫之时率先加大了对基础设施等行业的贷款力度，又在全行业狂飙猛进之时，显示出相当的理性和克制，成为四大行中2009年新增贷款最少的银行。

这一切均与建行董事长郭树清的判断密不可分。今年54岁的郭树清曾在原国家体改委与央行任职，并两度获得孙冶方经济学奖，对于宏观经济每每有独到的见解，亦为政学两界广泛瞩目。3月22日，在建行总行21层的办公室里，郭树清接受了《新世纪》周刊记者的专访，畅谈宏观政策的进退之策、资产价格调控和银行改革的核心问题。

“最好把一部分新增贷款转换成国债，用于公共性财政支出，投入教育、社会保障、医疗、公共卫生。”对于当前宏观政策的进退两难，郭树清提出的建议颇有深意。

财政政策大有可为

记者：作为经济学家，你认为中国的宏观经济正处于一种什么样的态势，是在过热的前端还是有二次探底的危险？

郭树清：两种可能你都说到了。去年受金融危机的影响，中国的出口受到较大冲击，为此国家及时启动了全球来看力度最大的经济刺激计划，鼓励投资和消费，也带动了信贷的大幅增长。在扩大内需的同时，引起了人们对通货膨胀和资产泡沫的担心。而在一个有资产泡沫的市场上，银行经营的风险自然会增加。在面对两种极端可能性的情况下，只能统筹兼顾，执两用中，我相信中国经济、金融都会实现软着陆。

就宏观调控而言，在目前情况下，因为流动性依然明显过多，货币政策的操作可能需要更紧一点，不能让资产泡沫进一步扩大，不能让零售物价继续上涨，甚至失控。同时，财政政策还可更宽松一点。这也是使两大政策手段实现平衡的需要，长期以来的“大金融、小财政”，财政政策比之货币政策在宏观管理中的作用仍显得较为欠缺。

记者：你为什么认为目前财政政策发挥作用的余地更大、更重要？

郭树清：因为我们面临的一些基本问题，调整经济结构、转变发展方式、改善国民收入分配等，都需要财政政策发挥更大的作用。特别是增加公共服务供应，如教育，近几年国家的投入增长是建国以来最高的，但是跟经济发展和已经达到的收入水平相比，仍然较低。中国现在劳动力平均受教育的年限只有8.5年，相当于初中还没有毕业，这是美国20世纪20年代的水平，而美国现在已经是人均受教育14年，平均在大专水平以上。在公共卫生和社会保障方面，甚至社会治安和司法服务方面，城乡差别、地区差别依然非常突出。这些公共服务的均等化无疑需要财政政策能够更有效地发挥作用。此外，在环境保护、生态建设方面，财政也能够发挥更多的作用，如对资源消耗征税等。

记者：当前的现实是，财政政策相对比较保守，顾虑重重？

郭树清：中国当前的国债规模占GDP约20%，如果加上各种隐性债务，可能会达到30%左右，在国际上也是非常正常的。财政政策扩张面临一定难度，一定程度上与人们的观念有关，传统上大家都认为财政赤字是硬约束，而银行贷款多一点似乎无关紧要。实际上，从国家整体的资产负债表的角度看，无论是财政问题还是金融问题，系统性风险的最终责任承担者都是国家。即便是美国和欧洲，银行的坏账大到一定程度，最后还要靠发国债来解决。但是，要强调的是，不能从一开始就打通了，财政绝对不能直接从银行透支。

我个人认为，最好可以把一部分新增贷款转换为新增国债，用于政府支出、公共服务。因为过多贷款很可能形成过剩的生产能力，包括基础设施过于超前，都可能会过剩，项目的现金流、回报率都是问题，但如果用于教育、社会保障、公共卫生等，产生重复建设的可能性不大。

记者：国家提出的两年4万亿投资，有1.18万亿是中央财政投的。现在如果财政政策继续宽松，岂不是意味着刺激政策无法退出，而是进一步深入？

郭树清：怎么定义这个退出很难。因为该做的事情其实还有很多没有做，有些事情则做得有些过了，需要往后退一退。从这个意义上说，中国的回旋余地是最大的，因为作为高速发展的经济体，中国还处在工业化和城市化发展的高峰期。只要把城市化的步伐加快一点，有效需求就会持久地大幅度地增长，还可以推动产业结构调整、改善收入结构。

首先一条，目前在沿海发达地区，也包括内地一些城市郊区，都有相当多的人口生活在基本实现了工业化的经济体系内，估计有两三亿人，但是这些地区在行政区划上仍然叫农村，至多是乡镇，名实不符。更大的问题是，由于仍按农村来管理，就不会有像样的建设规划，楼房建在农田里，有的没有自来水，有的没有下水道；最大的“村”有6万多人，最大的“镇”有60多万人。这类地区应当尽快进行调整和改革，形成与经济社会人口规模相适应的行政管理体系、公共服务体系。

另外一条，就是抓紧推进已进入城市的农民工的市民待遇问题，毫无疑问，各地情况不同，不可能一步到位，但是最重要的是建立能够使这部分农民逐步融入城市、享受市民待遇的完整机制。最迫切也最应当首先解决的是农民工子女就地上学和公共卫生全覆盖问题，然后就是“三险一金”的落实及打通跨地区接转，这些都需要中央加强指导支持，需要积极的财政政策发挥作用。

记者：最近广东将最低工资提高20%，江苏则提高了13%。你怎么看待通胀以及预期问题？

郭树清：最低工资上涨的直接原因是招工困难和生活成本上升，也说明劳动力价格有所提高。这个现象有利有弊，但总体上利大于弊。

我从来不相信劳动力无限供给一说。所谓的刘易斯模型是建立在纯粹的二元经济结构上的抽象化、简单化的假设，现实不会正好是一个现代的工业部门对应一个原始的农业部门。中国改革一开始，农村经济放开搞活就有多种产业，特别是乡镇企业崛起，造就了多种行业、多种形式、多个层次的就业领域。加上扩大内需之后，内地也有些基础建设项目开工，农民工能在家门口找到工作。所以劳动力价格提高是一个必然出现的现象。

20世纪90年代中期以来，之所以出现农民工工资长期不动，与各级政府过度优惠的投资条件和过度的重商倾向有关。长期压低工资、压低地价，长期给予税收优惠、不考虑环境成本的做法，导致了要素价格的扭曲。在此轮银行改革前，这种扭曲曾导致大量银行坏账，有的发达省市一地核销的不良资产就有数千亿元，客观上也说明这些地方使用资金的成本较低。然而，这造成两种不良后果，一是拖延和推迟了这些发达地区的产业结构升级；二是这些地区自身经济发展的同时，对周边地区的带动效益一直没有那么明显，甚至在一省之内也是如此。现在的劳动力紧张和价格提高，正说明过去的产业结构赖以维持的机制难以为继。

把脉房地产

记者：对于房地产市场的泡沫问题，你觉得有何解决办法？

郭树清：房地产永远都是一个区域性的概念，很难说全部都过热。整体上价格涨得比较快，但是一线城市和二、三线城市不能一概而论。

首先，这涉及货币政策。宽松的流动性，导致房地产需求比较旺盛。

第二，我认为需要特别反思城市的规划布局。因为我们的中小城市吸引产业、分流城市化人口的功能相对来说很不理想。我们的经济、产业、公共服务，包括好一点的大学、医院，都集中在沿海少数几个大城市，特别是北京、上海、广州。相形之下，欧美的大学、医院、公共资源的分布在没有多少国家统一规划的前提下，反而非常均衡。

第三个因素就是土地。我们在土地用途和规划的管理非常薄弱，而在使用权和产权的管制又非常严格，结果往往适得其反。比如全国性大城市，包括不少地级市周边，往往把灌溉条件最好的农用地都改成了“小产权”的住房、别墅甚至是高尔夫球场，未经规划，也未经正式批准，结果弄得政府骑虎难下。

此外，在严格的耕地保护政策下，把一些不太适合耕种的土地，比方说北京的一些浅山区，允许改成非农用地，如住宅、别墅等。而农业用地应该允许城市资金在不改变用途的前提下去投资，比如允许城里人甚至港澳同胞和外国人去投资农业，建立现代化的农场、林场。这也是世界上大多数国家的做法，特别是发达国家的做法，土地所有权自由流转，而用途和环境管制十分严格。

记者：现在这种扭曲的局面加上投机因素和货币太多，高房价对整个宏观经济都是比较负面的影响？

郭树清：肯定的。实际上地方政府也很担心地价的上涨。北京、上海每年有几百亿、上千亿的卖地收入，但是和由此带来的问题相比，未必一定划算，因为这意味着地方政府需要兴建更多的基础设施，包括盖更多的两限房、低价廉租房，补贴更多的人；另外还有教育、医疗、社保等更多支出。房价提高会抬高其他所有商品和服务的价格。

城市只有房价高，会很麻烦。因为这会打击产业、打击创业，外来移民和各行业的人才都会减少，城市就不会有活力。

记者：地方政府基于土地拿到的贷款，杠杆率也有好几倍。刚才你讲的问题可能都是长期的，但是短期基于还款的压力，应不希望地价下跌吧？

郭树清：地方融资平台短期内还款压力还不是很突出，一般来说都是有项目自身的还款来源，拿了钱去搞纯粹公益事业的比较少，发达地区的城市一般不会这么做。落后地区条件可能差一些，但是国家持续的财政资助还会增加，中央代发债继续安排，地方直接发债也有可能。另外，相关贷款的期限也很长，很长一段时间内只要付息。经济发展这么快，物价也在上涨，在流动性过剩的情况下，还是有机会都消化掉的。关键是配套的改革是否能跟上。国家对这个问题高度重视，正在研究和采取有效的措施，使之得以妥善解决，不会因之而继续允许和鼓励高价卖地来还贷。

难定汇率操纵

记者：目前国际上呼吁人民币升值的呼声依然强烈，国内也有人对美国近期有意将中国归入汇率操纵国表示担心。能否谈谈你怎么看我们现在面临的这一压力？

郭树清：中国政府的态度非常明确，无论是温家宝总理还是周小川行长，都曾经说过，中国将根据自身的情况，稳步推进人民币汇率形成机制的改革，反对在他国的压力下进行升值。

我注意到美国有意将中国列入汇率操纵国，引起了部分国人的担心，但其实没有担心的必要。何为操纵汇率，有明确的定义可循，并不可能随意由少数人或少数国家修改或调整，美国财政部多年来均未能把中国列入汇率操纵国名单，就是这个原因。

固定汇率制也不能说是操纵，布雷顿森林体系实行近 30 年，发达国家的汇率都是固定的。何况中国实行的是有管理的浮动制度。所谓操纵汇率，是指政府通过控制汇率，使一国的出口贸易始终处于有利的竞争地位。如果汇率是挂钩的，就不能叫做操纵汇率。

当前有五六十个经济体都选择了与美元挂钩，欧洲一些经济体也直接或间接地与欧元挂钩。这些都不能被视为操纵货币，因为其货币是跟随挂钩的货币有升有跌，他没有额外获得竞争优势，你也没有。比方说，在 1997 年金融危机的时候，周边国家的货币贬值，但当时人民币没有贬值，相对于周边国家就是升值的，出口的价格竞争力受到了很大削弱。哪有说相对升值了的国家还被说成是操纵货币的呢？这次金融危机期间也是一样的。

记者：2005 年汇改后三年，人民币对美元汇率累计升值超过 20%，期间中国贸易顺差不降反升。2009 年人民币对美元汇率基本稳定，但是全年贸易顺差同比下降 34.2%，2010 年 1 月至 2 月，在人民币汇率基本稳定的前提下，中国贸易顺差激降幅度超过 50%。这是否说明一国本币升值对调节贸易顺差的作用十分有限？

郭树清：是的，汇率本身和贸易顺差关系没有过去理论上假想的那么大，现在越来越小。因为影响贸易的因素很多，汇率只是其中之一。汇率对于贸易的影响是双向的，出口变贵的时候就意味着进口变便宜了。我们的贸易中加工贸易占比很大，具有多进口再出口的特点，所以汇率升值或者贬值对贸易越来越中性，而升值不能解决美国所说的问题。中美两国的经济结构互补性大于竞争性，不能简单地认为这种不平衡都需要矫正。但是对我们来说，产业结构的调整和升级应该有一个更好的反映市场供求的汇率机制，这个还是比较重要的，因为这关系到让市场发挥资源配置的基础性作用，关系到调整结构和转变发展方式。

公司治理得失

记者：2005年你就任建行董事长后，着手建行公司治理机制的建立，曾推动了党委会和行长办公会分离等改革。时隔五年，商业银行公司治理有哪些进展和突破？

郭树清：涉及很多方面。首先，现代银行制度基本形成，而且有些方面甚至比外国做得更好。比如，股东大会本应是公司的最高权力机构，但国外因金融机构的股权高度分散，股东对公司很难产生影响，只能用脚投票。而在我们的体制下，股东的作用是非常大的，许多决策都要得到股东大会批准。

董事会在战略管理方面的作用发挥得也不错，因为大部分董事会成员是长期在银行的人，而且我们还有一个相对超脱的党委会，可着眼于长远的发展。风险内控机制建设也取得实质性进步，制度、工具特别是风险文化内容充实，激励机制方面也不存在推动冒险的因素，内部制衡机制明显强于欧美银行，因为不仅有董事会、高管层，还有积极发挥作用的监事会。建行的职代会和工会工作也得到加强，民主管理机制成为现代公司治理的有机组成部分。

此外，我们在公司财务状况透明度、社会责任承担等方面也做得很好。这些都是进步。

尽管如此，我们始终认为国际先进银行还是有许多值得我们学习的地方，例如它们经营管理的专业化和精细化，我们与其差距很大，公司治理方面也有不少好经验好做法。

记者：现在党委会和董事会的运行是怎么样的机制？

郭树清：董事长、行长及一部分高管人员既是党委会成员，也是董事成员，交叉任职，可以对一些涉及长远发展战略的问题进行较充分、较深入的研究。党委会不是公司经营决策机构，但是可以研究探索任何重大问题，提出建议，交由董事会进一步审议，为董事会的决策提供准备和参考，最终的决策仍由董事会作出，这是公司法的基本要求，必须遵守。这样处理，没有任何矛盾。

此外，董事会里除了行内的高管外，还有7个股权董事和6个独立董事，他们如果不同意，就无法表决通过。比如有些提交董事会的议题，有的表决时就会遇到反对和弃权，有的就没有付诸表决，如某些对外投资议案，最终并未通过。这些充分说明现代公司治理机制确实在发挥作用。

记者：今年监管当局也表示了对公司治理结构改革的关注。你认为还有哪些问题亟待改进？

郭树清：很多。比如董事如何更好地发挥作用，特别是董事的独立性，因为无论是股权董事、执行董事还是独立董事，都要以个人的经验和判断来投票、作出决策。每个董事会成员都面临履职尽责的问题。

再如，股东大会的权限有待改善。目前按照公司法的要求，一些日常经营决策性质的问题也要上股东大会，可能要研究更合适的授权办法。比如一个制造企业，发数百亿乃至上千亿的债券，确是大事，但在金融机构，就很正常。银行每天开门做生意，都是负债，因为要吸纳存款，都形成负债。此外，如何处理好制衡与效率的问题，也还有改善的空间。类似的问题还很多。合适的信息披露问题、恰当的分红比率问题，也都需要研究探讨。

记者：金融机构薪酬问题外界非常关注，各部委也都出台了一些限制性的政策，你怎么看？

郭树清：这个问题确实比较复杂，既有市场机制作用问题，又有收入分配调节问题。可能有这样几个方面需要强调：一个是缩小差距应当是总的趋势，缩小金融与非金融企业的差距，缩小金融业中银行、证券、保险业之间的差距。其次要把基薪和奖金分开，绩效工资支付的时间可以拖长。第三是给予高管人员及有突出贡献员工以一定的期权激励。此外，是否还可以考虑给予高管人员以公益捐赠额度，就是说，你的名义工资中有一部分可以选择公益事业或公益机构捐献，这既承认了你的市场价值，又满足了社会公平的要求。我猜想这样做方方面面都比较容易接受。

薪酬改革的难点是对专业人才（包括管理人才）及其创造性劳动的正确评价，实际上这归根结底由市场竞争决定。薪酬改革不仅涉及总行的一、二把手，也涉及其他高级管理者，还有一级分行行长、二级分行行长、支行行长，越往下硬性限制越难，因为如果不按市场标准，就意味着人才流失。现在各家银行都处在一个激烈竞争的市场上，不仅有中资，还有外资，不仅有同业，还有证券、基金和保险。

如果仅只是少数高管人员，事情比较简单，2008 年建行净利润增长 35%，高管人员自觉降薪 10% 左右，其中，董事长、行长减少 12.5%。

记者：去年实施财政刺激计划之后，外资银行放贷仍然很严，中国的银行则在一声令下就信贷滔滔，这是否说明银行仍未摆脱政府的行政干预？

郭树清：执行国家宏观政策我们义不容辞。但是，银行作为商业机构，赢利和商业可持续还是第一位的，放贷首先取决于有没有商业机会。在中国工业化、城市化的大背景下，投放一些贷款，特别是基础设施建设贷款，还是很划算的。这种投放银行当然愿意。第二是要看风险能否控制。不过各家银行对风险的理解和把握不一样，所以去年大家的行为也不完全一样，进入的行业也有差异，有增有减，有快有慢，体现了对风险的不同理解和控制。第三要有应对长期问题的预案，有些风险现在可能不会暴露，但将来也许会造成损失，需要在调结构、转模式、加拨备上都采取有力措施，未雨绸缪，早作打算。

重庆“新经济政策”

——专访重庆市市长黄奇帆

采访人：胡舒立、卢彦铮、邓海

发表时间：2010-11-1

高低错落的山城，笼罩在淡淡的雾气之中。嘉陵江与长江穿城而过，浪潮奔涌。人流拥堵的街道和长江边上设计新潮的、状若“坦克”的重庆大剧院，无不彰显着这个中国内陆最大城市经济疾行的雄心。

从13年前成为直辖市以来，重庆的发展从未像现在这般异军突起，58岁的重庆市长黄奇帆因此格外引人注目。

2009年，国务院以当年“三号文件”的形式明确了重庆的发展思路。重庆成为内陆唯一保税港。随即，重庆市政府将这些政策分解为上百项任务，下达区县或政府各部门。这一年，重庆GDP增速列全国第三，利用外资的增速排在全国首位，国有资产规模居全国第四。继浦东新区、滨海新区之后，优惠政策更丰富的两江新区在此崛起。

在这年年底，原重庆市常务副市长黄奇帆成为重庆市代市长，并于今年1月正式出任重庆市长。黄奇帆在重庆经济领域“新政频仍”，他本人坦言敢言，与媒体交谈也并不在少。惜乎他忙记者也忙，许多事又在摸索之中，交谈无不匆匆，记载仍是片段。

我们期待获知他更完整的思考。9月下旬，按事前约定，我们专赴重庆，在黄奇帆的办公小楼与他交谈了整整八小时。采访从上午10时40分至晚7时，即使中间在小楼一层午餐时，他也仍在谈，我们则边吃边记，采访并未中断。

当下外界对重庆经济，有热望也有疑虑，有期待也有异议。人们在问：重庆的著名融资平台“八大投”（重庆城投公司、高发公司、高投公司、地产集团、建投公司、开投公司、水务控股和水投公司，均由重庆政府拥有、授权经营，是重庆基础设施、城市建设等公共领域重大项目重要的投融资平台——编者注）依赖土地运作，运营资金庞大，角色如何定位？风险如何控制？刚刚施行的户籍改革，以及涉及“土地证券化”试验的“地票”制度，从理论到实践怎么摆脱强征农民土地的嫌疑？为推行住房“双轨制”改革而一次性推出的公屋建设计划，是否超出财政支付能力而透支未来？此外，关于国资的地位，关于民营经济的发展，关于政府角色的认知，许多问题萦绕人们心头。

在接受采访时，黄奇帆回应争议，坦诚而谈，详述了重庆正推行的公租屋计划、户籍制度改革、土地制度改革、建立创新型加工贸易模式，以及筹建西部金融中心等课题，对于“国有民营”之议也坦言了自己的想法。

黄奇帆来自上海。他早年在沪当工人，后来念过上海机械学院仪器仪表系，“文革”结束后从工程师做到厂长，20 世纪 80 年代前期进入上海市经委。20 世纪 90 年代前期他一直搞浦东开发，当过开发办公室副主任，也当过浦东新区管委会副主任，后来升任上海市委副秘书长兼市政府副秘书长，还担任过市经委主任。

2001 年 10 月，是黄奇帆人生又一大转折：他调任重庆当副市长，后来又担任了市委常委、常务副市长，其间分管国资、工业、教育、金融等领域。在重庆，他已经干了九年。

采访和观察让人觉得这位市长更像“重庆的 CEO”。不过，重庆毕竟是一个拥有 3000 多万人口、40 个区县的直辖市，而且有 2000 多万人口仍在农村。一市之长的思考和作为，与治理企业大相径庭，他其实是“中国西部地区重要增长极”的经济执行官。在采访黄奇帆前后，我们也对重庆“新经济政策”的实施情况进行了背景性采访，在此一并刊出。希望我们以此侧面所做的记录，对于读者了解这个变迁中的大都市是有意义的。

如何实现“住有所居”

1. 背景

2010 年 10 月 14 日，重庆秋季房交会在国家房地产调控新政出台后正式开幕。300 平方米的“重庆市公共租赁房（下称公租房）会展”展区成为这次房交会最为特别的地方。在这里，市民可以看到重庆 2009 年启动的 3000 万平方米公租房建设计划的相关资讯。按照计划，这批预期为 150 万重庆市民预备的公租房，将在两年后正式供市民申请租住。

这也是黄奇帆担任重庆市长后递给外界的一张“城市形象名片”。

今年8月初，他在接受采访时手持几份文件走入会议室，其中一份便是自己撰写的关于这项计划出台背景和主要内容的文章。

在这篇文章中，黄奇帆提出，中国城市住房制度从政府全包全揽的计划分配到主要由市场供给，在实践中，都导致了一种供给方式为主的“单轨制”，难以满足全体社会成员的住房需求。重庆的研究认为，30%~40%的城市居民由政府保障房供应居所，60%~70%的居民则由商品房供应这样的“双规制”更为合理，可将城市中等偏下收入水平人群全面覆盖。

这一思路，与2009年末的重庆经济工作会议的提法一脉相承。此次会议提出，重庆要继续大规模建设包括城市廉租房、农民工公寓、公租房等住房，同时适当增加普通商品住房用地供应，加快普通商品住房建设。

2010年的重庆“两会”期间，新任市长黄奇帆进而提出，重庆市将从2010年起，在未来10年建设4000万平方米公租房；其中，头三年新建2000万平方米公租房。到了6月，这一计划增至头三年在主城区建设3000万平方米公租房。

7月，重庆公租房管理局成立，《重庆市公共租赁住房管理暂行办法》出台。

重庆在主城区大规模新建公租房，在郊区则以收购和改建为主。户型为35~80平方米，每五户设置一个地下停车位。在布局上，主城区公租房主要分布在重庆内外环线之间，城市地铁、轻轨沿线等交通条件较好的大型聚居区，每个聚居区里，公租屋小区与商品房小区按1∶3混建，小区标准配套和物业管理与一般商品房小区无异。重庆拟建的这种20万人容量的聚居区共21个。

政府将划拨建设用地，并豁免各种行政事业性收费和政府性基金、土地使用税、土地增值税、营业税、房产税等，通过这些优惠政策，降低公租屋的建设成本，以保证其租金原则上不超过同等品质商品房市场租金的60%。目前，1200万平方米公租房已经兴建。

如果一切进展顺利，公租房将逐步整合取代旧有的廉租房和经济适用房。重庆的保障性住房体系就将简化为应付拆迁改造为主的安置房和公租房两大类，实现中低收入阶层住房保障的全覆盖。

2. 疑虑

• 按照目前的规划，最近三年的公租房建设的总投资规模超过 700 亿元。如果考虑到政府划拨 3 万亩土地投入建设，由此损失的土地收益大体也将达 500 亿元，一加一减，已与 2009 年重庆财政收入 1165 亿元相抵。公租房建设资金从何而来？

• 私人房地产企业为何无缘参与投资开发？政府应该直接投入多少为宜？

• 公租房运营怎样保证现金流与资金性质和融资成本相匹配？重庆如果有意尝试诸如 REITs（编者注：指房地产投资信托基金）等金融工具融资，政策空间能有多大？

• 公租房管理在国内并无先例，如何公正、公开地界定公租房住户，防止公租房成为新的寻租工具？

3. 公租房姓“公”不姓“私”

重庆的公租房计划是整体住房体制改革的重要组成部分。我们在去年底提出了“双轨制”、三端调控的改革模式，即低端有保障、中端有优惠、高端要遏制，这是涉及整个制度安排的事。

在低端保障这一部分，过去主要是拆建危旧房后按标准安置的保障房，以及历史积累的经济适用房、廉租房。但是，这些统统加起来，只够这个城市百分之十几的居民居住，其中，廉租房仅保障 3%，经济适用房保障大约 10%。如果按照我们的测算，需要保障 35% 的城市居民的话，重庆至少要新增 20% 的保障房。

我们的做法就是推出目前这样的公租房系统。要么不干，要干就到位，不能高高举起一面旗帜，却起不到实际作用。公租房需要形成较大的体量，才能保证有效的覆盖面。以重庆未来容纳 1000 万城市人口计算，新增 20% 左右的保障房，就必须解决 200 万人的居住问题，就需要 4000 万平方米，这也是我们提出的十年计划。

目前，我们首先提出三年 3000 万平方米的计划，今年上半年已经开工 1200 万平方米，到明年上半年便可以开始出租。同时，我们已经准备好了明年 1000 万平方米的前期工作，包括征地、动迁、土地平整。不存在干不成的问题。

3000 万平方米造完后，也许够了，也许不够，重庆会在以后的阶段里，根据需要，再用两三年再去造 1000 万平方米。总之，我们的特点就是起步力度极大。

这么大的力度，确实需要庞大的资金支持。因此，有人提出，可以由房地产开发商来参建。有些地方搞公租房，就是由房地产商拍地，然后按与政府协议，腾出10%的地来造公租房。但到底是政府出钱造，还是私有的房地产商出钱造？公租房到底姓“公”还是姓“私”呢？

如果引入私营开发商，由他们建设的公租房产权如何界定，政府是否要给予政策优惠？开发商的利益诉求和政府的保障取向价值如何平衡？包括未来配租、管理等环节都很容易出现政策不清、分配不公和利益输送等问题。

为确保公租房的公共保障属性，公租房应该由政府投资，国有企业承建。中国香港和新加坡这些资本主义体制下的国家和地区建设保障房也是由政府主导，不由私营企业承建和持有产权。作为社会主义政府，我们更应如此。

4. 资金远近账

在融资方面，我们现在平衡得比较清楚。重庆公租房从土地加建设的成本角度计算，大体是每平方米2500元，即3000万平方米要花750亿元。其中，政府出250亿元，社会融资500亿元。

政府先期投入的250亿元，包括注入的3万亩土地。既然是造公租房，按征地动迁时候的成本大约每亩60万元算，相当于政府投入接近200亿元。这之后，政府再把每年土地出让收益的5%、部分税收、政府的机动财力，在三年调50亿元进去，大体上这就是250亿元。因此，政府出这个钱，并不是很累的。因为过去几年，我们储备了大约22万亩的土地。

从海外的经验看，公租房事实上是一个世界级的优质投资项目，资产安全而且能增值。目前，我们有五种资金可以利用：一种是保险资金，一种是社保资金，一种是银行资金，一种是信托资金，此外还可以发债券，各种金融工具都是社会资金，叫做“政府引导，社会资金参与”。但是，这个社会资金参与不是私人企业用股权形式来参与，而是金融工具来参与。

在目前的实际操作中，我们从银行贷款200亿元，利率基本上是6%。保险公司也非常积极，保险资金如果存入银行，只有3%多的利息，政府能给他们4%以上的收益。从保险公司我们可以借200亿元。还有100亿元，正在和社保基金讨论。

总体而言，我们从金融机构借贷500亿元，平均利息在5%左右。这意味着，每年需要支付25亿元的利息。而重庆3000万平方米公租房，理论上每平方米每个月租金10元钱，一年就可以产生36亿元租金收入。这完全可以匹配25亿元的利息，现金流是平衡的。

更重要的是，公租房支出的几百亿元，和政府扶贫帮困支出几百亿元是不同性质的。公租房就像买了一堆黄金，能够实现保值增值。因为公租房作为房产，要跟商品房同区域“混建”，配套完全一致，其价值将与商品房一样，随着时间和社会整体财富提升实现同步的增值。

在这个价值提高的过程中，首先，租金在占住户收入比例不变的情况下，绝对数额将会逐步提高，增值的租金将能够支付目前公租房融资本金。此外，如果到时候社会不需要那么多公租房了，这些公租房楼盘本来就和商品房的楼盘区混杂在一个地方，可以像商品房一样出让获利。这也能收回本金。

因此，政府应该在一个地区新兴的时期“跑马圈地”，大规模造公租房，相当于储备大量好地段的房产。即便房产价值进入平衡阶段，公租房运营模式仍是低风险的。公租房管理局作为一个独立法人运营公租房，其原理与商品房出租的运作一样，即通过长期出租平衡投入和收益。

由于公租房资产的成本更低，在重庆，相当于同等商品房一半的成本，厘定租金标准，则不超过平均租金六成。因此，即便不考虑升值，公租房管理局进行出租循环是不赔本的。

5. 把关准入，封闭运转

公租房的租户对象，我们确定是“3+1”。这个“3”里面，第一是重庆户籍人口中的原住民，家庭人均居住面积在13平方米以下的困难户；第二是进城农民工；第三是新生代，在重庆就业的大专院校及职校毕业生。

在这里，公租房没有户籍的概念，只要在重庆有工作，符合单身月收入2000元以下、家庭月收入3000元以下的标准，就可申请。

除这三种，第四种叫“+1”，“+1”就是将多年的劳动模范、二等功以上复转军人、引进专才等特殊人群纳入其中。这些人不一定是中低收入人群，但是，为了促进人才流动，可以放宽条件，按属地原则申请，不受收入标准限制。这是我们的一个特点。

另外，重庆市政府已经宣布不会再造经济适用房，也不再单独造廉租屋，也就是说，保障房将以公租房为主线，整合前两种方式。公租房造出来以后，首先向中低收入群体配租，廉租房即在公租房的系统内，只是租金更低，象征性地收取。

公租房的租户不能转租房屋，在连续租满五年后，可以把公租房买下来。但是，与经济适用房不同，我们规定，任何公租房变成产权房的时候，可以在家庭里面使用、继承，但不能当做商品房在市场上出卖。如果有出让的需要，只能限价卖给公租房管理局，即“封闭运转”。经济适用房一定期限后可以上市转让的做法带来了一系列问题，我们对此作了反思，确保公租房的保障属性不受破坏。

此外，我们还用回笼的资金“反哺”建设和管理成本，并准备在未来对高端商品房征收房产税，以此作为公租房运营资金的重要渠道，实现社会财富再分配。

6. 补记

在重庆大张旗鼓建设公租房之际，2010 年 6 月，国家召开全国公共租赁住房工作会议，住房和城乡建设部下发了《关于加快发展公共租赁住房的指导意见》。随后，浙江等东部省份陆续酝酿出台地方性公租房发展方案。此时，重庆做法的优劣、成败尤显得意义重大。

在与黄奇帆的交谈中，可以感受到，重庆将通过政府的强力主导，完全变更国内过去十多年来以经济适用房为主流的保障房供应模式，将保障房彻底纳入政府供应的范围，并对实施方案作了比较细致的规划和计算，改革力度很大。不过，从长期看，政府持有公租房，后续维护、更新改造以及管理、服务还需要投入大量的人力、物力和财力，更需要严密制度和有力执行来杜绝寻租。而政府将更多公共资源投入保障房领域后，如何通过市场杠杆提升运营效率，避免“全能政府”，从来都是现代政治治理的难题。

此外，在金融工具的使用方面，重庆的公租房实践仍突显了国家政策的限制。重庆市金融办主任罗广在接受财新—《中国改革》记者采访时透露，重庆曾考虑发债融资，但是，在地方政府举债方面，国家政策并没有开口子。此外，类似香港等地公屋运营的 REITs 模式，在内地也依然缺乏操作空间。

户籍改革攻坚

1. 背景

重庆有2000多万农村人口，城乡统筹发展不容忽视。2007年5月14日，重庆市政府第100次常务会议审议通过“渝府[2007]65号文”，批准九龙坡区设立重庆市统筹城乡发展综合现行示范区。此后，九龙坡区将改革的首要重点放在加快推进户籍配套制度改革上面，提出“逐步建立符合统筹城乡发展要求的户籍管理制度”。一个月后，重庆成为国家统筹城乡改革实验区，户籍和土地改革被摆在首位。

黄奇帆在接受《中国改革》记者采访时说，现行的户籍制度是差异化分配城乡利益最直接的标志。此前，各地也多有改革探索，却都没有跨出实质性步伐。重庆的雄心便是真正破题。

九龙坡区自2007年启动户籍换社保试验。同年8月21日，在重庆农村土地规模经营工作会议上，通过了《重庆市人民政府关于加快农村土地规模经营促进产业发展的意见》，将这一试验扩大，提出要“进一步推进农村和农村人口转移工作，鼓励更多的农民进入城镇，转变户口”。

在这份文件中，重庆市政府的态度是“支持和鼓励长期外出迁入城镇并有稳定职业的农民自愿放弃承包土地”，而对于那些能“自愿放弃承包地的农民，各区县可结合实际，制定相应的鼓励政策，给予补偿、补助，并享受与当地城镇居民同等的待遇和相应的社会保障”。

与之相应，重庆建立了土地交易所，除了用于农村各类土地经营权、使用权交易，还推出了旨在建立统一的城乡建设用地制度的“地票”制度。根据这项创新制度，由当地国土资源部门编制城乡建设用地挂钩专项规划，宅基地等农村集体建设用地如复垦为耕地，验收后即可形成城乡建设用地挂钩指标凭证，亦即“地票”。

地票在土地交易所公开拍卖，需要建设用地指标的主体，均可在政府制定的交易基准价格基础上参与竞购。地票拍出后，即可增加等量城镇建设用地。地票拍卖所得，按8：2的比例分配给农民家庭和农村集体组织，地票持有者则可在日后凭地票竞购相应面积的城镇建设用地，其购买地票的费用，可冲抵这些建设用地的有偿使用费和耕地开垦费。

及至2010年7月28日，重庆市政府召开统筹城乡户籍制度改革工作会，标志着重庆市全面启动户籍制度改革。

此次改革主要面向重庆市籍的农村居民，主城区、31个远郊区县及乡镇对农村居民的转入条件有所不同。主城区需要申请人在主城区务工、经商五年以上，或投资兴办实业，三年累计纳税10万元或一年纳税5万元以上，本人及其共同居住的配偶、子女可申请在合法固定住所迁移入户；31个远郊区县城标准则分别放宽为务工经商三年以上，三年累计纳税5万元或一年纳税2万元以上；乡镇的条件则较为宽松，农村居民本着自愿原则，可就近就地转为城镇居民。

8月1日，《重庆市统筹城乡户籍制度改革农村居民转户实施办法（试行）》施行，据此，自主城区到远郊区县，只要是符合条件的本市农业户籍人士，均可转为城镇户口，农民转户后三年内可保留“宅基地、承包地和林地”。到8月15日，相应的土地补偿、社保缴费标准出台。目前，全市40个区县807个派出所全面受理符合条件的农民转市民申请。

按照“分两步走”的规划第一步，2010—2011年，重庆将推动338万符合条件的农民工及新生代转户进城。第二步，则在2012—2020年间，以每年转户80万~90万的速度，最终累计转户1000万人，全市户籍人口城镇化率将达到60%以上。目前，这一比例仅为29%。

与公租房计划一样，这次改革起步力度极大，亦因涉及人口众多，被称为全国最大规模的户籍制度改革。

除了规模，此次重庆转户亦有多项突破措施。

第一，转户对象并没有局限于本地农村户籍人群，还包括外来的、非本地户籍的农民工。

第二，这次改革的“农转非”条件比较简单，仅参考务工年限或投资纳税，比较接近户籍制度作为人口登记基础制度的本质。

第三，转户后，农民将“穿上城里的就业、社保、住房、教育、医疗五件衣服”，同时“脱掉农村宅基地、承包地、林地三件衣服”，同时，重庆规定，在3~5年的过渡期内，转户农民可保留这些土地资产，此后，政府有偿收回。

第四，在宅基地退出中，根据地票制度，尝试运用金融工具调节城乡土地资源。

目前，第一阶段的338万人口转户正在推进，其中包括整体将70万在重庆就读中专、职业高中和技校的农村户口的学生转为城市户口。

2. 疑虑

过往各地户籍改革往往陷入城市向农村单向扩张、以城市获取农村土地资源为落点，此项改革之难由此可见一斑。2004 年，广东深圳在将特区外全部农村户籍人口转为城市户口的操作中，便直接提出“转地”概念，承认此举目标是为深圳城市发展补充储备土地。

重庆大规模的户籍制度改革甫一出炉，即面临诸多争议。

由于政府制订大规模转户计划，亦引发社会质疑是否“强制农民转户”，强制城市化。事实上，财新—《中国改革》记者采访得知，在重庆九龙坡派出所，即有每月必须转户多少的硬性指标，有违自愿原则。

- 由此引发的是对户籍制度改革的“终极目标”的怀疑——重庆是否仍在重复以城市化名义对农村资源再次盘剥的老路？

- 即便出发点良好，使用农民并不熟悉的金融工具——地票来实现农村建设性用地退出和使用权增值，在制度设计和具体操作中，怎么合理分配集体组织与农民的收益？是否能保障农民成为受益主体？

- 户籍制度改革无疑要付出巨额成本。以重庆第一步转户 338 万人计，总资金需求已达 2070 亿元，其中，城市的“五大保障”需花费 1300 亿元，推出农村“三大保障”需要 770 亿元。政府如何埋单？

- 城乡二元户籍制度长期捆绑了不同标准的社会福利，欲实现城乡统筹发展，为何不直接取消户籍，改为人口登记制度？

3. 平衡土地资源，但不以转地为前提

跟其他国家相比，中国的发展有三个悖论。

首先，城市化过程中，只有中国耕地越来越少，这跟户籍制度有关。因为当农民进城以后，如果真正成为城市居民，农村的宅基地本应退出转为耕地；如果进城的农民没有成为城市居民，多年后，他又要回到农村建房子，那他农村的宅基地就退不出来，最终他两头占地。只有中国存在这样的奇怪现象。

第二，城市化后，农民的土地越来越细碎，没有规模效应，这同样跟户籍制度有关。现在，中国有 2 亿农民进城，可他们实际上进不了城，还是要回农村，还是 9 亿农民在分 18 亿亩耕地。城市常住人口再多，户籍制度不变，土地依旧难以实现规模经营。

第三，全世界城市化过程中，社会总是有两类人：一类是城市居民；一类是农村居民，只有中国出了第三类人——农民工。他们每年像候鸟一样迁徙，这同样是户籍制度造成的。既然农民工对城市作了有目共睹的贡献，为什么要通过户籍制度限制他们？

分析这三个悖论，可知现行的户籍制度是让农民富不起来的制度。作为城乡二元结构明显的城市，重庆市必须破题。如果这件事办好，还能够拉动消费，城乡的土地资源也能平衡，我刚才说的三个悖论也能够迎刃而解。

以城乡资源互动来说，目前，我国实行严格的耕地红线保护和土地用途管制。以建设用地为例，如果农村人口转为城镇人口，退出宅基地，城乡建房用地相抵后，至少人均节约用地130平方米。全国如有2亿农民转户进城，宅基地复垦后，理论上可以净增耕地3万平方公里。

那么，我们是不是以土地置换为户籍改革的前提呢？我可以明确地说，重庆市目前允许338万人进城转户，是坚持"以人为本"和自愿原则，农民工能换户口，是以他的劳动力、以他的有效的就业为前提。他的劳动力能增加城市的人口红利。其次是使城市年轻化，因为重庆城市平均年龄已经到了50岁，这些转户的年轻劳工可以使平均年龄下降到40岁，延缓城市老龄化。这是有百利而无一害的事，不存在强要土地的问题。

实际上，首先要解决的人里面，有60万~70万的中专、职校学生，8月已经把档案准备工作做好了，9月开学即整体转为城镇户口。还有60万~70万的新生代农民工，这些年轻人由于农村土地承包实行"增人不增地"制度，在农村大多数是没有承包地的，也就是没有转户换土地的可能。此外，我们还要将44万历史遗留的"农转非"未转人员一次性转户。

剩下来约150万人，是有地的农民，是不是交了地才给他户口呢？也根本没有以这个为前提，只要符合工作年限条件就可以转，"五个保障"一步到位。而农村的土地使用权则给他们三到五年时间，自由考虑是否要退出。但是，目前不能撂荒，要委托给种粮大户和专业合作社用于农业生产。

4. 农村"三大保障"逐步退出

农民转户进城后，不再是集体经济组织成员，按理应该随即退出在农村的宅基地、承包地和林地。但是，农民长期处于弱势地位，如果硬性要求退出，那是典型的本本主义，是对农民基本权益的漠视和侵害。因此，我们设计了一套弹性退出机制，保障转户居民的合法权益。

首先，对推出土地承包经营权和宅基地使用权给予三到五年过渡期，并保留与农民身份相关的计划生育、与土地相关的种粮直补等权益。过渡期内，可以全部退出，也可以部分退出，可以保留收益权和经营权，也可以只保留收益权，流转经营权。

在农民通过三到五年逐步适应城市生活、对土地依赖程度减弱后，认为不再需要农村的“三件衣服”时，便可毅然脱掉。这是尊重农民意愿的表现。

农村的土地，所有权收益归集体，使用权收益归农民，为此，我们建立农村的宅基地、承包地退出补偿机制。其中，宅基地退出以土地交易所为交易平台，农民除了参照征地政策获得一次性补偿外，还可以参照地票在交易所的价款，一次性获得宅基地使用权补偿和购房补助。

退出的宅基地复垦为耕地，仍由集体经济组织使用，并以地票的形式在农村土地交易所交易。目前，重庆在土地规划上的做法是，每年从国土资源部获得的用地指标主要用于基础设施建设、公共设施建设和工业用地，大部分的房地产开发则通过购买地票来取得额外的用地指标，每年大约有1/4的用地指标通过这种方式获得。这样，在确保耕地面积不减少的情况下，满足城镇化建设用地需求，还可以利用级差地租，提升农村偏远地区的土地价值。从重庆的实践看，偏远农村宅基地复耕后的价值由每亩2万元上升到每亩15万元左右。

这些收益如何在农民和集体组织间分配，我们一开始的方案是5 ∶ 5分，后来定为8 ∶ 2，即农民8，集体2。同时，如果农民已经不在农村居住，进城了，土地完全交给村集体了，则地票的全部收益都归农民。

承包地比较简单，退出时按当地土地流转市场价，对本轮承包期剩余年份的权益给予一次性补偿。

目前，一般退出宅基地及农房的，农民每亩可以获得10万元以上的补偿，流转承包地每亩可以获得1万~2万元的补助。此外，为解决转户与退出不同步的问题，我们组建了农村宅基地整治流转机构，并设立了50亿元的农村土地补偿周转金，若集体组织支付退出的承包地补偿有困难，可由这部分先垫付。

5. 成本理应由社会各方面共同分担

作为一项时空跨度较大的改革，户籍改革的成本不是全部即期支付的，而是通过一段时间渐进到位。在城市的“五大保障”方面，养老和医疗是大头，转户对象多为青壮年，大规模的资金需求会在今后10年到15年逐步体现出来，

目前解决338万进城民工的福利问题，需要花1400亿元。其中，政府需要投300亿元，主要承担弥补养老保险基金缺口、就业培训以及公租

房、学校等社会配套基础设施的建设成本。但是，平均每年只需投入20亿元。重庆每年财政收入超过1000亿元，拿20亿元为农民工做这件事，实在不是难事。

企业则要承担900亿元。按现在的规定，如果农民工在工厂月收入1500元，企业按工资基数的12%为他买养老保险，转为城市人口后则为20%，差八个百分点，为此，企业15年内要增加支出400多亿元。在医疗保险方面，一个农民工一年付480元，城市职工1400元，差1000元，转城市户口也会使企业增加400多亿元投入。两者相加就有900多亿元。

有人担心，这样企业负担太高，会破坏了重庆的投资环境。请问美国政府都对公民不分种族、不分民族同等待遇，中国这个社会主义国家居然把农民工和城市居民区别待遇，公平吗？政府就该制定这个游戏规则，要求国企、民营、外资、内资，只要在重庆生根的企业，通通都要这样做，体现同工同酬同待遇的公平。

还有200亿元，用来解决农民工住房问题。理论上，已经在重庆城里待五年的农民工基本上都有房子住。但是，有了户口后，可能需要把父母、孩子接过来一起住，可能就改租公租房。在另外的预算里面，重庆市投入了750亿元建公租房，不需要政府再出钱了，而由转户居民自己出租金养自己，这大概就是200亿元的来源。

6. “户籍无用论”脱离实际

城乡分治的二元户籍制度，长期以来捆绑了大量不同标准的社会福利，这是不争的事实。

有人认为，户籍在现阶段已经没有实际意义。其实，不同群体对户籍的依赖程度是不同的，对富裕阶层而言，可以不受户籍制约“天马行空”，可对农民，特别是贫困群体来说，户籍仍然是最终的“保护伞”，因为农村的“三大保障”仍然是可以退守的避风挡雨之处。所以，单纯取消户籍，只是超越发展阶段的乌托邦式的幻想。

户籍改革是综合性社会重大变革，既要考虑社会心理，又要考虑利益平衡，也要考虑可操作性，还要考虑成本的承受度，是多种因素交织的复杂体系，因此，推进过程中一定要尊重农民的意愿，绝不能搞行政命令和“一刀切”，绝不以强制性措施来推进。

7. 补记

户籍制度改革的重大和复杂注定了其极富争议。尽管重庆市政府有决心，有举措，但这一改革事关最重要的两种资源——土地与人的配置，其落实要远远难于构想蓝图。重庆创造了相对简化的“农转非”条件，较过往更为重视人本主义，也强调了交易中的自愿原则，但仍未完全摆脱以行政指令推进城市化的套路。农民的愿望能否真正得到尊重，其权益能否得到保障，取决于改革实施，而“魔鬼藏在细节中”。

地票交易是否能够达到预期目标亦值得关注。在重庆土地交易所成立初期，政府对交易双方的资格条件未作特别限制，农民即可参与地票交易。但是，因为土地整理需要付出一定的原始成本，实践中往往是有关公司直接替农民整理土地并自己成为交易主体，在地票卖出后再分给农民部分收入。交易主体悄然变化，农民利益如何保证？目前尚无法治手段确保农民从地票交易中获利。

一位持续观察重庆户籍改革的土地专家指出，重庆的做法并非不可为，但仍需解决政府与农民之间的信息不对称、操作透明度不足等问题，以保障农民权益，核心还在于围绕土地权益的法治体制完善。

加工贸易构思

1. 背景

在谈及户籍改革时，黄奇帆提及吸引新生代劳动人口，以增加城市人口红利。这与重庆正大张旗鼓地吸引加工贸易的战略亦互为表里。

新一轮产业转移的明显特点，即地方政府主导及优惠政策竞相出台。重庆亦在其中角力，并从过去30年给沿海带来极大利益的加工贸易入手。

过去20年，加工贸易“两头在外，大进大出”，物流成本占比很低。在黄奇帆看来，这是东部沿海占据区位优势的原因，而重庆发展加工贸易，便须以新的模式解决物流成本、产业配套等问题，“一头在外，一头在内”。以此新策略，他曾于2008年亲赴美国惠普公司，说服惠普将4000万台产能的电脑生产基地落户重庆。此后，他再赴台湾地区，将全球最大的电子产品代工企业富士康引入重庆。广达、英业达等电子代工巨头接踵而来，大批零部件企业亦相继跟进。

所谓“一头在外，一头在内”，即沿袭销售市场“一头在外”的同时，将原材料、零部件等生产全部实现本地化，聚集在同一城市和地区，大大降低物流成本。

与此同时，重庆亦在过去几年大力发展物流业，调整江北机场改扩建规划，开通重庆至深圳盐田港的“定点、定线、定车次、定时、定价”的“五定”班列，此外，由于欧亚大陆桥南线打通，也使重庆到欧洲比沿海海运到欧洲快了24天。

2. 疑虑

“一头在内，一头在外”的新模式，并不完全被外界认可。

• 从零部件到组装到研发全部在本地配套，会不会因产业链上不同环节的需求不一致，牺牲最优性价比？

• 笔记本电脑下游企业向内地前移后，上游供应商将如何动作？

• 重庆另辟蹊径的加工贸易新模式，是否将导致与东部在低端加工贸易业上的零和博弈？

3. “重庆模式”的三个概念

对西部而言，物流成本过高的问题不解决，加工贸易向内陆转移的愿望就只能是一相情愿。我们用整机和零部件垂直整合的模式，改变了世界上整机、零部件代工、设计和销售水平分工的模式，实现了一体化，并形成了新的核心生产力。这其实是重庆“一头在内，一头在外”加工贸易模式的第一个概念。

国际金融危机发生之后，全球工业产品销售纷纷萎缩，但笔记本电脑销售逆势增长20%以上。我们决定把发展的眼光聚焦到这个市场前景广阔的行业中。2008年，我曾到惠普总部与其总裁会面。我提出，当年全球笔记本电脑产量约1.6亿台；到2011年、2012年，可能会达到3.2亿台或者3.5亿台。惠普在全球市场中占据1/4份额，意味着未来有4000万台增量。对于这些新增的产量，你们是放在中国沿海就地扩张呢？还是有新的布局？

我提出，在重庆把一个整机所需要的零部件80%本地化，使得零部件运输几乎没有物流成本，剩下20%极少的战略物资在世界范围内配置。如果三年后，重庆未兑现承诺，由此引发的全部物流成本，由我们补贴。我们一拍即合，他们决定将4000万台电脑生产基地放在重庆。

当品牌商决定地点后，代工商就会跟过来。2009年1月，我去台湾地区见了富士康的郭台铭。一见面，我说我不是来招商的，我是来跟你讨论一个战略。惠普给了重庆4000万台电脑的单子，你如果有兴趣的话，至少可以把1/3或者把2000万台交给富士康做，把你的零部件制造基地也带到重庆去。谈了一会，郭台铭把富士康的四个副总裁、十个部门经理都叫来了，跟我讨论了三个半小时。拿下惠普、富士康等项目后，100多个零部件供应商跟着来了，因为零部件生产有规模效应，需要大项目来带动。

传统的加工贸易其实是浪费能源、浪费交通、浪费物流的模式。石油是10美元一桶的时候可以这么干，现在近100美元一桶了，就不合理了。现在，哪个地方能实现整机加零部件一体化，把一个整机所需要的零部件80%本地化，使得零部件运输几乎没有物流成本，谁就是一个有核心竞争力的生产基地。重庆本身就拥有比较深厚的工业基础，能够支持本地生产80%的电脑零部件，就地生产，就地组装。

笔记本生产基地落户重庆后，惠普、思科、富士康、英业达等的研发中心也纷纷落户，使重庆由单一的笔记本电脑生产基地，拓展成为IT研发机构的集聚之地。

新模式的第二个概念是以人为本的“社保模式”。加工贸易的特征，一个是大进大出，一个是劳动力大规模集聚。我们搞加工贸易，也会聚集数以万计的劳动力。传统加工贸易存在“企业办社会”的问题，员工的生产和生活往往局限在厂区狭小空间，加上户籍制度的缺陷，极易导致员工出现心理问题。富士康在深圳厂区的“12跳”就是例子。

我们改变了这种模式。所有的加工贸易企业只管厂里的事，职工出了厂就步入社区、进入城区、融入社会，是一个社会管理，不是企业管理。

我们在加工贸易区造宿舍，给初级员工居住，中级员工住公租房，高级员工住商品房，自己买，给予个人所得税退税。以这样三个层次，把员工分散开来。因为政企分开，政府和社会把员工生活揽下了，企业只造厂房，不要去造宿舍了，它的投资也节省了，这也有利于招商引资。

第三个概念比前两个更有宏观意义，即金融结算模式。在过去，中国有11000亿美元的加工贸易额，全部的金融结算都在海外，中国的各个沿海省仅收到了劳动力的加工费，加上大多数税收在招商引资的时候“免五减半”，等于就没收什么钱。

加工贸易在全球布局，如果每个地方都设一个结算点，是低效和浪费的。所以，这20年来，不管一个公司的结算体系有多复杂，全球的加工贸易都在第三地做统一的结算。

比如惠普，在亚太地区有1000亿美元的加工贸易，结算在新加坡。我们跟惠普合作后，在国家外汇管理局支持下，我们对外汇管理制度开展了改革试点，开设了全国第一个离岸账户，并使人民币自由兑换。通过跟惠普最高层的艰苦谈判，最终促使惠普将亚太结算中心转移到重庆。这结束了中国只有加工贸易而没有结算中心的历史。它给重庆带来巨大的好处，即“结税”、“结汇”和“结人”——给政府带来税收，同时给结算银行带来中间收入，并提供成千上万高级会计师等白领岗位。

这三个概念结合才是“重庆模式”。通过这种模式，重庆同时占有了加工贸易“微笑曲线”的两个高端，因为当你把零部件集成在这里的时候，高端研发也有了；当你把销售、结算放在你这里的时候，附加值高端也有了。重庆的加工贸易模式是落实科学发展观、转变经济增长方式的具体行动。

4. 推动贸易高端业务竞争

重庆通过创新模式，把世界笔记本电脑加工贸易增量这一块“抢”到了重庆。以后西部地区也可以按我们的方法去获得新项目，提高整个西部在这一产业的市场占有量。这自然有利于缩小东西部差距。这是个适合中国西部，甚至是适合整个地球的新加工贸易模式。

重庆也并不担心经验被沿海复制。沿海也可以将零部件和原材料集成整合，但是，当物流成本打平以后，加工成本就起决定作用了。内地油电煤运的成本低，加工成本也比较低，我们仍有竞争优势。

5. 补记

重庆对于加工贸易发展模式的探索，在一定程度上打开了中国加工贸易的新局面。不过，我们采访的许多分析人士也认为，重庆加工贸易的格局以项目破题，很大程度还是得益于中央给予重庆诸多优惠政策。其中包括批给重庆两路寸滩保税港区和西永综合保税港区，使之成为内陆唯一拥有两个保税区的城市；重庆在惠普项目后进一步促使惠普将加工贸易结算中心从新加坡搬至重庆，亦有赖国家外汇管理局在重庆独家试点开设连账户和人民币自由兑换。

在采访中，黄奇帆谈到他在设立结算中心的创新时说：“在这里当市长其实是很幸福的，不断地在改变一些事情，而这些事情都是国家的大事情，甚至和全球有关系。每一件事都可以给重庆带来几十亿、上百亿的税收，这才叫做核心利益。”其兴奋之情溢于言表。

不过，截至目前，全球加工贸易的总量仍集中在沿海，在中国，广东、江苏和上海三个省市就占据75%的市场份额。重庆在加工贸易领域的实践尚短，结算业务亦刚刚开始。在促进企业和产业自主流动方面，仍有很大的拓展空间。

另类金融中心

1. 背景

两年前，黄奇帆提出，重庆将建成除银、证、保以外的“另类金融中心”，重点发展中小企业担保公司、小额贷款公司、金融租赁公司、信托公司、私募基金公司、风险投资公司等八类另类金融机构，以区别于上海以交易市场为主导的定位，并和北京以金融机构总部所在地为特色的金融中心相区分。

至2010年，重庆金融业占整体GDP的比重达到了8%，仅次于北京的15%和上海12%，位居天津、广东之前，在本地产业中，高于房地产的比重。其“另类金融”规模占到重庆整个金融产业规模的30%。

在惠普结算中心项目上尝到甜头后，黄奇帆进一步为重庆金融中心定位添加关键词，强调将重庆建设为“国际结算类金融中心”。

在惠普的加工贸易结算中心之后，重庆又在电子商务离岸结算上有所斩获，并正积极寻求离岸数据结算等新型的结算业务。

此时，重庆两江新区也正式挂牌，这是国内继上海浦东新区、天津滨海新区之后，国家以新区命名的又一个“经济特区”。

重庆金融办主任罗广指出，与前两者一样，两江新区也将以发展金融等现代服务业为重点。新区的获批也意味着重庆在金融创新上将获得更多的政策性竞争优势。惠普等结算中心落户重庆，除国家外汇管理局开放试点外，亦受益于重庆仅15%的企业所得税率。

黄奇帆认为，有北京、上海在前，重庆即使把金融销售市场和银证保业务做得再好，也不可能成为全国金融中心，而“把市场化的非银行金融机构和国际结算作为高地，由银、证、保和销售市场托底，重庆的金融中心就成形了”。

2. 疑虑

重庆想做的事是不是太多了？这是许多对重庆金融业发展持有疑虑者的担忧。

尽管黄奇帆已为重庆定下两个主题词，即另类金融和结算中心，然而，在实践中，重庆在金融领域大有全面开花的势头。如此，重庆会不会面对“金融中心们”的过度竞争？金融产业以人才竞争和创新意识竞争为要，重庆还有多少未发之招？

3. 重庆做法与众不同

我们提银证保发展、非银行金融机构的发展，这些都是相互关联的。所以，重庆的目标是成为有特色的区域金融中心，积极发展信托、租赁、担保、小额贷款公司、财务公司和结算中心等。

比如租赁公司，中国最大的金融租赁公司是重庆跟中石油合作的一个60亿人民币的租赁公司，可以融通800亿元。这样做的结果，等于中石油从黑龙江到克拉玛依的固定资产投资中，有七八百亿元设备租赁或者投资，由重庆的这个企业来完成。此外，重庆正在跟平安保险集团研究打造一个全国性租赁担保公司。总之，要把重庆变成中国非银行金融机构的活动发展高地。

我们要搭建大平台。世界贸易除了实物、加工，发展最快的就是电子商务。在这个领域，如果出现跨国支付，也将出现结算业务。目前，eBay下面的PayPal公司是全球最大的国际电子商务结算公司，2009年结算了800亿美元，其中，100亿美元是跟中国的国际结算。预计到2015年，可达1000亿美元。它绕过了中国外汇管理的整个系统，也绕过了中国的税收。

我们跟它合作，将它和中国的所有网站公司发生的结算放在重庆。我要做的是说服外管局和海关改变三个游戏规则。第一，小单变大单，不再10美元、15美元一单单地结，而是几亿美元一个月一结。第二，事前变事后，将过去事前审核贸易合同变成事后核对；第三，先给我们一个10亿美元的结算额度，然后，自己就周转了。周转一个月，如果用掉了9亿美元，再兑换9亿美元，补上去。这样，一年就有120亿美元的结算额度。

这些需求现在都获得了外管局支持，开始操作。因为国外结算公司也了解中国的电子商务每年以60%的幅度增长，他们希望在中国外汇管理规范之下，将平台做大，而不是仅依赖现在非常有限的海外人民币存量。我们初步核定100亿美元的结算中心，可以产生11亿元人民币的税收。重庆将变成中国的电子商务国际结算中心。

4. 交易所：看谁更会做

除了现有的几大交易所，我们还打算发展一个票据交易所。此外，我现在正在动脑筋的是OTC。第一，它应该成为计划上市的公司的三板市场，要进A股市场的，先在OTC运转两年，有条件后可以进A股市场。第二，A股退下来，老百姓不能买卖了，但法人可以对它买卖的公司，这就退到了OTC上。换言之，OTC就是起到A股市场的升级板、降级板的作用。此外，还可以买卖债券，就是非股票型的各种票据、可转债这一类。

我相信，其他城市也在作类似的尝试，那就看谁更会做了。

5. 补记

在采访中，黄奇帆没有谈及如何突破金融人才的限制。重庆金融办主任罗广曾在接受我们采访时坦承，重庆在2009年引入20多家银行，人才储备不足便是遇到的大问题，也是重庆建立金融中心的巨大的挑战。

据罗广介绍，重庆目前主要通过全球招聘解决燃眉之急，并大量选派人员到海外培训。此外，也注重通过合作培训人才，比如与一些股权投资机构建立合资公司，不参与分利，而着眼于本土人员参与专业团队，从而获得学习机会。

重庆在引进人才方面，还提出了专门的税收优惠政策，包括将个人所得税地方留存的40%部分，头两年给全额补贴，后面三年留存一半用于补贴；在当地购房可抵扣个人所得税地方留存部分，等等。

重庆金融业的持续竞争力还有赖于金融人才储备的成效显现。

国资问答

国资由弱变强，并成为政府调节经济的主要工具，是黄奇帆的精心之作。无论是庞大的公租房计划，还是牵涉众多的户籍制度改革、产业新政和金融战略，强大的国有资本可谓身影处处，不仅受益于其中，亦是政府意图的强力执行者。

政府为主导，庞大的国资为后盾，正是重庆“新经济政策”的重要特征，也是了解黄奇帆整体思路的重要落点。因此，在经济上以“公司型政府”描述重庆并不为过。外界关注重庆国资战略，也对政府主导的八家投资公司（八大投）议论纷纷。我们与黄奇帆就此有如下对答：

记者：应该怎么看待今天国有资产在重庆经济生活中的地位和作用？

黄奇帆：重庆从2003年、2004年开始推进国资改革，国有资产从1700亿元到1万亿元的过程中，产生了三个转变：

第一，资产的分布方式。原来重庆1700亿元国资中有80%是工商企业，现在变成了40%的基础设施、公共设施、投资集团，30%金融企业，30%是工商企业，这使得重庆的国有企业对国民经济的控制力、影响力、带动力极大增强。

第二，企业的组织结构有了深刻变化。原来有市属集团70个，每个集团还有几十家子公司，就是所谓“处级公司”，每个公司资产不到1亿元，杂而散。现在国有资产从1700亿元增长到11000亿元，集团数却从70多个变成了32个，每个集团下属企业数不会超过20个。集团的法人数原来是2000个，现在是600个。这样“出血点”少了，资产向优秀企业集中，向优秀企业家集中，管理的集约程度、组织化程度大大加强。

第三，重庆的国有企业成为国家宏观调控的杠杆和工具。我认为，美国政府是这么干的，中国政府更应该这么干。

比如，为什么我们担保公司特别多？在全市担保公司100亿元的资本金当中，有65亿元的资本金是国有资本金在作担保，这些资本金可以放大8倍，能够做500亿元担保。同时，由于国有的中小企业几乎没有了，所有的担保业务服务对象都是民营中小企业。换句话说，在金融危机背景下搞民营企业、搞活中小企业，为其解决融资难问题，重庆国有企业起了桥梁的作用，是宏观调控中金融工具的一种延伸。

国有控股的地方银行也按照中央宏观调控政策，为中小企业服务、为“三农”服务，就是起着融资的作用。重庆在金融危机当中，中小企业的融资贷款余额增长率都在50%以上，远远高于全国平均水平，是跟这种调控方针有关系的。

国有融资平台即“八大投”，搞基础设施不太赚钱，拿着巨额的资本金在干活，目的是把投资环境改造好。投资环境改造好了，民营企业和外资企业才会来得更多。

重庆这个地方，“天高皇帝远”，如果没有这些投资集团把基础设施建设做好，现在招商引资、经济发展的势头就起不来。整个西部地区，哪怕全面开放高速公路市场，民营企业也是不投的。因为这里净是高山大川，造 100 公里高速公路大约有 60 公里的桥梁、隧道，投资成本平均要每公里 7000 万元，比上海、江苏、广东的高速公路要高 1 倍。同时，上海、广东高速公路的车流量比我们多 1 倍以上，所以，投入产出等于上海等地的 1/4，没有民企愿意干。这就要由国有企业挑大梁，创造投资环境。

另外，重庆国企每年有 200 亿 ~300 亿元补给财政，作为专项使用经费。重庆有三个财政口袋：预算内财政，搞民生；预算外财政，就是土地财政、基金财政，搞建设；国有企业的财政，补贴市委、市政府的重大专项投资。

这样一来，重庆财税可以更多地用在民生上。重庆是全中国过去 20 年唯一做到教育的财政支出占 GDP4% 的城市。现在，重庆用于民生的财政支出已经占到财政总支出的一半以上，这跟国企对重大项目的支持分不开。

最近，理论界在讨论，说国有企业的利润是全民的资产。眼下重庆国企有 3000 多亿元净资本，10% 的回报就有 300 多亿元，其中，100 多亿元在国有企业自己内部循环，有 200 亿元装到市政府口袋里为社会服务，也就是交了公粮。

记者：那重庆的民营企业发展状况如何？

黄奇帆：重庆的民营企业发展状况很好。宏观地说，假如重庆的民营企业在国民经济中的比重被挤掉了，也不正常。但是，因为整个经济高速增长，国有企业做的大多是控制力、影响力和社会投资环境改善方面的工作，环境改善以后，民营企业每年至少有 20% 的增长。

在重庆，民营企业的比重这几年从 50% 增加到 60% 以上，GDP 中，非公经济的贡献率达到 60%，而五年前是 50% 左右，十年前只有 30% 以上。非公经济包括外资、民资等。

总体讲，重庆非公经济没有因为国有企业超常规发展而受损。在金融业，原来重庆有几个民营控股的金融机构，出现 30% 以上的坏账，快要倒闭了。政府和国有企业投入了几十亿元资本重组，市场化运作，最后变成了优质资产，市值从 40 亿元变成 400 亿元，原来的民营企业股权也相应地升值，皆大欢喜。

记者：现在政府有无计划退出？

黄奇帆：为什么要退出？怎样退出？不能简单地靠理想主义，觉得政府不应该控制企业，好的时候就应该退出。

不过，我们其实是在退，按市场化的原则退出。现在，重庆几个金融企业都是资本市场上私募基金、民营机构和外资机构追逐的热点，有的已经上市或正准备上市，价格比重组时涨了几倍。我们从2009年四季度到今年年底，大概会卖掉一部分，但还是要控股。准备套现100亿元，拿来投到工商企业集团。最近这段时间，受金融危机影响，工业企业不好搞，民营企业对工业投资不怎么感兴趣。

真正有价值的工商企业，是很有投资价值的。无人问津的时候，国有企业应该有双慧眼，担当大任，拉动经济发展。100亿元投下去，过三年可能又会变成300亿元了。工商企业一有钱，就会收购兼并一些撑不下去的企业，三五年后经济好起来，市场结构会变的。国有企业要多做雪中送炭的事。

记者：现在各地政府的地方融资平台比较受关注，债务也都比较高。重庆的地方融资平台曾经以"渝富模式"著称，现在债务风险如何？

黄奇帆：重庆的"八大投"就是八个融资平台。2002年，"八大投"以200亿元起步，现在已经有4000多亿元总资产，它目前的负债率是55%，资本与债务是平衡的。

这些融资平台用不着财政作担保，"八大投"互相之间也不担保，"八大投"内部专项政府资金不能挪用，专款专用。如果按政府担保的融资平台来定性，"八大投"一个都不是。

我们对"八大投"的管理有三个平衡的原则：第一个就是资产负债平衡，大体上就是50%对50%，负债绝不能超过60%。第二个叫现金流平衡原则。第三个是投入产出平衡原则，就是投资以后总要收钱，不做亏本的事。

其操作有四种情况：第一种情况是修高速公路、建污水处理厂等，可以收费，这是一种平衡。第二种情况，就是政府干应该干的事，比如，城市道路和广场绿地，政府在三年里连本带息付钱给它们，可通过市场化手段，或者政府拨款，也就是收支还是平衡的，只是时间换空间而已。第三种情况，"八大投"跟企业合作，比如，修路搭桥，如果对方没有钱，可划一块地作为土地储备。过三五年以后，土地会升值。"八大投"可用增值部分来平衡它投入的那些项目。这种升值带来的收入是国有投资集团的，不是个人发工资、奖金的钱，和房产商靠囤积土地、储备土地发横财的概念完全不同，有一种土地平衡的潜能。第四种情况，“八大投”也会有股票上市、收购兼并，或者存量转让，也会赚一把钱。

世界银行考察了重庆的“八大投”，总结了“渝富模式”，认为是发展中国家的样板，就是说，重庆市一级信用平台的状况是比较好的。我们现在担心的是区县级的信用平台。

区县的信用平台数量过多，结构复杂。信用平台太大，会有官僚主义的问题；规模太小，则会有管理不善的问题。区县的经济总量不大，如果有七八个融资平台的话，会很容易出问题。

其次，区县的信用平台普遍都会让财政担保，甚至动用人大来履行担保程序，不是市场化的信用平台，而是行政化的信用平台。

再者，个别区县的信用平台的债务已达到其财政支付能力的两倍，甚至三倍，问题很大。

最近，我们采取了一些措施，对所有区县级信用平台提出了原则性要求，规定六个中心城市可以搞两个，其他县区只能有一个平台；融资平台不能用财政担保，必须用自己的资产自我担保，形成企业化信用平台。合理的做法是把财政手中的资源，比如说 30 亿元现金，或 50 亿元可以买卖的存量资产，划拨给资产管理公司。这个资产公司如果有了 80 亿元资产，再运营 50 亿元就很正常。我们还规定，债务余额不要大于一年的财政收入或者支出，这是极限。

记者：现在重庆的区县级信用平台风险大不大？

黄奇帆：整个重庆，包括区县和市级政府，与财政有关的债务余额是 1200 亿元。今年，重庆市的财政收入预计达 1800 亿元。所以，整个重庆的债务余额是重庆一年收入的 60%~70%，是在安全线以内的。

其中，市级政府一年有 700 亿 ~800 亿元的收入，债务余额只有 300 亿元，状况是健康的。区县融资平台的债务有 900 亿，但它们实际的收入水平大约为 1000 亿元，基本上在 1 ∶ 1。宏观上来说，风险还不大。但是，对于债务偏高的五六个区县，就必须要求它们把比例降下来。三年以后，如果债务增加不多，财政增长迅速，就会逐渐平衡。总的判断是，宏观上没有什么风险，微观上有些点上的问题。

“十二五”规划改革重点

——专访国家发展和改革委员会副主任彭森

采访人：常红晓

发表时间：2010-5-1

2010年，是“十一五”规划最后一年。目前，中国正在研究制定“十二五”规划。“十二五”时期（2011—2015年），是中国全面建设小康社会的关键时期，也是完善社会主义市场经济体制的攻坚阶段。

科学编制和有效实施“十二五”规划，对中国转变经济发展方式、实现经济社会可持续发展具有重大战略意义。3月底，《中国改革》记者就“十二五”重点领域改革规划编制问题，专访了国家发展和改革委员会副主任彭森。

记者：目前，中央正在研究制定“十二五”规划，在你看来，编制“十二五”改革规划，应该注意哪些问题？

彭森：目前，国家发展和改革委员会经过认真研究和反复修改、完善，形成了“十二五”规划的基本思路，并已报送国务院。除了经济社会发展总体规划，我委拟同步编制一批包括重点领域改革规划在内的国家重点专项规划。

编制“十二五”重点领域改革规划，必须明确战略重点，理清总体思路，统筹推进顺序，做到全局在胸，有计划、有重点、有步骤地推进改革，确保实现“十二五”时期发展目标。要实现这一目标，必须切实体现中长期改革规划的战略性、宏观性、前瞻性。

首先，“十二五”改革规划是全面完善社会主义市场经济体制关键阶段的规划。现在，距离到2020年建成完善的社会主义市场经济体制，只剩下十年时间。我们要把一些影响全局和长远的改革任务，集中放在前五年里打攻坚战，“十三五”的五年，作体制、机制修补和完善。可以说，“十二五”改革规划的战略性，主要体现在改革推进阶段的关键性和重点改革任务的攻坚性上。

其次，“十二五”改革规划是积极应对外部发展环境变化的规划。在经济全球化的大背景下，国家之间的竞争，归根到底是体制的竞争。国际金融危机对世界经济政治格局的深刻影响正在进一步显现，世界经济增长模式面临深度调整。

这些新情况、新变化在给我国带来历史性机遇的同时，也带来了前所未有的挑战。我们要在理论和实践的双重探索中，总结正反两方面的经验教训，利用“十二五”宝贵的五年时间，加快完善社会主义市场经济体制。

其三，“十二五”改革规划是为全面推动经济社会发展转型奠定体制基础的规划。2010 年，我国将成为世界第二大经济体。“十二五”时期，中国将进入中上等收入国家行列，经济社会加快发展转型的各项基础条件已经具备。在这个关键阶段，选择科学正确的发展方式，建立完善的体制、机制，就能抓住机遇，使经济社会发展再上一个新台阶。否则，就有可能停滞不前，甚至进入中等收入陷阱。

“十二五”时期，是一个必须紧紧抓住，并且可以大有作为的重要战略机遇期。在这个重要的历史关口，我们要争取拿出一个高质量的中长期规划，正确指导和推进今后五年的改革，为全面建成小康社会和建立完善的社会主义市场经济体制打下牢固的基础。

记者：你曾提出，编制“十二五”改革规划，应从中国经济社会发展的主要矛盾和问题入手，提出改革规划的战略重点。首要的问题就是进一步健全市场配置资源的机制。对此，应该如何理解？

彭森：“十二五”改革规划要研究的问题很多。五年的时间较短，制定改革规划不能面面俱到，要找准突破口，准确把握主要矛盾和核心问题，理清重大改革任务之间的逻辑关系和推进顺序，务求实效。

“十二五”改革规划的战略重点，需要在各地、各部门共同深入研究、科学论证的基础上确定。我认为，有几个重大问题需要优先考虑，并在此基础上确定“十二五”改革规划的战略重点。

这些重大问题包括：（1）如何进一步健全市场配置资源的机制，提高经济发展的动力和活力；（2）如何加快调整国民收入分配格局，理顺收入分配关系；（3）如何破除城乡“二元”体制，加快推进城镇化；（4）是如何创新公共服务体制，形成多元参与、平等竞争的格局。这些问题，都是关系中国中长期可持续发展的大问题，各地各部门应有全面、深入的讨论。

就第一个问题而言，中共十四大把建立社会主义市场经济体制确立为我国经济体制改革的目标。18年来，我们沿着这个方向不断深化改革，扩大开放，初步建立了社会主义市场经济体制，对促进经济社会发展发挥了重要作用。

同时，必须认识到，目前我国社会主义市场经济体制还不完善，还存在不少制约市场发挥基础性作用的体制、机制问题，主要表现在：要素市场发育滞后，土地、资金等重要生产要素市场化程度还比较低；资源性产品的价格形成机制还没有完全理顺；国有经济调整尚未到位，垄断行业改革进展缓慢，有些还未破题；政府对微观经济活动干预过多，公共服务和社会管理职能还比较薄弱等。

在经济增长遇到严重困难、全力应对国际金融危机冲击的特殊情况下，采取超常规手段保增长、确保经济社会大局稳定，是必要的，也是有效的。但也要清醒地看到，当前投资和消费增长较快，很大程度上是政策作用的结果，行政手段的局限性和短期性逐步显现出来。扩大内需，最终要靠市场和社会的力量。

胡锦涛总书记在中央经济工作会议上指出："坚持社会主义市场经济的改革方向，充分发挥市场在资源配置中的基础性作用，不断加强和改善宏观调控，这是改革开放以来我们在实践中探索出来并被实践所证明的正确方向，必须牢牢坚持。"

在"十二五"乃至今后更长时期的改革中，要继续高举中国特色社会主义伟大旗帜，坚持社会主义市场经济的改革方向，更好地发挥市场配置资源的基础性作用，这是研究制订"十二五"改革规划的出发点和立足点，是基本方向。要正确处理政府与市场的关系，真正做到"看不见的手"和"看得见的手"协调运转、相互补充，共同促进经济平稳较快发展。

记者：目前，中央要求加快调整国民收入分配体制，公众对此也有迫切的期待。你认为，未来一段时期，收入分配体制应该如何改革？

彭森：合理的收入分配制度是扩大居民消费需求的基础，也是社会公平正义的重要体现。近年来，政府、企业和居民部门三者之间分配关系呈现较为明显的失衡状况，城乡之间、地区之间、行业之间的收入差距都有扩大趋势。

对这些问题，人民群众有意见，持续发展下去，必将成为影响经济发展和社会稳定的重大隐患。收入分配问题已经到了必须下大力气解决的时候。目前，我国经济社会发展态势良好，各方面承受能力较强，应该说有条件、有能力在“十二五”时期逐步解决。

深入推进收入分配制度改革，一方面，要在坚持基本分配制度的前提下，切实保护公民合法收入和私有财产；另一方面，要尽快扭转城乡、地区和不同行业之间的收入差距过大趋势，逐步形成中等收入者占多数的“橄榄型”分配格局。

在这里，我想重点强调一下税收在二次分配中的调节作用问题。2009 年，我国人均 GDP 已经接近 3700 美元，居民收入水平和社会财富增长很快，存量很大。但是，所得税和财产税还不健全、不完善，对调节过高收入和财产收入的作用还没有充分发挥出来。

这是目前我国在二次收入分配中的“短板”，是“十二五”收入分配制度改革亟待解决的重点问题。从现在开始到“十二五”时期，要加快完善个人所得税，建立健全财产税制度，有效调节不同社会群体之间的收入分配差距，切实发挥好税收在二次分配中的作用。此外，要进一步完善资源税费制度，解决资源占有者和使用者获得超额收益的问题。

记者：加快城镇化进程，让更多的农业劳动力转到非农产业，转入城市就业和生活，这对中国扩大内部需求、转变经济发展方式相当重要。“十二五”期间，这方面的改革应该如何突破？

彭森：统筹城乡发展和推进城镇化，既是我国未来一个时期的发展趋势和战略重点，也是拓展内需空间的重要举措。扩大内需，最大的潜力在推进城镇化。

改革开放以来，中国城镇人口占总人口比率平均每年提高近 1 个百分点，2009 年城镇人口占总人口比率达到 46.6%。但总的来看还相对滞后，不仅远低于发达国家近 80% 的水平，而且也大大低于一些人均收入与我国相近的发展中国家水平。

“十二五”时期，我国城镇化率将突破 50%，首次出现一半以上的人口生活在城市。人民群众的生活方式和经济社会结构会随之发生一系列深刻变化。如何破除城乡分治的“二元”体制，推动城镇化快速健康发展，是“十二五”期间亟待解决的重大问题。

我国是一个有十几亿人口的发展中大国，也是一个体制转型国家。在这种条件下，破除城乡“二元”体制，统筹城乡发展，持续快速推进城镇化，进而实现现代化，在人类历史上没有先例可循，是一项艰巨复杂的任务，也是一个需要长期探索的过程。

在这方面，很多地区进行了积极探索，积累了有益经验，成都市、重庆市、浙江嘉兴市等地的一些改革举措引起了社会的广泛关注。对一些好的做法，要深入研究，全面总结，并在“十二五”改革规划中重点予以考虑。

在这里，我还想重点强调两个问题：一个是进城农业人口的城镇化问题。近年来我国城镇化率提高很快，但在现行统计的城镇人口中，约有1.5亿农民工及其家属虽然常住在城镇，但工作和生活并不稳定，在公共服务方面还没有完全享受与城镇居民相同的待遇。推进城镇化的一个很重要的任务，就是把符合条件的农业人口逐步转变为城市人口，这可以在实质上提高人口城镇化水平。特别是20世纪80年代后出生的农村人口已经成为农民工的主体，他们融入城市的意愿更为迫切。逐步解决好他们的身份和公共服务问题，对城镇化健康发展和社会和谐具有重大意义。另一个是土地问题。在今后相当长的一段时期里，我国城镇化将持续以每年1个百分点以上的速度快速推进。人多地少是我国的基本国情。在城镇化过程中，必须坚持最严格的耕地保护制度，这是保证国家粮食安全的基本前提。同时，一部分农村土地要转变为城市建设用地，将会产生巨大的土地级差地租。这些财富由谁来分配？按照什么机制来分配？如何从制度安排上既能够保护农民利益，又能促进土地资源节约利用？对这些问题，我们要根据中共十七届三中全会精神，深入调研，认真研究，在“十二五”改革规划中给出一个明确的回答。

记者：要建设社会主义和谐社会，必须解决好教育、卫生、住房、社保等民生问题。这就要求，必须进一步改革我国的公共服务体制。对此，你认为应该从哪些方面着手？

彭森：解决民生问题，必须创新公共服务体制，最终要形成多元参与、平等竞争的格局。长期以来，我国社会发展滞后于经济增长，人民群众多样化、多层次的公共服务需求快速增加，公共服务供求矛盾已经成为全社会关注的焦点。“十二五”时期，随着人民群众收入水平的不断提高，这个问题会更加突出。

公共产品供给不足，公共服务资源配置不合理，与社会事业发展滞后有关，也与社会领域改革滞后有关。主要是政府责任不到位和包揽过多并存，该管的没有管到位，该放的没有真正放下去，发挥市场机制、社会组织和民间资本的作用不够，活力不足。

“非公经济36条”从2005年2月出台到现在已经有五年的时间，有关部门也先后出台了一系列配套文件贯彻落实。从形式上看，民间资本进入相关领域的渠道是畅通的，但实际上困难重重、障碍很多，被形象地称为“玻璃门”

和“弹簧门”。这些问题在公共服务和社会事业领域也表现得非常突出。在公共服务中如何划分政府与市场的界限？政府是公共服务的采购人还是直接提供者？这是深化社会事业领域改革必须明确的原则性问题。

在社会主义市场经济条件下，提供基本公共服务是政府的一项主要职责，否则社会就会失去起码的公平正义。但是，社会需求是多层次和多样性的，各项社会事业都应该区分“基本”和“非基本”。政府保障的是“基本”。“非基本”部分能够由社会和市场提供的，要切实交给社会和市场，政府履行好监管责任。如果政府包揽过多，社会资本难以进入，就会影响各方面参与发展社会事业的积极性和活力，这也是当前各方面反映比较多的问题。即使是由政府提供的基本公共服务，也要讲究方式和效率。这里必须明确一个问题，公益性事业不等同于政府包办。公益性主要指政府的投入和保障责任，但不代表必须由政府直接举办和提供。

今后，我们要逐步做到，凡是适合面向市场购买的基本公共服务，都应采取购买服务的方式。各类社会组织和企业，只要具备资质、符合条件，就应该鼓励进入，政府择优购买。“十二五”期间，要进一步解放思想，加快改革步伐，放宽准入门槛，加快形成多元参与、平等竞争的公共服务供给体系，满足不同层次人群的多样化需求。

谈金融改革原动力

——专访中国建设银行董事长郭树清

采访人：冯哲

发表时间：2010-10-11

“下一步改革的动力应来自市场和股东的硬约束。”

在过去五年间，中国国有商业银行经历了一次涅槃。如果将改革的基本逻辑简单总结为两条，一是上市促改革，二是IT技术革新促进银行管理的飞跃。那么，在中国主要的商业银行均已完成上市，银行IT系统也已基本完善之际，下一步银行改革的动力何在？

对此，中国建设银行（下称建行）董事长郭树清回答说：应靠市场内部推动力，以及来自股东的硬约束。

9月30日，郭树清接受本刊记者专访，与半年前的专访更多着眼宏观经济全局（本章前文《宏观政策的进退两难》）不同，此次侧重于阐述银行的资产质量、公司治理、收入结构等微观机制在宏观环境中的收与放，而落点则是金融改革的得与失。

建行近几年来的战略调整、结构转型和宏观预判，源于建行股改的先行先试。2005年准备上市时，郭树清在建行推动“以客户为中心”的业务转型，2009年初在金融危机肆虐之初率先推动贷款出笼，又在其他银行一拥而上之时降低了贷款增速，甚至甘愿放弃市场份额。目前，建行的拨备覆盖率为205%，在四大行中最高。

“去年贷款增长即使是四大行也迥异。这说明银行间的经营战略开始显现出差异化和个性化，这是一个很大的体制进步。”郭树清说。

不求市场份额

在采访前夕，9月29日晚，房地产调控的“第二只靴子”刚刚落下，央行及银监会公布了新的差别化住房信贷政策，持续低迷的银行股估值再受打压。

在人们的印象中，建行是最大的按揭贷款银行，一直也以包括房地产开发的基本建设贷款为特色。不过，这已是老皇历了。“我们已经不是最大的个人按揭贷款银行。”郭树清表示，2008年前建行仍将市场份额作为一个重要考核指标，去年予以取消，“我们的分行在当地的贷款份额是第二或第三没有关系，甚至是第四、第五也行”，他说，“要鼓励分支行去做低风险和相对高收益的产品”。

建行中报显示，上半年房地产开发贷款新增为五年来最低，前十大单一借款人中没有一家是房地产企业。郭树清称，建行两三年以前还有6000多家房地产开发企业客户，现在只有3000多家，减了一半。

谈及对当前房地产行业的基本判断，郭树清认为，从总量上讲，居民贷款余额十多万亿元，其中房贷是五六万亿元，占GDP的比重约16%，相对于美国约90%、欧洲约40%的同类占比，“风险有限”。郭树清认为，从银行角度，“关键是防范假个贷。只要做到这一点，百分之八九十的房贷风险就控制住了”。他强调信贷风险控制应关注关键环节，不赞成对贷款的每个环节无休止地严格审批和限制，“那会无效率可言”。

郭树清1998年在贵州担任副省长期间主持推出过颇有特色的住房改革，他一直密切观察房地产市场变迁。

郭树清认为，除了总量宽松的原因，中国房地产的结构性失衡也是导致房价过快上涨的重要原因。房地产业务高度集中在几大核心城市，如上海、北京、深圳、杭州等，房价上涨过快，从而导致全国房价水平攀升。

郭树清认为，结构性问题有长期性，需要在城市布局、区域规划上作出调整。比如大企业、大机构都集中在少数城市，而美国500强企业、名牌大学等多设立在中小城市。针对应走星星点点的小城镇模式还是建立整体综合规划的大城市带的路径之争，郭树清表示，应因地制宜选择发展模式，国家有许多政策手段可以使用，同时对市场力量要因势利导，而不是硬拧。

郭树清称，建行也是支持经济适用房和限价房建设力度最大的银行，另外建行持股75%的中德住房储蓄银行，目前贷款余额70多亿元，主要支持保障房的建设。他称这些都是商业贷款，“桥归桥，路归路，不可能由商业银行给财政补贴”。

今年8月，郭树清在半年报发布会上透露建行正在申请成立村镇银行控股公司，近期计划是成立100家村镇银行。对此，外界疑惑不已，因为即使每家1000万元的资本，每年20%的净资本收益，总计也就几亿元利润，此举对年利润超过千亿元的建行意义何在？郭树清认为这事关建行的战略，称这个市场潜力巨大，被严重低估，“实现了工业化的乡镇可能比落后地区的一些地市的金融资源还要丰富”。

“另外一个重要原因就是可以培养人才和队伍，必须从小的市场做起。在村镇银行的架构下，公司治理、激励机制等方面可以进行独立探索。”郭树清说。

银行改革攻坚

农行今年7月上市后，国有银行改革告一段落，但外界疑虑仍存。“你问银行股估值为何这么低迷？我也感到困惑不解呀。”郭树清说。他认为银行改革“成就巨大，现代银行制度在中国初步建立起来”，他也表示，“还有很多事情需要做”。

郭树清认为：“国有商业银行原来最大问题是官商作风，这次改革之后，提供服务的能力有了根本性改善。”他引用数据称，到去年年底，建行配备大堂经理近1.5万人，理财师4万人，ATM机过去五年增加了近4倍，还有网上银行、手机银行等，发展速度几乎与国外同步。现金交易和账户查询绝大部分已经转移到电子银行和自助服务渠道。商业银行为客户提供资产管理服务从无到有，现在大型银行网点销售产品2000多个，每年新增加200多个，“数量上已经超过了欧美银行”。郭树清说，建行过去五年间业务收入占比从7%左右到现在的22%，平均增速是50%，“不可能更快了”。

中国银行业的劳动生产率正在迅速接近欧美同业的水平，利润更是领先于他们。谈及此，郭树清也不忘提醒，利润有此颠覆性变化是因英美银行受金融危机冲击较大所致。

商业银行在风险控制方面亦与以往有了巨变。“不良率持续下降，拨备覆盖率持续提高，建行都提到200%以上了，这意味着，相对于不良贷款，拨备是两倍多。”郭树清说，经营状况也有了实质性的改善，“建行去年实现净利润1000多亿元，连续五年平均ROE（即净资产收益率）都在21%左右”。

“财政原来觉得银行挺可怕，后来觉得银行很有潜力。”郭树清说，建行今年的税费将超过600多亿元，占到国家8万亿元财政收入的0.8%左右。建行5年来上缴的税收、分红及国有股权增值等，已经远远超过了股改前后国家的投入。

“国有商业银行股份制改造是党中央国务院这五年多来最重要的改革举措之一，取得了超出预期的成功。如果不是进行这么彻底、系统的改革，商业银行不会有现在这么好的局面，我们在应对金融危机时就会遇到更多的困难。”郭树清说。

下一步动力

郭树清表示，下一步改革动力首先来自市场的推动。他认为，中国的银行业并非垄断行业，而是高度竞争。目前，银行还没有完全做到以客户为中心，在专业化、精细化等方面还有很长的路要走。“这是中资银行和欧美银行的差距所在。”

郭树清认为，外资银行在金融市场的定价能力很强，能随时双向报价，精耕细作，利用市场的波动赚取看似微薄的利润，这要求有很强的风险把握和市场分析能力。“因为专业专注，他们能赚这些钱；我们现在还做不到。”他说。

郭树清亦指出，中资银行的研究力量较弱，对外部评级较为依赖，特别是国际业务。而外资银行对国别风险、地区风险、行业风险等的研究能力非常强。在中资银行，研究部门、分析人员仍被看成是不那么重要的角色。

四大行中，唯有建行一家引入外资商业银行为战略投资者，坚持全面合作至今。“建行的客户可以在网上自己设计电话银行的菜单，这就是向美国银行学习的。”郭树清举例说，建行的网点在美国银行战略合作下进行了两次转型，第一次是从现金交易核算为主向销售服务为主的转变；第二次，主要是在满足大众客户金融服务需求的同时，着力提升面向中高端客户的理财服务能力。

不乏意见认为，中国银行业的丰厚利润一是受益于中国高速成长的经济，二是来自政策给予的高息差环境，而未来必然到来的利率市场化改革将终结这一时代。目前建行的息差在国内大型银行中最高，达2.4%，全行业平均水平也在2.2%~2.3%。

郭树清对此认为，息差大小的影响因素很多，国际上也有不少国家的息差水平比中国还要高。发达国家实际借款利率并不低，只不过转化成收费了，例如信用卡。中国金融服务目前仍然供应不足，无论是从金融业就业的份额，还是从创造的附加值来看，银行业和其他行业相比都不太发达，而通货膨胀的因素也会推高银行的利润。“从银行自身感受来说，利差是逐年下降的。但在间接融资为主的模式下，中国银行业利差仍存在一定空间。”

针对国有银行内部仍有行政级别的“传统”，郭树清承认，“我们内部由于历史原因，还有一些行政化、官僚化的问题”。“有意无意、或多或少这种观念还仍然存在，分行行长觉得自己是正厅长，部门经理觉得自己是处长。”郭树清说，“这需要银行的人力资源管理进一步深化市场化改革”。

“另外如何建立起和市场相容的激励机制，避免激励不足和过度激励的风险，还是个有待探索的领域。”他认为。

制衡之道

谈及下一步改革的动力，郭树清强调，来自对股东回报的要求也是硬约束，“如果一家银行净资产收益率达到 20%，另一家银行只有 17% 或更低，股东的压力马上就会显现”。

对比英美银行高度分散化的股权架构，郭树清认为国有上市银行的状况也有公司治理方面的优势。

“即使从国际比较看，我们也比较规范。”郭树清认为，中国国有上市银行的公司治理结构已经形成，股东对银行的约束作用直接有效，比如建行除了考虑汇金的意见，美国银行、淡马锡、市场上的机构投资者等的声音也要考虑，这些因素相互制衡。“在股东监督下，董事会执行战略决策职责，不存在过去那种内部人控制的可能；管理层独立经营，有职有责有权；监事会对董事会和管理层实施监督；员工也可通过职工代表大会和工会等各种形式参与管理。”郭树清说，“党委会依法活动，起到核心作用”。

针对国有股东难以长期成为“合格的出资人”的疑问，郭树清表示，和原来单一的国有制相比，现在中央汇金投资公司（下称汇金）持股约 57%，另有近 40% 的股份由香港以及海外机构、企业和个人持有，A 股不足 4%，建行的股权结构已经有了极大的改善。

过去几年汇金实行股东积极主义，做实出资人职责。但随着原汇金总经理谢平去职，外界也担心汇金的强硬作风会有所衰减。对此，郭树清称，总体来说，汇金的作用是正面、积极的，因为他们毕竟不像过去的政府主管机构那样管银行，而是按市场规则行事，派驻的董事也要符合公司的章程及公司法的要求。他也并不讳言，管理层、专职董事、监事会之间常常存在不同看法，“因为汇金考虑的是大股东的利益，拿到现金回报是最重要的”，而“银行却不能只考虑短期内赚钱、分红，必须还要考虑客户感受、社会接受程度、企业形象。比如，我们高度重视银行的品牌价值，而股东可能就没那么在意”。

有观点认为汇金在履行出资人职责时，只关注利润最大化有不妥之处，关于重启金融国资委的动议也一直传闻不断。对此，郭树清表示有关问题还在研究之中，“即使建立这样一个部门，也要考虑不能使股东职能倒退为行政化、官僚化管理”。他表示。

郭树清认为，上市后，客户、媒体、公众监督已经成为公司治理的重要组成部分，透明度显著提高。我们披露信息的及时性和充分性都明显强于欧美同业。“有些情况可能过度透明了。”在金融危机中商业银行披露了一些带有商业交易性质的信息，比如说持有多少雷曼的债券等，事后看是不妥的，“以后应当以此为鉴”。

他亦强调商业银行内外已经建立了交叉的监督体系，如垂直的内部审计制度，在常规的外部审计外，监事会还有权力聘请其他的外部审计。此外，国家审计署平均每两年来银行进行一次全面审计，单项的审计则每年都有。“至少说明银行在防范系统性风险和宏观审慎方面有很多保障，在对外盲目投资方面不可能走得很远，在经营高风险高回报业务方面不可能走得很远，个人决策独断专行不可能走得很远。”郭树清表示。

监管不是最重要的

记者：目前国际金融监管新政策频出，收紧监管、成立新的监管机构等。中国也在探讨成立综合金融监管部门的可能性，你怎么看？

郭树清：总体上来说，监管很重要，但仅仅强调监管是不够的，好的金融体系不是监管出来的，机构内部的机制、市场结构体系才是最重要的。即使就监管而言，仅仅一味要求商业银行提高资本充足率也是不够的。

美国不久前出台的金融改革法案有 2600 多页，很大程度上属于官样文章，并未涉及许多要害问题。最核心的问题是，如何让每个金融参与者随时准备承担风险。风险可以分散，但无法真正消除，这是一个基本法则；而过去以为，一个发达的金融体系可以把所有风险贴水降为零。另外，使用市场手段来实现公共目的究竟有什么限制？“两房”怎么办？“所有权社会”还是不是“美国梦”的组成部分？最发达国家能不能放弃国际金融市场的主导地位？综合竞争力最强的国家同时还要不要是最大的债务国？这些问题还远远没有提上议程。

记者：如何看待金融行业的定位与功能？

郭树清：金融服务业在欧美国家是发展过度了。最优秀的人才都跑到华尔街，自我循环、自我服务、自我形成泡沫，本来应服务于实体经济，但却严重脱离了实体经济。金融无非就是提供交易媒介和融资手段，为什么要那么复杂呢？2005年我们上市时，美国没有一个行业能够持续提供20%以上的收益率，怎么可能做到所有的银行和基金的ROE连续几年全部都是20%？可以预计，发达国家的金融业今后必然会收缩。

记者：近期通胀是否已经是一个现实的威胁？

郭树清：我们对此高度关注。管理通胀预期是国家宏观经济政策三大目标中一个很重要的目标。历史上，物价上涨和货币供应量增长是高度一致的，现在可能有些背离，但不可能是长期的。

从中国的历史来看，负利率时间太长，终对宏观经济不利。另外，目前衡量通货膨胀和物价上涨的商品篮子还是以食品为主，但实际消费逐渐转变为以服务为主，如住房、交通、教育、电信等。如果要按实际消费结构调整这个篮子，那么物价上涨的情况就会很不同。

比如我上周去理发，原来每次48元，同样的店装修了一次后已经涨到了68元，八年前只要10元钱。再如，企业和居民买了房子后要用30年至50年转化释放这些成本，最终会转移到生活费用上去，房价一涨就是百分之十几，不在物价指数里面反映显然不可能。各国经济统计都会遇到指标设计、权重调整的问题，修改要特别谨慎，需要与时俱进。

记者：近期人民币汇率问题再度成为焦点。你上次曾谈到，美国并无依据将中国归为汇率操纵国？

郭树清：所谓汇率操纵，要害在于“获得贸易上的有利地位”，中国在多次国际金融危机时期都实行汇率稳定政策，而其他国家的货币可能贬值很多，中国的出口价格承受了巨大压力。所以固定汇率并不等于操纵汇率。美国人把这个问题简单化、政治化了，认为和中国的竞争就是产品成本和价格竞争，其实早已今非昔比，人民币汇率升值对解决美国自身贸易逆差没有多少帮助。

首先，即便人民币大幅升值，美国工人的工资还是中国工人工资的5~6

倍。其次，汇率升值对推升实际出口价格作用不大，因为中国出口产品大量依赖进口原材料、半成品，有的行业甚至是80%依赖进口。再次，中国的出口中一多半是由外商投资企业创造，还有很大比例是中资企业代加工的，这其中巨大的差价都是外资得到的好处，包括美国的公司和个人得到的好处。如果人民币升值压缩了这部分增加值空间，那对美国并无好处。

总之，美国与中国企业之间、国民经济之间完全处于不同的发展阶段上，没有多少直接竞争。美国实际上面临的问题是需要在更高层次上实现产业转移和升级。

记者：人民币汇率争议如火如荼，有何解决办法？

郭树清：人民币国际化对中国和其他国家都有好处，可解决国内经济金融和国际贸易投资问题，包括建立新的货币金融体系。中国已是很多国家最大的贸易伙伴，大家需要规避风险，使用合适的货币进行结算是必然的。现在一些国家把人民币汇率问题政治化、国际化，如果跨境贸易结算、支付使用人民币，这个问题就不突出了。

中国M2庞大的基数加上对资本项目的必要控制，使得流出去的资金和回流资金都比较有限，所以出现那种小国家货币被绑架炒作的可能性不大。

如何完善
国有金融企业的绩效评价
——专访财政部金融司司长孙晓霞

采访人：张宇哲

发表时间：2010-2-22

财政部金融司司长孙晓霞认为，对于金融高管必须从多角度、多方面对经营绩效进行考核，而不仅关注保值增值。

财政部金融司被外界看做国有金融资产出资人的不二代表，负责超过万亿元的国家金融资本、资产逾40万亿元的“基础管理”。孙晓霞本人同时是中央汇金投资公司的董事。

在此前的专访中，她毫不讳言国有金融资产管理体制存在的种种弊端。而其中，激励机制显然是最为敏感和核心的制度之一。

财政部在两年内连续推出多项有关绩效评价的办法、标准，并在试点基础上于2009年底出台了更为细化的实施细则（指《金融类国有及国有控股企业绩效评价实施细则》）。

2010年初，万流归宗，财政部将以此核定各中央金融企业高管的薪酬。

记者：为何选择当下推出《实施细则》？

孙晓霞：早在2007年，财政部就提出了金融企业国有资本保值增值的要求以及对保值增值的确认办法，但是，在金融业快速发展的形势下，特别是在国际金融危机的警示下，对金融企业的考核评价仅仅从资本保值增值一个方面远远不够，必须从多角度、多方面对金融企业的经营绩效进行考核，优化金融资产管理方式，促进金融企业的可持续经营。

这个问题也是发达国家关心的问题，在G20领导人金融峰会和金融稳定理事会会议上，多次讨论如何加强审慎监管的问题，对经营绩效进行科学的评价正是审慎监管的重要组成部分。

经过两年的酝酿，财政部于2009年相继发布了《金融类国有及国有控股企业绩效评价暂行办法》及相关事项的通知，后经反复征求意见，最终推出《实施细则》。

记者：是否可以把这次绩效评价体系的系统推出，看成财政部落实金融国有资产出资人职责的努力？

孙晓霞：金融企业绩效评价是强化金融国有资产管理工作的延伸，建立反映股东价值、发展战略和科学决策的考核评价机制，是当前国有资产管理工作的一个重点和难点。可以说，开展对金融企业的绩效评价是进一步推进和深化金融体制改革、落实2009年5月出台的《企业国有资产法》有关内容的一项重要任务。

为此，财政部一直在探索完善考核方式，通过选取以利润率、保值增值率、不良贷款率以及资本充足率为核心的指标体系，具体包括经营增长、赢利能力、资产质量和偿付能力四大类20个指标，落实国有资产保值增值的责任。建立覆盖全部金融企业和国有产权代表的责任网络，形成年度考核与任期考核相结合、考核与奖惩相挂钩的责任体系。

在这个制度框架内，金融企业绩效评价制度起到了一个承上启下的重要作用，是基础管理制度与行使出资人职责制度的连接点，利用基础财务统计数据，为出资人代表行使职责提供有效的手段。

记者：绩效评价体系是否科学，关键在于评价指标及其权数的设定，你们的量化依据何在？

孙晓霞：在每一大类指标中，我们按各分项指标的重要性及其引导功能分别确定各评价指标的权数，并以金融企业2006年度、2007年度的财务决算数据为基础，对部分中央金融企业的绩效评价得分进行了反复测算，通过对比测算结果相应调整，并最终确定了各项评价指标的权数。

记者：不同金融行业的差别很大，是否指标上也应体现差异？

孙晓霞：此次在制定实施细则过程中，我们主要划分了银行、证券、保险、综合金融类四个行业，分行业设定加权平均的标准值，以体现各行业的利润率水平、市场环境、经营特点以及行业政策等特性。这样来显示哪些是应该做到的，哪些是超额做到的。

另外，当金融企业经济效益上升幅度显著，以及发放较多涉农贷款、中小企业贷款的，绩效评价中也会予以适当加分，以充分反映不同金融企业努力程度和社会贡献；当金融企业发生属于当期责任的重大资产损失事项、重大违规违纪案件，或发生造成重大不利社会影响的事件，以及不按照规定提供财务会计信息，或提供虚假财务会计信息的，予以适当扣分。这样一来，就可以体现金融企业考核评价的客观性、公正性。

记者：绩效评价结果直接决定中央金融企业高管薪酬吗？

孙晓霞：绩效评价结果可以逐步应用在金融企业目标考核、结构调整、发展规划，以及建立完善金融企业股权激励制度、年金制度等领域。此外，金融企业内部也可以运用绩效评价手段对其分支机构实施有效的财务监管。尤为重要的是，绩效评价为推进金融企业薪酬制度改革提供了支撑。

转变经济发展方式"来真的"

——专访中共中央财经领导小组办公室副主任刘鹤

采访人：胡舒立、朱长征、杨哲宇

发表时间：2010-11-1

如何跨越"中等收入陷阱"？如何创造世界级市场？经济增速要不要调整？"十二五"规划《建议》主要执笔人之一刘鹤接受本刊专访：转变经济发展方式"来真的"。

刘鹤在北京城一家普通宾馆和我们见面。他脸上略带连续工作之后的疲惫，但随着交谈的深入，便又兴奋起来，说到紧要处，更是双目炯炯。

这是《中共中央关于制定国民经济和社会发展第十二个五年规划的建议》（下称《建议》）公布的次晨。中共十七届五中全会公报在10月18日发表，九天后的27日晚，《建议》全文公之于世，立即成为舆论焦点。

中国从1953年推出第一个五年计划，其间有蹉跎曲折，但是，"五年制"的经济规划模式一直延续至今。2005年中央决定由"五年计划"改为"五年规划"，时段不变而内容更着眼于治国方略。"十一五"规划将在2010年结束，将于2011年启动的"十二五"规划必然对中国未来的发展影响重大。

当然，更重要的背景还在于"十二五"《建议》的出台时机。无论从哪个角度说，中国都处在历史发展的关键节点上。后金融危机时代复杂的国际环境，人均GDP将达4000美元的发展关键期，城市化进程中的社会矛盾，改革胶着期的期待与焦虑，各种因素相互影响之中，"十二五"规划的问世显得格外重大，其透露的改革路向、政策方针和政府工作重点必然引来八方关注。

"十二五"规划《建议》制定工作正式启动于今年4月2日，整个工作在中央政治局常委会直接领导下推进。起草组组长为中央政治局常委、国务院总理温家宝，副组长为中央政治局常委、国务院副总理李克强。《建议》的筹备工作则早从2009年初即已开始，中财办和国家发改委组织国内67个部门，上万名专家参与，有针对性地对相关30个重大课题开展了研究。此外，前世界银行高级官员、第一任驻华首席代表林重庚还接受委托，Spence、Diamond、罗默（Paul M. Romer）等一批诺贝尔奖获得者和国际著名的重量级经济学家与筹备规划《建议》的中国官员、学者举行多次面对面交流，并就中国向知识型经济转型、城镇化道路、服务业发展、社保体制建立等议题展开深入研究，于去年12月形成初步书面建议。《建议》起草工作启动后，起草组深入省区市调研，广泛征求各方面意见，使得起草过程本身成为一个充分吸收民意、逐步凝聚共识的过程。

最终形成的《建议》近两万字，共12部分56条。宏文重心何在，思路如何解读？在细读文献之后，我们采访了刘鹤。此时，他已经从起草《建议》的驻地"下山进城"，转至北京某宾馆，投入即将于年底召开的中央经济工作会议的文件起草工作。

刘鹤，58岁，中共中央财经领导小组办公室副主任。他是《建议》的主要执笔人之一。因工作关系，参与过"八五"、"九五"、"十五"、"十一五"四个五年计划的筹备工作，对国家制定长期规划的工作可谓知之甚深。刘鹤本人是经济学家，是"中国经济五十人论坛"的发起人。或因此背景，与之交谈，更多的感觉是在与一位学者交流，思考的愉悦中充溢着真诚。现将采访实录摘要如下：

转变到了临界点

记者：此次中共中央关于制定"十二五"规划的建议，在起草时，与以往有何不同的重要背景？

刘鹤：首先是国际背景不同。改革开放以后，我们制定了从"六五"到"十一五"六个五年计划。如果说"十二五"和以往最大的不同，首先是外部环境发生了重大变化。我们碰上了国际金融危机，而且国际市场总需求发生了重大变化。以前，国际间存在东亚出口模式、美国高消费模式，还有资源供给国的经济模式，形成三角循环，世界经济发展处于黄金期。金融危机基本打破了这些模式。"十二五"规划最明显、最突出的思考是，未来的全球市场在哪里？为前几个五年计划提供了供给的经济增长点在哪里？更重大的问题是，怎么创造一个巨大的国内市场？

从国内来看，按世界银行标准，中国已经成为收入中等偏上国家。今年，人均国内生产总值会超过4000美元。中国将呈现很多新的发展阶段性特征，面临很多可以预见的和难以预见的风险，我们关注怎么避免所谓的“中等收入陷阱”。从全球范围来看，二战以后只有少数国家和地区，如日本、韩国、新加坡，顺利跨越这道坎，而大部分国家只能至此徘徊不前。中国如何迈过这一陷阱向更高水平迈进？这就要求国家制定非常明确的发展战略，实现小康目标。

记者：这次的规划《建议》的关键词是什么？

刘鹤：“十二五”规划建议特别强调主题、主线，明确以科学发展为主题，以转变经济发展方式为主线。转变经济发展方式是贯穿“十二五”规划建议的关键词。

记者：转变发展方式已经提出多年了，《建议》将此提升到“主线”的位置，该如何理解？

刘鹤：过去提的是转变经济增长方式。转变增长方式就是提高效率，这涉及罗默的新增长理论，就是要提高全要素生产率和增长的知识含量。转变经济增长方式更多是改进供给效率。而十七大提出转变经济发展方式，主要包括三个内涵：第一要转变总需求结构，要从出口、投资拉动经济增长，转向消费、出口、投资协调拉动增长。第二是转变供给结构，从依靠第二产业拉动增长，转向第一、第二、第三产业协同带动，特别是服务业要发挥更大的作用。第三，就是转变要素投入，从数量扩张转向依靠知识、科技、管理等全面提升。这次提出的加快转变经济发展方式，我们的认识又有所深化：不仅是经济层面，如果消费不扩大、民生不改善、社会建设不跟进，整个转变经济发展方式也不能落实。同时，想转变经济发展方式，不改革是不可能的，这是《建议》的基本逻辑。

记者：外界注意到，中国的理念已经提出很久了，但现实中推进得不太理想。这次是不是有充足的理由认为是“来真的”？

刘鹤：一个月以前，中美经济学家举行了第二届颐和园对话。其中有一位劳拉·泰森女士，是美国奥巴马总统经济复苏顾问委员会委员。她认为，我们转变发展方式是十分认真的，也是可信的。美方经济学家认识到，在全球经济中，中国已经扩大消费，美国储蓄虽然有变化，却是波动的，而中国扩大消费则有成效。我们深切认识到，外部经济形势变化，是真变了，不是假变，是长期变，不是短期变。国际金融危机发生以后，中央立即作出判断，这次危机表面上是对增长速度的冲击，实际上是对发展方式的冲击。所以要加快转变经济发展方式。2009 年，胡锦涛总书记在中央经济工作会议上明确提出了这一点。2010 年初，胡锦涛、温家宝、习近平、李克强等四位领导人均强调要转变经济发展方式。可以说，这是中央领导层的战略决策。国际金融危机已经形成倒逼机制，不转不行。同时，随着中国经济的增长，城市化加快，服务业发展，存在着巨大的内需空间，老百姓有过上好日子的强烈愿望，我们必须满足人民群众的期待，这是转变方式的内部客观动力。所以，这一转变是能够见实效的。

记者：过去推进不尽如人意，一方面是认识的问题，另一方面也是这一转变的难度使然。现在有了深刻的认识，那么，有什么可以克服困难的方略呢？

刘鹤：从中国长期发展的历史进程来看，外部压力和内部动力相统一是事物成功的关键。如果没有压力，中国的事情认识再好也做不成。内部本身的动力常常需要外部压力来激活。所以，现在转变经济发展方式，天时、地利、人和俱备，可以说到了一个临界点。

记者：如何处理“保增长”与“调结构”的关系？

刘鹤：在转变中促发展，在发展中促转变。保增长是保就业，因为没有就业就没有民生。但是，仅有速度的路子已经走不下去了，因此要调结构。从某种意义上说，两者是统一的，增长的内涵是调结构。调结构并不是过去说的调整三个产业的比例关系，其首要内容是扩内需。如果不调结构，产品卖不出去，市场交换实现不了，就无法获得增长。

在调结构的过程中，需求结构变了，产业结构需随之调整，供给结构要相应跟进。《建议》提出要改造制造业，创建战略新兴产业，发展服务业，就是希望供给结构能够跟进需求变化，增强供给体系的效率和弹性。

记者：强调“转方式”或“调结构”，是不是意味着要牺牲一些增长速度？有没有这个承受力？

刘鹤：这次《建议》没有提具体的增长速度指标，具体指标要留待有关部门制定的“十二五”规划纲要来定，最终须经全国人民代表大会通过。虽然这次没有提到数字，但是在提到保持经济平稳较快发展目标的时候，提到了四大宏观指标，里面特别强调提高经济增长的质量和效益。我们认为，适度的增长是必要的，但对中国来说，经济长期平稳健康协调发展更是至关重要。随着中国经济体量的扩大，经济增长速度可能会相对低于“十一五”时期，因为基数大了，不可能总保持 11.4% 那样的高速度，会呈现自然递减的趋势。

新发展方式的基本逻辑

记者：这次规划《建议》的基本逻辑是什么？有哪些亮点？

刘鹤：如前面所提到的，这次《建议》的基本逻辑是：适应内外条件变化，加快转变发展方式，扩大内需和加快改革。扩大国内需求的重点是改善民生，改善民生的实质性问题是扩大中等收入群体。转方式、扩内需、改善民生，最根本的东西是要创造新的体制机制条件予以支撑，这是高度强调改革的原因。通过改革，包括经济体制改革、社会体制改革、文化体制改革、政治体制改革，创造一个新的环境，使经济发展方式转变能够在“十二五”期间取得实质性进展。

从内容上看，有三点格外重要。

第一，中国经济在世界经济中的定位。中国经济要把握好在全球经济分工中的新定位，创造参与国际经济竞争和合作的新优势。我们既要保持制造业大国的地位，这是我们的比较优势，又要成为居全球前列的大规模的市场。《建议》提出，要逐步使我国国内市场总体规模位居世界前列。这是核心、关键的一句话。对国内来说，是扩大内需，特别是扩大消费需求，扩大中等收入人群，实现共同富裕。对国际社会来说，我们要应对全球经济市场总需求不足的新挑战，因此，要创造位居世界前列的国内大市场。面对 1929 年大危机，凯恩斯学派的主张是创造总需求。这次金融危机，从某种意义上说，也存在着怎么创造总需求的问题。世界缺乏一个新兴的中等收入群体作为一个巨大需求方。目前，中国 GDP 总量占全球的 8.5%，消费约占世界的 5.4%，我们希望通过实施“十二五”规划，在全球 GDP 份额比重上升的同时，国内市场总体规模也能位于全球前列。

第二，扩大内需必须稳步推进城镇化。城镇化意味着更多的就业和服务业比重的提高，意味着更大规模的中等收入阶层，意味着规模效益提高，意味着现代公民理念的形成，其深层的意义非常丰富。《建议》强调了城镇化的形态和模式问题。中国历来有“大城市派”和“小城市派”之争。有的认为应该多发展大城市，或者巨大城市、国际大都市，而且认为这是世界潮流；另外一派认为中国应以小城镇为主。现实问题是，一些大城市堵车、拥挤、地价上涨、房价上涨，虽然有工作机会，但是，农民工生活成本太高。小城镇发挥过重要作用，但前提是要有国际市场。市场是决定城市化模式的重要因素，但国际市场出现了明显变化。这次《建议》特别强调，要把大中小城市网络化，通过基础设施一体化实现大中小城市的同城化，使大城市、中等城市、小城市合理分工，大城市提供市场，中等城市界定产业分工，小城市、小城镇增强居住功能，形成合理的经济圈和生活半径，既能够转移农业人口，又能避免某种城市过大或过小的弊端。推进城镇化的重要任务是把符合条件的农业转移人口逐步转为城镇居民，同时，要保护农民工的权益，建立相应的制度，包括医疗、教育以及其他公共服务。

第三，高度关注民生，特别要处理好经济增长和收入分配的关系，既能创造社会财富，又能公平分配社会财富。这是《建议》阐述的重点问题，虽然这个内容没有在同一章节表述。

处理增长和收入分配关系，国际上有很多经验和教训，特别是拉美国家的教训。拉美国家发展战略一度出现失误。首先是坚持内向型经济和重化工业的发展战略，使得普通劳动者失去了就业机会，没有收入，大企业高度垄断。此外，在处理增长和分配的问题上，走上了民粹主义道路，对穷人承诺不切实际的高水平福利、教育，但政府实际上没有足够财力支持。政策重点没有放在扩大就业、改善教育、改善公共服务等最基本的方面，而是以民粹的态度来呼应短期的社会舆论，致使两极分化愈演愈烈，最终导致恶性的政治周期。从军政府到民选政府的不断动荡，不停地印钞票，引起超级通货膨胀，导致资本外逃，经济长期大起大落，教训非常深刻。再一个教训就是金融危机。对于其起因，国内外一个共识是美国采用宽松货币政策，但我们要看到，盲目提高没有支付能力阶层的住房产权率是金融危机的重要起因。

在收入分配问题上，必须有长期、冷静的战略眼光，真正关心人民的利益，非常负责地处理这个问题。所以，这次《建议》特别强调几条：第一，强调就业。特别强调发展小企业和微型企业来创造就业，创造各种制度环境改善就业条件。第二，强调政府提供基本公共服务。第三，强调教育。劳动者能不能增加收入，最终取决于是否具备市场适应能力。《建议》高度重视教育质量和公平。第四，强调合理调整收入分配关系。强调初次分配和再次分配都要处理好公平与效率的关系，强调机会公平，同时要调节高收入，保护合法收入，规范灰色收入，打击违法收入。第五，强调要引导社会舆论和社会心态，鼓励大家共同奋斗。

记者："坚定不移走共同富裕道路"的提法，和以前"让一部分人先富起来"也不一样。

刘鹤：小平同志早就讲了这两句话。我国人均GDP达到4000美元以后，必然要走共同富裕道路。但是，究竟库兹涅兹曲线（编者注：收入分配状况随经济发展过程而变化的曲线）会以什么形态在未来的十年内逐步伸展，在很大程度上取决于我们转变经济发展方式的成效。

记者：你个人认为"刘易斯拐点"（编者注：劳动力过剩向短缺的转折点）会在"十二五"期间出现吗？

刘鹤：刘易斯的理论存在很大争议。"二元结构"会不会趋同，最终取决于劳动力的知识和技能。所以，"刘易斯拐点"的内涵和定义首先需要明确。现在的问题是，有技能的劳动力明显短缺，不适应市场需求的依然过剩，呈现结构性特点，我们很难用会不会出现拐点来判断。但我倾向于认为，劳动力市场中劳动者的谈判能力发生了明显变化。

记者：联系到城镇化进程，你认为中国的劳动力成本、工资成本会较快增长吗？

刘鹤：我不认为会急剧增加，而是稳步提高。一部分市场适应能力强、知识背景扎实的人，工资上升速度会比较快。政府基本公共服务能力会明显增强，这将有利于收入增长。

改革必须有顶层设计

记者：在谈到推进各方面改革时，《建议》用了"重视改革顶层设计和总体规划"这个表述，这个新词有何意义？另外，说到改革的优先顺序，汇率、费改税和资源税、资源产品价格改革等，会有一个什么样的顺序？

刘鹤："顶层设计"指的是主体结构和主要模式。有了这个设计之后，才谈得上其他。提出这个问题，最主要的原因就是中国改革30多年，现在到了一个新阶段。我们积累了丰富的经验，在过去的发展模式不可持续和面临各种各样新的重大改革议题条件下，转变经济发展方式，就要经济、社会、政治体制改革稳步协调推进。在这种情况下，必须有一个顶层设计，包括主要目标以及先后顺序。具体的顺序是一个复杂的问题，需要根据实际情况作出安排。

记者：资源性产品和要素价格改革，《建议》列得较细。这些年，改革呼吁不断，但一直是走走停停，可能与政府权力较大，又担心通胀影响增长有关。这次的决心如何，会不会在考虑实施的时候又因担心波动而停顿？

刘鹤：最近油价调整了，资源税也在一些地方进行试验，我们会从实际出发加快推进改革。以什么机制调整价格，存在很多技术性环节的问题。我想指出，对“供求决定价格”的理解需要深化。最近，我与美国同行讨论时了解到，同样是电价，同样说供求，我们和美国人的理解不一样。美国涉及公共产品价格的决定需要通过模型精细测算，通过听证，然后再到州政府批准。消费者、生产者收益或损失算得非常细，不是我们理解的那么简单。现实往往与微观经济学理论不一样。理论是静态的，没有限定具体利益关系。这种经济体只存在于虚拟的孤岛，在现代社会中不存在。逐步理顺资源产品价格关系，完善重要商品、服务、要素价格形成机制，关系国计民生，需要非常科学和审慎。

记者：我们注意到，对汇率改革，《建议》中加了一个定语，“以市场供求为基础的”有管理的浮动汇率制度。这确认了今年6月以来的汇改。

刘鹤：这个表述已有共识，就是渐进式改革。我们希望国际社会能理解几个基本问题：首先，美国失业率上升不是中国汇率造成的，因为美国现在的失业主要在建筑业，而不是制造业，失业群体缺乏市场技能，他们的失业与人民币汇率无关。

其次，“十二五”期间，中国有自己的改革议程，既包括汇改，也包括资源税、要素价格形成机制的改革和工资调整，这有一个顺序问题。逼迫人民币迅速大幅升值的想法是对中国情况不了解。最后，我们反对“汇率战”，希望通过合作实现共赢。

记者：在对外开放方面，过去的重点在于对外出口及吸引投资，现在是对外出口和进口并重、引资和“走出去”并重，是不是意味着对外经贸政策的转变？

刘鹤：与其说是政策改变，不如说是环境和条件变化。中国现在已经成为第一出口国，我们不希望贸易顺差过大。从出口来说，主要政策是改善品种、提高质量、调整结构。

这次《建议》有非常重要的一句话：发挥进口对宏观经济平衡和结构调整的重要作用，促进贸易收支基本平衡。与改革开放初期追求顺差和出口创汇相比，现在有非常重大的变化。金融危机发生后，投资银行家们议论的首要问题是新兴市场经济体。在此过程中，引资政策必须与时俱进。

（注：王晶、杜珂对此文亦有贡献）

第二辑

社会公正与财富再分配

反腐新规则

——专访最高人民检察院副检察长王振川

采访人：段宏庆、王和岩

发表时间：2007-7-23

因受贿犯罪日益复杂化、隐蔽化的形势，“特定关系人”概念首入中国反腐败法律框架。中央纪委常委、最高人民检察院副检察长王振川深谈最新“两高意见”背后的反腐败新策略。

“你们有什么问题都可以提。”7月18日下午，62岁的王振川在自己的办公室，甫一落座，未做客套，便开门见山地对记者说。

午后的阳光照在僻静的北京市北河沿大街147号最高人民检察院院内，松柏、铁树点缀其间，其中一栋三层小楼的二层，副检察长王振川的办公室布局简单明快。房间中最引人注目的是办公桌后墙上的巨幅全国地图，还有一面国旗。

王振川，中央纪委常委、最高检分管反贪污贿赂工作的副检察长，中国反腐战线最前沿的重量级人物。而我们选择此时采访王振川，是因今年入夏以来，反腐败问题再次成为全社会关注的焦点，尤其是原国家食品药品监督管理局局长郑筱萸于7月10日被处以极刑，被舆论普遍视为高层加大惩治贪官力度的一个信号。

据记者调查，最近三年中，中国因腐败问题“落马”的省部级高官有20余人，其中过半数案件已审结。一些腐败高官受贿的数额，亦不低于郑筱萸的649万元人民币。如原安徽省委副书记王昭耀，受贿共计折合人民币704万余元，另有近650万元人民币的巨额财产来源不明，王于今年1月12日被山东济南中院判处死缓。原黑龙江省政协主席、省委副书记韩桂芝，受贿共计人民币702万余元，于2005年12月16日被北京一中院判处死缓。从这个角度看，郑筱萸的死刑，打破了近三年来所谓“部级高官腐败不死”的规律，其标本意义非同一般。

5月30日，即郑筱萸死刑判决一审宣判后次日，中央纪委印发了《中共中央纪委关于严格禁止利用职务上的便利谋取不正当利益的若干规定》(下称“八条禁令”)。该规定中首次出现“特定关系人”的概念，并具体指出，特定关系人是指“与国家工作人员有近亲属、情妇（夫）以及其他共同利益关系的人”。我们了解到，这是中国反腐败的各种法律法规、政策文件中，首次纳入这一概念。

“八条禁令”印发的同时，中央纪委明确表示，自2007年5月30日起30天内，涉嫌违反这一规定的党员干部主动说清问题的，可以从宽处理；对拒不纠正或者在规定发布之后违反的，发现一起，查处一起，严肃处理，绝不姑息。

7月8日，即中央纪委30日“反腐大限”到期后的第十天，最高法院、最高检察院联合发布了《关于办理受贿刑事案件适用法律若干问题的意见》(下称“两高意见”)。该意见以司法解释的形式，全盘吸纳了中央纪委的“八条禁令”。

对比“八条禁令”和“两高意见”，不仅内容一以贯之，用词和表述也几乎完全一致；唯一的区别是，“两高意见”在“八条禁令”的内容之外增加了一个条款，强调刑事政策宽严相济。二者的契合，使“八条禁令”从党纪上升为国法，进一步加强了惩治腐败的力度。

由是观之，中央权力高层在加大腐败个案惩治力度的同时，也在进一步构建、完善反腐败制度。

62岁的王振川是河北省安国人，曾长期在中共中央办公厅工作。他1964年19岁时即入中办机要干校学习，毕业后留校工作；后转任中办政治部任干事，再任机关团委书记、人事局办公室主任、秘书局机关党委副书记、机要局局长等职。

1996年，王振川调任黑龙江省副省长兼省委政法委副书记；2001年6月回京任最高人民检察院党组成员、政治部主任；2002年11月在中共十六大上，他当选为中央纪委常委，同年12月任最高人民检察院副检察长，分管反贪污贿赂工作。

作为专业人士，王振川还在2002年获得了国家二级大检察官证书。

此次本刊的专访为事前预约，但与王振川交谈中，他仍因批文件、接听电话不得不暂停，工作显然十分繁忙。有一个电话是最高检反贪总局局长王建明打来的。“我们讨论了一下有关职务犯罪的问题。”王振川告诉记者。

整个采访持续了近一个半小时。以下为访谈实录。

党纪与国法“无缝”衔接

记者：这次先有中央纪委的“八条禁令”，40天后“两高意见”出台，从党纪到国法完成了一个对接。过去有没有类似的情况？

王振川：在我分管反贪工作以来，这种情况应该是第一次。

这次，党纪和法制确实结合得比较好。其实“两高”在制定“意见”的时候，也是由中央纪委组织协调的。中央纪委提出，现在非传统的腐败形式比较多，而且这些形式往往比较隐蔽，比如有的官员自己不直接收钱，而是通过特定关系人等。对于这些新的犯罪形式，《刑法》上没有明确规定，使得很多腐败犯罪没有受到应得的惩处。

于是，由中央纪委牵头，“两高”组织人研究这个问题。研究进行了将近一年时间。这期间，我们组织了专家论证，征求了全国人大和司法实践部门的意见，并反复讨论，最后形成这样一个“意见”。

在“两高意见”形成过程中，中央纪委提出，（相关内容）先作为纪律在党内公布，这样能增加实施效果，体现教育在先、预防为主。所以在5月底，中央纪委发布了“八条禁令”，而且规定在30天期限，如果有违反禁令情形的党员干部主动坦白，依纪依法从宽处理。这样做，体现了对党员干部的警示和爱护，使一些人不至于走到犯罪的道路上去，也提醒大家今后不要再出现这样的违纪问题。

经过党内一段实践之后，“两高意见”正式出台。因此，这是一次非常成功的从党纪到国法的完整衔接。

可以说，自十六大以来，我们在反腐败当中遇到的比较隐蔽、不太容易识别、非传统的受贿形式，大体上都被包括到“两高意见”中了。当然，不可能全部包括，但是实践当中经常遇到的主要问题确实都包括进来了。

“两高意见”使我们打击腐败的法网更加严密，力度更大。

记者：过去党内也有大量的反腐败的规定，比如1997年的《有关中国共产党党员领导干部廉洁从政若干准则（试行）》，其中提出“党员干部不准利用婚丧嫁娶借机敛财”。但在实际生活中，确实有不少官员在利用这些机会敛财。此次“两高意见”中没有纳入这一条，是出于什么考虑？

王振川：利用婚丧嫁娶敛财，过去我们主要作为不正之风来处理；构成犯罪的当然也有，但比较少。这次“两高意见”主要是将现实办案经常遇到的比较隐蔽的腐败形式规定下来。婚丧嫁娶的问题一方面不属于非常隐蔽的形式，因为这种机会敛财，群众举报比较容易；另一方面，婚丧嫁娶中，敛财的界限也还是相对明确的。收少量的钱财，那是人情往来；但如果是大量敛财、受贿，有请托人，又为其谋利益，那也是受贿，肯定要追究责任。

总的来说，“两高意见”不可能把所有的腐败形式都纳入进来。但是没有纳入进来，也不意味着就不受处理，关键还是看是否符合《刑法》规定的受贿罪的构成要件。只要符合，不论什么形式都要打击。

这次制定“两高意见”，主要是为了解决实践中的司法标准统一问题。过去由于大家思想认识有差异，有些情况可能在某些地方处理了，别的一些地方却没处理。比如官员长期借用房屋、汽车却没有过户的问题，如果按照《物权法》，由于过户产权没有变更，一些司法人员因此认为不能算做受贿。但这次“两高意见”就将其纳入受贿范围，只要国家工作人员利用职务上的便利为请托人谋取利益，进而收受请托人的房屋、汽车等物品，未变更权属登记或者借用他人名义办理权属变更登记的，不影响受贿的认定。

我们认为，《刑法》上的受贿和《民法》上的产权问题不完全是一码事，关键要看有没有故意的实际占有。

记者：我们注意到，“两高意见”在中央纪委“八条禁令”内容之外还增加了一个条款，就是强调刑事政策宽严相济，这是出于什么考虑？

王振川：中央纪委“八条禁令”和“两高意见”出台之后，打击受贿犯罪法网更密，但我们也要特别注意另一个问题，打击面不能过宽。

这个问题，我们在制定“意见”的过程中就关注过。“两高意见”要求各级司法机关特别注意把握好分寸，掌握刑事司法政策。在这几个受贿形态中，要注意根据当事人的情况和作案的情节来分析。比如赌博，赌博的次数、是否有预谋、是否为权力人故意送钱？比如借钱，是以借的名义受贿，还是真的借贷关系？有没有还的意思、还的条件？这些都要具体分析。

贪官背后的“特定关系人”

记者：从中央纪委“八条禁令”到“两高意见”，我们看到一个有意思的现象：过去的法律规定是“利害关系人”，这次扩展为“特定关系人”，范围扩大了，而且加入了“情妇（夫）”的概念。怎样在司法实践中认定“情妇”或“情夫”呢？

王振川：情妇是一种统称，这个概念确实没有标准，严格来说也不是一个法律概念。

什么是情妇？有感情的女人？有性关系的女人？其实说不太清楚。我们在制定“两高意见”的时候也讨论过，要不要对“情妇（夫）”作个法律定义？但不管怎么定义，都还是有些问题。

不过，在我们的司法工作和纪检实践当中，“情妇”这个现象十分普遍，很多腐败官员都倒在情妇问题上。最后我们还是决定把情妇明确列进来，这对实践是有意义的。一方面，使得一些犯罪案件能够得到相应惩治；另一方面，对于预防犯罪，警示一些官员不要再在这个问题上犯错误，也有积极作用。

情妇属于“特定关系人”，“特定关系”其实就是利益关系。过去我们打击受贿罪，重点关注“利害关系人”，关注近亲属，但实际上有些近亲属与腐败官员的关系甚至还没有情妇亲密；尽管情妇与腐败官员不是法定的婚姻关系，但是他为她谋利益，他对她也有特定的利益需要。

在我们查处的一些腐败犯罪案件中，情妇甚至比近亲属的危害还大。一些腐败官员为情妇谋了很多利，往往是几百万、几千万元的巨额。足以说明情妇这个问题的普遍性和严重性。

记者：“性贿赂”要不要写入法律，社会上争议也很大。你怎么看这个问题？

王振川：这个问题在法学理论界和司法工作者中也多有讨论。从世界范围看，有些国家已经把它纳入了法律范围。

但我个人认为，在目前中国的条件下纳入法律范围还不成熟。这个问题很复杂，如何认定，如何处理，都存在很多理论和现实争议。我们毕竟还处于初级阶段，我们的腐败犯罪还处于高发期，比这要直接明显、后果更严重的腐败犯罪还很多，我想我们现阶段主要抓紧处理那些问题。目前暂时不能考虑把这个作为犯罪来处理。

当然，随着今后法治的进步，不排除把这种情况以及其他一些更为隐蔽的犯罪形式逐步列入《刑法》调整范围。不过这要通过立法机关来完成。

财产公示制度暂难以实现

记者：我们注意到，很多腐败官员都是案发以后才曝出资产高达上百万、上千万元。其实早在1995年，中共中央办公厅和国务院办公厅联合发布过《关于党政机关县（处）级以上领导干部收入申报的规定》，这个制度至今每年也还在实行，官员一年申报两次。通过这个申报，为什么还不能及时发现贪官？

王振川：关键的问题是我们国家申报的是收入，不是财产。在国外，人家是财产申报，所有公务人员都要申报财产。这和收入申报是不一样的。正常的收入申报当然很难发现并惩处贪官，但问题是我们现在又不能实现完全的财产申报。

其实，我们的报告制度很多，比如去年，中央纪委、中组部联合发布了《关于领导干部报告个人重大事项的规定》，重大事项包括官员本人、子女与外国人通婚以及配偶、子女出国（境）定居的情况；本人因私出国（境）和在国（境）外活动的情况；受聘于三资企业担任企业主管人员或受聘于外国企业驻华、港澳台驻境内代办机构担任主管人员的情况；等等。

但是从这里面要真正发现贪污贿赂犯罪，其实也很难。但这样做也是在强化监督，对反腐倡廉也有积极意义。

记者：为什么现在还无法实现全面的财产申报制度？

王振川：关键还是社会发展还没到那个阶段，条件不具备。比如国外的实名制，这是防止腐败、治理腐败的必有制度，我们也在推进，但很难完全落实。其他很多配套制度，如金融体制的完善、健全还有待时日。

反腐败是一个系统工程。仅仅依靠反贪机关，依靠纪检部门，毕竟只是事后惩处。从目前来看，我们检察系统每年侦查的贪污贿赂犯罪达到 4 万余件，力度很大。但仅仅惩治是不够的，关键还要预防。

腐败案件六大特点

记者：当前腐败犯罪的情况都有哪些特点？

王振川：我想，对腐败案件的情况可以总结为六个方面。

一是贪污贿赂犯罪的总体数量呈下降趋势，说明反腐败是有成效的。但问题是大案、要案数量有所增加，尤其是高中级官员严重犯罪案件时有发生，有些案件涉案金额十分巨大。据统计，十六大以来，最高检直接立案或者指定省级检察院立案查处的省部级贪污贿赂犯罪案件 30 件；2003 年以来，检察机关立案侦查的百万元以上贪污贿赂犯罪案件高达 5929 件。

二是贿赂案件在贪污贿赂犯罪案件中所占比例明显提高。国家机关工作人员，特别是高中级领导干部的案件，绝大多数都是受贿案件。

三是贪污贿赂犯罪行业特征越来越明显。一些权力集中、资金密集、利润丰厚、竞争激烈的行业和领域，往往是贪污贿赂犯罪的高发领域，一些重点岗位成为腐败的“重灾区”。如近年来，全国先后多名交通厅正副厅长被检察机关查处；城建领域犯罪高发，如国土局长、规划局长因受贿被查处。

四是窝案、串案现象突出。许多案件一旦发案，会牵涉到多个干部和行贿人。最典型的如湖南郴州窝案，目前已经有多名市级官员受到查处，同时牵涉到一批县处级干部和企业老板。

五是贪污贿赂犯罪与渎职犯罪相交织。如原国家药监局局长郑筱萸案，既有受贿犯罪，又有渎职犯罪。

六是犯罪隐蔽化、智能化趋势明显。大量贪污贿赂犯罪都非常隐蔽，腐败分子不断采取新的犯罪方式和手段规避法律，实施犯罪后转移赃款。潜逃境外现象增多。

记者：当前贪官出逃的情况比较多，如何解决这个问题？

王振川：《联合国反腐败公约》中，对追逃有专门的明确规定。一些媒体上披露说我国境外逃犯有几千人，资金几千亿元，这其实不准确。从反腐败意义而言，追逃的严格定义就是贪官，不是指一般的逃犯；而且我们所说的追逃贪官，主要是逃往境外的。目前我国逃往境外的贪官，据我们统计应该不到200人。

当然，不论逃往国外的还是躲在国内的，我们都没有放松。为了惩治腐败，让犯罪分子受到法律的制裁，追回违法所得资产，我们每年都要研究这些问题，每年都有一些成果。但这是个复杂的事情，需要综合治理，一方面是要从法律上更加严密，另一个是要加强国际合作。

在国际合作问题上，各国的法律制度不一样，国情差别很大，所以需要加强沟通理解。今年我们从日本引渡了一个逃犯，这是在没有引渡条约情况下的成功案例。过去和美国我们也有过成功遣返的案例。因此，虽然没有引渡条约，只要双方加强合作和理解，就有可能取得成功。国外也同样不容忍贪官，反腐败是一个国际共同的课题，这方面有很多潜力可挖。

从国内来看，如何完善司法、纪律以及各种制度，这对防止外逃很重要。我们已经作了很多规定，也都是为了防止出逃问题。我们最近正在研究建立防逃的机制，各部门正在积极工作，可望建立一个更有效的防逃新机制。

记者：现在社会上普遍感觉在查处受贿案中，对行贿人打击力度不够。这个问题你怎么看？

王振川：社会上确实有这样的呼声，要求既要追究受贿者，也要追究行贿人，认为是行贿人腐蚀了受贿人，行贿人有非常重要的责任。这有一定道理。事实上，对于打击行贿人的问题，"两高"在2000年专门发布过《关于在办理受贿犯罪大案要案的同时要严肃查办严重行贿犯罪分子的通知》，这说明我们对打击行贿犯罪是很重视的。

但是，在实践当中会遇到一些现实问题。《刑法》规定，行贿罪是"为了谋取不正当利益"，但事实上，谋取的利益"正当"还是"不正当"，有时很难界定。另外，我们为了办案的需要，往往需要通过行贿人来揭露犯罪，因此纪检、检察机关往往会给行贿人一定的承诺，只要把问题讲清楚，就减轻处罚，甚至不处罚。这在国外叫"污点证人"，道理是一样的。

记者：还有这样一种情况：一个贪官在纪检部门"双规"的时候往往认定数额很多，但到检察起诉好像会"缩水"。比如原黑龙江省绥化市委书记马德，纪委部门的通报中公布的数额很高，达到上千万元，但在北京二中院起诉时是600余万元。这应该怎么看？

王振川：纪检部门是从违纪的角度来查的，有些违纪不一定是犯罪。所以到了司法机关，必须要按照犯罪的证据来认定，不是犯罪的，只能作纪律处分，二者当然不能完全等同。

而且，这种情况也不是绝对的，也有相反的时候，到了司法机关，查处的数额反而高了。像刘金宝〔编者注：原中国银行副董事长、中国银行（香港）有限公司总裁〕案件，检察机关通过深挖犯罪，发现新的犯罪线索，最后查出的涉案金额比纪委移交时多了好多。

密织法网，松缓刑罚

记者：我国《刑法》规定，受贿5000元就起刑，10万元以上甚至可以判处死刑。但这个数额目前让司法实践很为难。据我们了解，很多地方，可能受贿几万元不会立案；同时，现在的贪官动辄受贿上百万元，判处死刑也很难。这些将来会不会作调整？甚至像国外一样，取消受贿数额的规定？

王振川：这确实是一个非常突出的问题，也是困扰我们的问题。现在的

《刑法》规定，受贿5000元就要立案，这个标准其实已经改过好几次了。1979年的《刑法》没有规定具体数额，1982年检察机关定了1000元的标准，但到了1988年改成了2000元，1997年新《刑法》改到了5000元。

为什么这么改？我们研究了一下，这个标准跟我们的人均国民生产总值和人们的财富情况还是比较吻合的。在1982年，1000元就很多了，当时我们的国民生产总值大约2万亿元；到了1988年定2000元的时候，达到了7万亿元。现在已经23万亿元了，就应当提高立案标准。

但问题是中国太大，贫富各异，现在有些穷的地方还要求降低标准。法律有明文规定，不照办有违法之嫌，另一方面实际情况发生了很大变化，又难以统一。可以说，司法机关现在是不得已而为之，一方面要承认各地差异，但一方面又要各地不脱离此标准，尽量向5000元立案标准靠拢，不要差异太大，尤其在同一个地方。

至于说能不能彻底取消这个标准，目前很难掌握。我觉得修改标准还是取消数额规定，还得认真研究。

完全用数额标准来衡量犯罪，其实并不科学。比如郑筱萸受贿600多万元被判死刑，比他收得多的却只是判死缓。毕竟具体情节不一样，有些人收钱很少，但是干的事情很坏，影响很大，或者说对国家造成的损失很大；有的收钱很多，但没那么大的影响和后果。

从长远来说，我们的《刑法》修改趋向应该是越来越严密，法网恢恢，疏而不漏。我们已经加入《联合国反腐败公约》，它的规定就很密。比如贿赂罪，我们《刑法》规定，必须是给请托人谋取利益，收取财物。《公约》不是这样的，它规定凡是收取一切不正当好处都是受贿，不一定非要有形的财物；而且包括答应、允诺，不一定实际获得；也不一定为请托人谋取了利益，只要是作为或不作为，这都算受贿。

还有受贿的主体，它包括所有的公司企业，一切机构。在这些规定上，我们的法律差得还很多。但我们是《联合国反腐败公约》的签约国，是要实行的。

另一方面，从国外情况看，法网很密，但刑期往往不长；关键在于剥夺腐败分子谋取私利的条件，一般最高刑期也就七八年。我们的刑罚就很重，严重到受贿10万元人民币就可以判十年以上甚至死刑。目前我们还不能完全照搬外国的办法，因为我们法网还不够密，刑罚就必须严厉一些；既是惩治，也是警示，由此产生一定预防的作用。这也是一种平衡。

依法治国的前景和方向

——与法学家马怀德、张恒山、江平、陈光中四人谈

主持人：《财经》编辑部

发表时间：2007-10-15

中共十七大召开之际，四位法学界专家分别从“国家正义”、“依法治权”、“权利保障”和“程序正义”角度，探讨依法治国的前景和方向。

十年弹指一挥间。

1997年，中共十五大报告首次提出“依法治国、建设社会主义法治国家”的基本方略。报告中指出：“依法治国，就是广大人民群众在党的领导下，依照宪法和法律规定，通过各种途径和形式管理国家事务，管理经济文化事业，管理社会事务，保证国家各项工作都依法进行，逐步实现社会主义民主的制度化、法律化，使这种制度和法律不因领导人的改变而改变，不因领导人看法和注意力的改变而改变。依法治国，是党领导人民治理国家的基本方略，是发展社会主义市场经济的客观需要，是社会文明进步的重要标志，是国家长治久安的重要保障。”

自此，中国社会的民主与法治建设进入一个新的阶段。十年间，中国社会就这个问题不断实践与探索。1999年3月，九届全国人大二次会议将“依法治国”载入宪法，将其确立为国家基本方针；同年11月，国务院发布《全面推进依法行政的决定》，进一步加大政府转型力度；2002年，中共十六大明确提出了“政治文明”社会发展目标，并继十五大之后再次强调“依法治国”；2004年3月，十届人大二次会议修正宪法，“私产保护”入宪，进一步体现了法治的进步。今年6月，胡锦涛总书记在中央党校的讲话中再一次强调：“全面落实依法治国基本方略，弘扬法治精神，维护社会公平正义。”

事实上，依法治国，建设法治社会，也是几千年来人类社会发展中一直在

不断摸索和探索的方向。著名思想家康德曾说："大自然迫使人类去加以解决的最大问题，就是建立一个普遍法治的公民社会。"不过，他同时提醒，法治"这个问题既是最困难的问题，同时又是最后才能被人类解决的问题"。

对于中国这样一个处于转型期的国家，"法治"如何实现，"依法治国"如何落实，显然也是一个需要不断研究和长期实践的问题。

在中共十七大召开之际，在依法治国、建设法治将进一步被发扬提倡的时刻，本刊特别专访了四位法学界专家。他们分别从"国家正义"、"依法治权"、"权利保障"和"程序正义"四个角度，深入探讨了依法治国的前景和方向。

张恒山：追求国家正义

党的十五大提出依法治国、建设社会主义法治国家，是中国政治史上的一件具有重大进步意义的大事件。

随着中共执政理论的完善，随着依法治国方略的推进和人们对依法治国认识的不断深化，再回味依法治国基本方略的提出，可以发现，它不仅仅是表面上体现的中共领导的国家治理由传统的依据政策到依据法律的转变，最根本的在于，它体现了治理国家要体现和依循正义这种理念。

现在，我们可以说，法治——或者说依法治国的本质、核心就是实现国家正义。

在传统理论中，国家被视为占有统治地位的阶级实现自身利益的统治工具。在这种观点主导下，一个国家中强势阶级欺侮弱势阶级被认为是理所当然的。在这种观点主导下，不可能讨论什么国家正义。同时，由于法被认为是国家制定的规则，反映统治阶级的利益和意志，所以，法也不体现、不具有正义性。所以说，传统的治国理念基本上不讲国家正义，不讲政治正义。这种不讲国家正义的政治，引发的社会矛盾和冲突是严重的。

社会主义国家的本质和根本目的是实现全体国家成员的幸福。这一根本目的决定了社会主义国家要讲国家正义。国家正义是实现社会主义国家全体成员幸福的最重要因素。

正义是国家、社会和谐的根本性要素。法是正义的化身和表现。依法治国，就是以正义为治国之本，就是在处理政务、分配利益、调整人际关系时，以正义为最高指导原则，同时也是以实现国家的正义状态为最高价值目标。

国家正义的第一个要点是：执政者要具备强烈的正义理念。执政者要平等地对待社会各个阶级、阶层、群体的成员，应当承认和尊重他们有平等的政治权利和平等参与国家管理的权利；要在兼顾效率的基础上，大体平等地分配经济资源和经济发展成果；要在不同的阶级、阶层或不同的社会集团发生利益矛盾和冲突的时候，站在中立的立场上公正地处理利益矛盾；并且执政者自己要有权力有限、接受监督的意识。

国家正义的第二个要点是：国家的权力配置、权力结构，应适合于人民的各个阶级、各个阶层在国家立法、重大事务决策、主要官员的选择等事务方面，平等地表达自己的意见，在沟通、协商的基础上达成共识，并有利于防止具体掌握权力的人滥用权力、侵害人民。

国家正义的第三个要点是：要把正义具体化为人人可以认识和了解的东西，这就是要使处理社会方方面面事务的办法、方法明确地事先公之于众，这就是把处理社会事务的依据文字化、规则化，以至法律化。执政者处理国家、经济、社会事务，必须依据这种事先公布的、并得到过人民或人民代表们认可、赞同的规则——法律。

国家正义的第四个要点是：要接受和吸收人类文明史上的优秀思想家们对正义研究的理论成果，并以此指导国家立法，以确保法律规则体系自身体现正义。

在传统的剥削阶级和被剥削阶级的划分不存在的情况下，在“人民”这一概念包含着几乎所有的社会成员的情况下，在“社会主义”、“和谐社会”成为我党倡导的社会建设的理想目标的情况下，我们必须以追求和实现国家正义作为治国理念。依法治国的十年路途，正是向着这个目标不断接近的进程。

马怀德：依法治权

中央提出依法治国、建设社会主义法治国家方略，已经有十年的时间。这十年里，依法治国深入人心，法治实践也有了很大的发展，这是不可否认的。

但是，中国近几年来法治观念的普及，很大程度上是“依法维权”意识的提高。我认为，法治建设，尤其是依法治国，其核心应该是“依法治权”。再明确一点，就是依法行政，建设法治政府。因为法治社会首先是政府要守法，如果政府还处于法律之外，享有特权，不接受司法的监督，不接受立法的规制约束，法治国家的理想最终都难以实现。

如何推进依法行政，建设法治政府，我认为关键有四条：

第一就是加强立法，尤其是加强制定和完善规范政府行为、政府权力的法律。

目前我们有行政复议法、行政诉讼法、国家赔偿法，以及规范政府行为的行政处罚法和行政许可法，但距离一个完备的行政法律体系还有很大距离。一方面，如行政诉讼法、国家赔偿法等一些法律需要修改，另一方面，很多新法律需要制定，如行政程序法、行政编制法、行政组织法等。尤其是行政程序法，刻不容缓。行政程序法是一个最低的程序标准，不管你是什么样的行政活动，不管你是以什么方式实施行政活动，都必须遵循这个最基本的程序规则。

第二个问题是执法。我们制定了很多法律，但是事实上大量法律都被束之高阁。如何保证法律的实施？最重要的是提高法治水平，特别是行政机关公务官员、领导干部的法治观念、法治水平。在某种意义上，我赞同行政诉讼中的首长应诉制。提高公务人员依法行政的水平和能力，必须通过法治实践，通过一些制度性的安排才能实现。

落实执法问题，还有一个关键是要解决体制上的矛盾。现在官员不对法律负责任，而是对任命他的上级负责任，这就造成法律不如法规，法规不如规章，规章不如规范性文件。领导的口头命令、指示大于法。因此，政府的绩效评价和官员的选拔任命、晋升等一系列人事管理体制和评价体系，以及问责制等方面的制度，需要改革。

第三个问题是司法。我们一直强调，推进依法行政、建设法治政府的核心，是要树立司法权威，保证司法对行政机关的有效监督。监督行政机关，规范其行为，司法介入的作用最明显。但前提是司法要有权威性，要公正。如果司法不公正，又缺乏权威，就起不到监督的作用。而要想保证司法权威的独立公正性，首先就是行政机关不能干预司法。从目前来看，行政机关干预司法无非是在人、财、物等几方面掌握控制权。所以，在人事、财政上，行政机关要减少甚至杜绝对司法机关、司法人员的干预，保证司法机关能够独立行使审判权。

第四是总体发展与局部实践的平衡问题。中国社会发展不平衡，存在不同的经济发展水平，而法治最后还要落实到基层。不解决县乡一级政府依法行政的问题，中央的政令就很难畅通。所以，要因地制宜，要考虑不同经济发展水平地域法治建设个性和特点，结合当地实际，调动起地方的积极性。必须让地方政府通过推行法治得到实惠，政府官员能得到晋升，公务人员能够通过推行法治来获得职业的荣誉感。

总之，十年来的依法治国给我们下一步推进依法行政、建设法治政府奠定了一个比较好的基础，未来若干年的法制建设，还是要扎扎实实地推动和发展。

江平：保障公民权利

依法治国，建设法治社会，一个方面是制约和规范公权力的行使，另一方面是公民权利的保障。这两个问题是相辅相成的。

从近十年法治建设的实践来看，公民权利的保障在不断提高。

首先在民事权利方面，应该说，随着“保护私有财产”入宪、《物权法》出台等，保障私权的意识不断提高。而且财产保护，人身权、人格权的保障也逐渐被重视，如近年来在隐私权、名誉权等方面都出现了很多典型案例，引起社会关注，也是对公民权利的宣扬。

不过，尽管意识在提高、实践也发展很快，但制度层面的完善还是相对落后的。如《物权法》出台实施后，相关辅助立法以及配套措施并未到位，还有一些重要民事立法，如侵权责任法、人格权法等，短时间内还无法出台。这离一个完备的民事法律体系，尤其是构建民法典，还有很大差距。在行政、司法实践中，如何真正落实尊重权利的观念，很多方面也还不尽如人意。

公民权利第二个重要方面是社会权利。社会权利最基本表现在公民的就业、医疗、教育和社会保障四个方面。社会权利最关键的问题是“公平”，而公平问题显然也是中国社会最迫切需要解决的问题之一。

从目前来看，我们已经有了劳动法，最新出台了《劳动合同法》，修改了《义务教育法》等，但很多社会权利方面的法律还有待制定，尤其是在社会保障、社会救济方面，我们的法律还存在空白。保障社会权利同改革是分不开的，在医疗、教育、社会保障等领域，目前的改革进程都异常崎岖。我想，无论具体方案如何设计，关键是“公平”这个基本理念必须坚持。这也是改革的方向。

公民权利的第三个重要方面，从某种意义上说，应该就是政治权利。这其实是最重要的权利，它同民主制度的发展息息相关。胡锦涛同志在中央党校的讲话中也谈到，要发展社会主义民主政治，积极稳妥推进政治体制改革。这显然是促进法治建设的一个重要保障。

我认为，在现阶段保障公民的政治权利，关键是真正落实宪法规定的新闻、言论、出版、结社等自由。随着国家民主建设的发展，这些方面是必须加强的。当然，考虑到中国国情和制度渐变的进程，这些自由只能逐步放开，我们不能期望很快地全部放开，但放开的大趋势是无法回避的。在这个问题上，我们必须有开放的胸怀和长远的心态。事实上，保障公民的政治自由，如言论自由、新闻自由，本身也是反腐败的强有力保障，这和党的建设、国家长治久安是协调统一的。

只有真正实现了公民权利的保障，依法治国、法治建设的成效才能真正体现。

陈光中：程序正义制约权力

法治关键在于限制公权力的滥用。如何制约权力？关键就在于通过程序，实现对权力制约。因此，在依法治国问题上，程序的价值是非凡的。

在中国的文化传统中，包括我们过去以来相当一段时期，讲正义，注意的都是实体正义，而对程序正义的价值及其作用认识不够，或者未给予应有的重视。很长时间内，我们在司法活动特别是在诉讼中，只要把案件最后办对了就行，至于程序上是否有问题，大家并不关心，总觉得那是形式上的东西。

近十年，特别是近几年来，随着理念的更新，实事求是地说也是受西方程序价值的影响——西方国家非常强调程序正义，甚至认为程序优先，我们对程序的价值逐渐提高了认识。我们越来越意识到，如果没有公正正当的程序，实体正义实际上也是没有保证的。比如个人的实体权利，如政治权利、人身权利以及其他社会、民事权利等，如果不能通过正当的程序，其实很难实现，或者根本保证不了实现。

从诉讼角度看，只有程序设计是科学的，且程序又得到严格的执行，诉讼的结果在大多数情况才可能保证公正。相反，如果程序不公正，尽管不一定说结果必然不公正，但错误的概率要大得多。在这个意义上，一个社会要实现诉讼实体正义，必须要有一个好的程序。

所以，要建立民主法治社会，如果没有程序正义的观念，民主法治社会实际上是不能真正实现的。当然，中国有自己的国情，不一定要跟着西方搞程序优先，但讲社会主义公平正义，程序与实体必须并重。

从目前来看，我们现在的司法程序比过去有进步，不过缺陷仍然存在。比较明显的，如刑事案件中仍然有一定程度的刑讯逼供，特别是变相刑讯逼供问题突出；还有刑事案件中的辩护权，实际上没有得到充分的保障；另外还有强制措施，对人的扣押、拘留、逮捕，或者是其他强制措施，如监视居住等，有时候并没有依法办事。超期羁押或变相羁押等现象不在少数。

另外，我们司法的独立、中立，在现有条件下也有需要改进的地方。尽管表面上，法律规定了司法不受行政机关和社会团体的干涉，但实际上仍然存在这样或那样的不当干涉，影响案件的公正审理。

总体来说，无论是立法还是司法，我们在程序公正方面尚存在缺陷，有的问题还比较明显，有待于通过立法以及司法改革加以完善，而提高程序正义观念是当务之急。

如何完善程序，实现程序正义？一是树立观念，将程序公正放到法治的标志性地位；二是群众参与；三是加强当事人权利保障。

从目前的中国现实来看，最迫切的问题是公开。公开是公正的第一步，可以说，公开是程序正义的重要标志。审判要公开，行政执法要公开，立法也要公开。只有公开，才能够接受社会监督。没有公开，所谓程序公正根本谈不上。

座谈嘉宾简介：

张恒山：中共中央党校政法教研部主任、法理学教授、博士生导师

马怀德：中国政法大学副校长、行政法学教授、博士生导师

江　平：中国政法大学终身教授、博士生导师

陈光中：中国诉讼法学会会长、刑事诉讼法学教授、博士生导师

农村土地改革的新思路

——专访中央农村工作领导小组办公室主任陈锡文

采访人：常晓红
发表时间：2008-10-13

中国最重要的农村问题专家、农村问题决策参与者陈锡文，在十七届三中全会前夕对我们阐释中国农地制度改革的现实和未来。

中共十七届三中全会召开前夕，中央财经领导小组办公室副主任、农村工作领导小组办公室主任陈锡文接受了本刊记者的专访，就中国现阶段的土地管理体制、稳定农民土地承包经营权、征地制度改革等问题，阐述了自己的看法和思路。

如何理解“长久不变”

记者：9月30日，胡锦涛总书记在安徽小岗村考察时提出：“不仅现有土地承包关系要保持稳定并长久不变，还要赋予农民更加充分而有保障的土地承包经营权。”“保持稳定并长久不变”，这是全新的表达。对此，应如何理解？

陈锡文：胡锦涛总书记所说的“长久不变”，我理解就是要稳定现有土地承包关系，确保农地承包经营权的长期稳定。这意味着，家庭承包经营制度不仅不会变，而且承包期满后也不变。

如果真正做到“长久不变”，就意味着未来相当长的时期，必须坚持农地集体所有、家庭承包经营，只能是“增人不增地，减人不减地”，割断农村人口的变动和农地变动的联系。凡是农民依照《农村土地承包法》获得的土地承包经营权，今后不应再调整。

对农地家庭承包经营，30年来，中央的政策一直是朝着更加稳定的方向走。1978年后，“大包干”逐渐推向全国。1984年，中共中央“1号文件”首次提出“土地承包经营权15年不变”，是为“第一轮承包”。1993年后，第一轮农地承包陆续到期，中央又专门出台文件，提出延长土地承包期，实行30年不变，是为“第二轮延包”。1998年，在党的十五届三中全会召开前夕，江泽民总书记在视察安徽凤阳小岗村时明确讲过，土地承包关系“30年不变，30年后更没有必要变”。

2003年3月1日，《农村土地承包法》正式施行，该法首次以法律形式赋予了农民长期稳定的承包经营权。2004年和2005年，在全国人大会议闭幕后的记者见面会上，温家宝总理都曾强调：农村土地承包关系“30年不变，也就是永远不变”。

十七届三中全会通过的《中共中央关于推进农村改革发展若干重大问题的决定》（下称《决定》）明确农地家庭承包经营“长久不变”，从农村改革30年的历史经验看，稳定农村土地承包关系，对确保农民土地权益、确保国家粮食安全极为重要。

记者：落实“长久不变”，困难在哪里？需要做哪些工作？

陈锡文：要做到“长久不变”，需要完善一系列配套制度。目前，《农地承包法》和《物权法》都规定，耕地的承包期为30年。按照十七届三中全会的精神，30年承包期满后，原承包农户还可以依法继续承包。相应地，相关的法律也要作出一定调整。

征地制度也应该进一步改革。现行《宪法》规定，城市土地归国家所有，农村土地归农民集体所有。农村土地转为城市建设用地，就必须通过征地，将集体所有制转变为国家所有制。城市的扩张，就会改变农地产权的边界，引发农地承包关系的不稳定。由于我国正处于城市化快速发展的阶段，要确保农地承包关系“长久不变”，还需要征地制度的改革。

对此，十七届三中全会《决定》也提出了改革的基本目标和原则思路，核心的内容之一就是缩小征地的范围，把征地限于公共利益的需要。而经国家批准的经营性建设项目，则可以保持土地的集体所有权不变，允许其使用权进入市场，价格由农民集体与用地者谈判。当然，前提是这些土地必须符合规划。

农地冲突根源

记者：近年来，因农地冲突而引发的冲突和群体性事件呈多发态势。请问有哪些具体表现？

陈锡文：近年来，涉及土地的矛盾主要有两大类。一类是涉及土地征用的纠纷。这主要有两种原因：一是一些地方政府、一些开发商违法违规，随意侵占农民土地；二是经国家批准的征地，由于征地补偿不到位，没有落实对农民的安置，引发矛盾甚至群体性事件。

还有一类是农村内部的农地承包纠纷，近年来也在增多。诱发因素有三：一是乡镇政府、村组织干部违法强制农民流转承包的土地；二是乡村组织随意把农民承包的耕地改变用途，非法“农转非”；三是村组织违背现有农地政策，多留所谓的“机动地”，由村干部掌握，谋取非法利益。

记者：这些土地矛盾和冲突问题多发，深层的体制根源是什么？

陈锡文：出现上述问题，有地方执行中央政策不力的问题，也有法律和制度不完善的问题。就现有土地法律制度而言，主要存在以下三大问题：

首先，是两种土地所有权的边界问题。在中国现阶段，城市不断扩张，城市建设用地面积不断扩大，而且占用的土地多是农村土地。《宪法》规定，城市土地归国家所有，事实上造成城市扩张到哪里，农民的土地就减少到哪里。由于城市土地的边界总在变，农地的边界也稳定不了，这也是农地纠纷的一大隐患。

其次，是改变土地所有权的程序和依据问题。《宪法》规定，国家出于公共利益的需要，可动用征地权，把集体所有的土地变为国家所有。但对非公共利益的建设项目，是否可以动用征地权，缺乏明确界定。但后来的《土地管理法》又规定：除了农民集体建设用地，“任何单位和个人进行建设，需要使用土地的，必须依法申请使用国有土地”。这意味着，无论是公益性用地还是经营性用地，只要用于非农建设，就必须征为国有。国家征地的范围也就相应扩大了。实践中，一些城市政府就利用上述法律规定，强行征用农民集体所有的土地，理由是既然城市土地归国家所有，而农民的这些土地在城市规划区内，那么政府当然就可行使征地权。至于该建设项目到底是用于公共利益还是商业目的，就顾不上那么多了。

第三，是农村内部的集体经济组织成员权问题。通俗地说，到底谁有资格成为集体经济组织的成员？现行《农村土地承包法》规定，本集体经济组织的成员可以承包本集体经济组织的土地，但集体经济组织成员的身份如何取得及变更，并没有明确的法律界定。

比如，是否户口在本村就一定享有成员权资格？是否孩子出生或户口迁入本村就自然获得该资格？目前的法律规定并不明确。成员权讲不清楚，一些农民就有调整土地的诉求，而有权者就会利用行政权力频繁调整土地，土地承包关系就不可能稳定。

目前的现实是，虽然中央三令五申要保持农村土地承包关系的稳定，但从全国看，真正能做到 30 年不变的却并不多，不少地方三五年就变一次。这个成员权问题非常重要，可否确定在一个时间点，比如农村土地二轮承包时，把这个土地承包权确定下来，不再调整。至于这个具体的时间点，可认真细致研究。总之，应由此把农村集体经济的产权制度说清楚。

记者：中国目前实行最严格的耕地保护制度。但每年全国各地建设实际占用的耕地，还大大超过规划的年度耕地转用指标。其中，地方政府一直是土地违法的主体。其中的问题出在哪里？

陈锡文：截至 2007 年底，中国的耕地总量为 18.26 亿亩，与 1996 的 19.51 亿亩相比，11 年间减少了 1.25 亿亩。而全国目前耕地面积超过 1 亿亩的省份只有五个，1.25 亿亩相当于少了一个大省。耕地流失的速度相当快，这会危及中国的农产品供应。

中国是个人多地少的国家，人地矛盾突出。要保障粮食和农产品供给，没有足够的土地不行。我们算过账，近年来中国进口的各种农产品，包括大豆、植物油、棉花等，差不多等于在国外用了 5 亿亩农作物播种面积。而仅靠国内目前人均 1.38 亩的耕地水平，不可能满足所有的农产品需求。

目前，按照《土地管理法》和《报国务院批准的建设用地审查办法》的规定，涉及征用基本农田，或征用基本农田以外的一般耕地超过 35 公顷，或征用一般耕地和非耕地总面积超过 70 公顷的，必须报国务院批准。

同时，在中国现有 18.26 亿亩耕地中，有 80% 以上已划为“基本农田”。按照现有法规，建设占用基本农田，哪怕是 1 亩地，也要经国务院批准。因此，从法律的意义上说，中国实行世界上最严格的耕地保护制度。

但是，目前农地转用上，各种违法违规现象却非常多。每年中央确定的建设占用耕地的规模，实际上总是被突破。名义上，每年建设占用耕地只有二三百万亩，实际上占用的耕地远不止这个数。

2006 年前，对省级政府而言，农地转用的违法行为主要是两个：一个是

“拆”，一个是“挪”。所谓“拆”，就是把征地项目拆分报批。省级政府对耕地转用，最高只可批 515 亩，如果一个建设项目占地 2000 亩，就把征地项目分拆报批，每次报批都不超过 515 亩，这样就规避了中央政府的审批，这是对非基本农田。如果涉及的耕地是基本农田，按道理应上报国务院，但为了规避审批，地方政府就通过修改基本农田保护规划，把建设项目占用的基本农田变为非基本农田，然后再报省级政府批准。我称之为“挪”，就是说基本农田的位置被“挪”了。

如果省级政府严格执行农地转用的政策，它对下级政府也这样管，省以下的土地就好管得多。但实际上并不是这样，事实上建设用地审查，在省一级就出问题了，到了市、县、乡镇一级就更乱。

记者：近年来，中央政府相继出台的政策，一方面要求严格土地管理，强化土地调控；一方面要求提高耕地占用的成本，集约节约用地。近年来的土地违法问题，与过去相比，有何新的变化？

陈锡文：为了切实保护耕地，强化土地调控，2006 年 9 月初，国务院下发《关于加强土地调控有关问题的通知》（国发［2006］31 号），要求严格土地管理，实行耕地保护“省长负责制”。地方各级人民政府主要负责人应对本行政区域内耕地保有量和基本农田保护面积、土地利用总体规划和年度计划执行情况负总责。同时，严格实行问责制。对省以下的批次建设用地，中央不再逐项审批，但省级政府必须对中央下达的该省当年的耕地转用总量负责，一旦突破，省长就要承担责任，同时扣减下一年的农地转用指标。这等于给省级政府上了“紧箍咒”。

此后，拆分报批和挪用基本农田依然存在，但至少在省一级不能明目张胆去做了。因此，2006 年秋至今，土地的违法违规主体进一步下沉，下沉到市、县、乡（镇）、村。因为市、县、乡（镇）政府不具有农地的审批权，因此名义上就是用农村集体土地搞项目。其中，最主要的手段就是采取“以租代征”，让乡村与企业签订租地合同，规避农地转用审批，实际上是占用耕地搞建设，由此占用的耕地数量比有关部门公开查处的要多得多。

2007 年后，中央要求清理整顿“以租代征”，一些地方为增加建设用地，就从所谓“集体建设用地”上找“出路”，即顶着农村集体建设项目的名义占用农地。

辨析农地制度“创新”

记者：2005 年以来，农村集体建设用地进入市场，成为各界关注的焦点问题。一些省级政府也先后出台了集体建设用地流转的地方规章。对此，应如何认识和评判？

陈锡文：近年来，一些地方出台了农村集体建设用地流转的管理办法，学术界对此讨论较多，大多认为是农地制度改革的一种突破。但实际上，所谓“集体建设用地入市”，不过是中国现有不完善的土地法律制度中的一个特例。因为如果严格实行土地用途管制的规划管理制度，只要属规划许可的建设用地，按照程序去用即可，而不必分国有和集体。从我国的土地管理法律法规和政策看，目前事实上并不存在一个集体建设用地流转的市场。

中国的整个土地，从用途上来说，可分三大类：一类农业用地，最主要的就是耕地、草原、林地等；第二类就是建设用地，包括城市建设用地和农村集体建设用地；三是未利用地，如荒地、荒山、荒漠等。

作为建设用地的一部分，集体建设用地共分三类：农村宅基地、乡镇企业用地、乡村公共设施和公益事业用地。一般来说，宅基地和乡村公共设施、公益事业用地难以流转，而目前议论较多的集体建设用地就是“乡镇企业用地”。

过去，珠江三角洲一些地方以兴办乡镇企业为名，引入外资或城市资金办企业，大量占用集体土地搞非农建设，很多也不是法律意义上的乡镇企业。由于集体土地没有经过征用，土地转用后的级差收益都留在本村了。珠三角地区一些农村富起来，与这个密不可分。

原因在于，集体建设用地与国有土地不同，可不交土地出让金，因此一些地方和单位就有积极性，打“擦边球”，因为这样可增加建设用地，便于“招商引资”。当然，农民也有积极性，因为相对于农地农用而言，自己可从这些土地的用途转变中获得更大的收益。但这样做的结果，是农田大量减少，建设缺乏规划，投资总规模难以控制。

现在有学者提议说，原有的乡镇企业倒闭或破产了，企业所用集体土地能否作为用地指标，通过市场交易，挪到其他的地方去用？我看，这样做实际是为了增加城市建设用地总量。至于村里原集体建设用地是否真的减少了，也很难搞清楚。

依我看，目前学术界热议、地方政府积极试点的“集体建设用地入市”，更多的是出于增加建设用地的考虑，至少主要不是为了保护耕地资源、保障农民的土地权益。如果上述做法在全国放大，土地用途管制就没有了，整个土地管理制度就会被颠覆。

记者：近年来，一些地方，包括一些省级政府，尝试通过农民集中居住，节省一定数量的农村宅基地，并以此置换城市建设用地指标，所谓“城乡建设用地增减挂钩试点”。你如何看待这些做法？

陈锡文：现在很多地方试点的“城镇建设用地增加与农村建设用地减少相挂钩试点”是得到了主管部门的批准，但要看到，地方的试点积极性之所以高涨，出发点主要是增加建设用地指标。这种额外增加建设用地的做法，不符合宏观调控的要求。实际上，《〈土地管理法〉实施条例》的规定非常清楚，地方政府可组织农村集体搞土地整理，由此新增的耕地面积，其中60%可折抵为耕地占补平衡的指标。但这不是说你减少多少村庄建设用地，就可以相应增加多少城市建设用地。

也就是说，中央批给地方的耕地占用指标，一年给你多少就是多少，不能突破。你建设占用了多少耕地，就要补充同等数量的耕地，确保耕地总量动态平衡。如果地方政府靠土地整理增加了耕地，就可把其中的60%折抵为指标计入补充耕地指标，以实现耕地总量的总体平衡。但并不是说，你减少了多少农村建设用地，就可新增多少耕地占用的指标。

现在一些地方试点的“城镇建设用地增加与农村建设用地减少相挂钩试点”，还有一些地方力推的“农民集中居住”，意图多在于扩大城市建设用地的规模，在国家批准的耕地占用指标外，额外增加建设用地的指标。

现在有一种似是而非的说法，认为农户的平均占地面积要比城里人大得多，因此可通过减少宅基地置换建设用地。从全世界看，农民的住宅，加上场地和仓房，占地面积必然比城市人多，这是天经地义的事情。因为每个农民家庭都是一个经营户，与城市人不同，要发展生产，必须有一定的生产性用房和庭院。如果现在搞宅基地置换，你即使给农民200平方米的住房，他能从事农业生产吗？家畜家禽养在哪里？劳动工具放在哪里？显然，目前大规模地搞农民集中居住，并不现实。

从目前的试验看，有的地方，以城乡统筹为名，搞农民集中居住，农民搬进了多层甚至高层楼房，看上去很美，但农民失去了宅基地使用权，地方政府却由此获得更多的建设用地。这才是问题的本质。

现有法律规定，城市建设用地是国有土地，而农村建设用地是集体所有，完全是两种不同的土地产权关系，政府怎么可以去擅自减少农民所有的土地增加城市建设用地？再说，农民集中居住，彻底改变了农民原有的生产生活方式，其得失成败尚待研究，不可冒进。

记者：目前，一些地方出台政策，农民以土地承包经营权作价入股，可成立有限责任公司，实行“农地入股”。但此做法后被叫停。如何认识现阶段“农地入股办公司”可能带来的风险和存在的问题？

陈锡文：中央关于农村土地的政策文件，总是说两句话：一是坚持家庭承包经营长期不变；二是农地承包权可在依法、自愿、有偿的原则下流转。《农村土地承包法》明确规定：“国家保护承包方依法、自愿、有偿地进行土地承包经营权流转”，承包方“依法享有承包地使用、收益和土地承包经营权流转的权利”。中共十七大报告还提出，要“健全土地承包经营权流转市场”。

一些基层干部认为，中央强调长期稳定就是限制农地流转。这完全是误解。事实上，从20世纪80年代始，中央文件就一直支持农地流转。1984年中央“1号文件”首次提出土地承包经营权延长到15年时，就提出“鼓励耕地流转”。

对于农地流转，目前《农村土地承包法》规定，主要有四种形式，即转包、出租、置换、转让。该法第四十二条也规定：“承包方之间为发展农业经济，可以自愿联合将土地承包经营权入股，从事农业合作生产。”这样，农地流转实际上就有五种形式。

在这五种形式中，农地承包经营权的转让和置换、入股等只能限于本集体经济组织成员之间，而对农地的出租、转包，法律没有明确是否可流转给本集体经济组织以外的人。这就存在着模糊地带。现实中，一些工商业资本、城市人到农村租地经营，正是利用了这一点。

事实上，工商资本到农村租地经营，往往有乡村组织参与其中，农民可能被迫流转土地，不利于农地承包关系的稳定，也会侵犯农民的土地权益。从国际经验看，很多国家都不允许工商资本直接介入农地经营，但可从事农业的产前、产中、产后服务。

目前，有的地方工商部门发文称，农民可以把农地承包经营权作价入股，成立有限责任公司。这等于把农民的承包经营权作价作为公司的资本金进入资产负债表，这与现有法律法规并不一致，与上述“承包方之间”的农地入股“从事农业合作生产”也不是一回事。

上述“从事农业合作生产”的入股，是限于集体经济组织内部承包方之间的“股份合作制”，这样入股的土地只是作为参与股份合作的农户的分红依据，并不进入资产负债表，也不作为联合经营体的财产依据。如果把农地承包权作为资产，注册成立公司，既不符合《土地承包法》的规定，也不符合《公司法》的规定。

按照《公司法》的规定，有限责任公司的自然人股东不能超过50人。但有些地方批准设立的这种允许"农地入股"的有限责任公司，入股的农户往往成百上千。这样，绝大多数以地入股的农民就不能列入股东名册，成为"隐名股东"，其股东权益需他人去代表、行使，会留下诸多隐患。同时，《公司法》还规定，有限责任公司从批准设立起，股东入股的资产必须划转到公司名下，但依据现有的土地法律，农户承包地显然不可能划到公司名下。因此，这样的公司虽已批准设立，但实际仍是空壳，将来在对外经济交往中会产生很多矛盾。

从根本上说，农地流转的规模必须与农民向非农产业转移的规模相适应。目前令人担心的问题是，外出流动就业农民并没有稳定地融入城镇，但他的土地承包经营权却被强行或半强制性地流转。一些农民把土地出租给外来的公司后，虽然他仍在自己的土地上劳动，但从心理上他已变成雇工了。这种现象引起的农村经济社会结构的深层变化，也需要引起关注。

农地制度改革下一步

记者：在你看来，要从根本上解决中国当前的土地冲突和矛盾，需要进一步完善哪些法律和制度？

陈锡文：首先，必须解决现有土地法律制度的不完善。也就是前面谈到的三大问题：一是两种土地所有制的边界；二是改变农地所有权的依据和程序；三是集体经济组织的成员权界定。

这三大问题：必须有一个总体的、系统的改革，不能零打碎敲。只有解决上述三个问题，才能从根本上消弭现有土地矛盾和冲突。依我看，现在完善法律和法规的相关条件已经具备，时机也逐步成熟。

其次，在上述三大问题暂时没有解决的当前，最为重要的还是要稳定农地承包关系，确保农民的土地承包经营权利。也就是说，尽管现有法律存在缺陷和漏洞，但在没有修改完善之前，地方各级政府和单位、个人依然要有所遵循，不能因为法律有缺陷就为所欲为。

具体说，就是要在科学制定规划的前提下，坚持实行土地用途管制，切实保护耕地，保护农民的土地权益。也就是说，对土地的管理，要从过去按所有制的管理变为按规划用途实施管理。

记者：实行土地的用途管制，需要完成哪些基础性工作？

陈锡文：实行用途管制制度，《土地管理法》规定得非常清楚。但现在执行不到位，随意修改规划、违法侵占耕地的事情依然很多。其根源在于在当前体制下，地方政府的权力缺乏监督和制约，自己首先违反土地规划，为土地违法提供了空间。

从制度建设的角度看，一个地区的土地利用规划一旦经过批准，就应该严格执行。也就是说，如果规划确定某一块土地为农用地，至少在规划修改前，就一定不能变为建设用地，而非农建设只能在规划确定的可建设的土地上进行。

目前我们更多是区别所有制来管土地，土地管理的法规和政策还是“城乡分治”的。有了严格的土地用途管制，我看今后也不必再分城市建设用地或农村建设用地。不管它属于城市土地还是农村土地，只要规划为建设用地，就由用地者与土地所有者谈判，按照公平的市场价格交易即可，政府的职责就是执行，执行立法机构审议通过的土地规划。

当然，土地用途管制的前提是科学制定规划，规划制定和修改必须严格按照民主决策的程序，做到公开和透明。目前，地方土地利用规划的制定中，也存在不公开、不透明、流于形式的问题，这要通过强化人大对土地规划制定和修改的实质性审查。

记者：近期，中国土地制度的改革应该如何推进？

陈锡文：当前最重要的事情，是要落实执政党对农村土地承包关系保持稳定并“长久不变”的承诺，要尽快落实到法律和制度上，从而切实保护耕地，保护农民的土地权益。近期可考虑的事情是，按照十七届三中全会《决定》的要求，适时启动《农地承包法》、《土地管理法》等相关法律的修改。

同时，在征地制度改革上，也要按照《决定》提出的基本目标和原则思路，一方面修改相关的法律法规，一方面研究制定征地范围缩小后，经营性建设用地取得和出让的具体办法，真正落实《宪法》“为了公共利益”行使征地权的要求，更有效地保障九亿农民的土地承包经营权利。

（注：张艳玲、李鹏对此文亦有贡献）

未来医改的五项重点措施

——专访卫生部部长陈竺

采访人：刘京京、任波
发表时间：2009-3-16

“建立人人享有基本医疗卫生服务的制度，是一个长期的过程，也是世界性难题，不可能一蹴而就。”

3月7日上午，全国政协医药卫生界的委员召开联组会议，卫生部几位部级领导悉数出席，与医药卫生界的16位政协委员围绕即将公布的医疗卫生体制改革方案展开对话。卫生部部长陈竺就未来三年医改的五项重点措施，谈了自己的整体设想。

会后，本刊记者对陈竺进行了约40分钟的专访。

记者：公立医院改革是大家最关心的话题。你认为公立医院接下来该怎么改革？

陈竺：首先必须切实坚持公立医院的公益性质。公立医院的改革有很多难点，因为有很多矛盾、问题集中在这个平台上，例如补偿机制、管理体制和运行机制方面的改革。目前公立医院改革的路径、一些具体措施还有待探索，我们会在东、中、西部选择若干城市进行试点。

对于医院的补偿来源，目前有三个——政府、医疗保障和药费的加成，我们的目标是把它改为两个补偿来源，逐步取消药费加成。如果以药补医的问题不解决，在现在这种创收冲动的大环境下，多用药和开贵药的情况没法解决。需要注意的是，财政对医院的直接投入固然是医院一个重要的收入来源，但更重要的来源是医疗保障体系，是保障体系所动员出的社会资源。

记者：你很重视医疗保障体系，为什么？

陈竺：有了社会共济的医疗保障制度，才能让国民有抵御重大疾病风险的能力。通过医疗保障体系来进行补偿，不太容易养成吃“大锅饭”的模式和养大量“懒人”。如果财政全部补供方，即医院，可能会养懒人；可如果全部补需方，即医保，而对供方没有引导和约束，对于筹资水平还比较低的中国，社会可能会经不起医疗机构诱导消费所带来的巨大费用负担。

而且，基本医疗保障体系的完善还有助于改善医患关系。当一名患者住院，如果全部费用或者大部分费用需要自己支付，又如果医药费比他一年的收入还要高，我想医患关系很难好得了。所以保障制度很重要。

在保障体系中，补充医保和商业保险的发展空间很大。例如，新农村合作医疗要提升筹资水平，争取提高报销比例。但是，对于白血病这样的重大疾病，若能通过投保者在补充保险上的集体努力来支付一定比例的费用，则报销比例就可大大提升。针对我国基本医保低水平、广覆盖的现状，补充医保和商业保险可以做一些事情，这样整个社会的医疗资源就更多了。

记者：很多医院，包括医生都担心，取消了药费加成，政府投入又跟不上，会影响他们的收入与生存。是否存在这种可能？

陈竺：我认为不会减少收入。因为投入卫生领域的钱和资源，不管是投到医院、公共卫生机构，还是医疗保障，最终都会流向医疗服务的提供者。现在基本医疗保障越来越好，看病的人越来越多，总资源增加了，收入怎么会减少呢？这几年，大医院每年的业务收入都是以10%~15%的速度在增长，没有必要担心。

记者：有很多政协委员对于在公立医院实行“收支两条线”存在疑虑。为什么要推行“收支两条线”？

陈竺：实际上，“收支两条线”的核心意味是公共财政要足额投入。在足额投入的前提下，通过强化内部管理，不会造成“大锅饭”而影响医务人员的积极性。有了足额投入，公立医疗机构就不会以赚钱为导向，而是以公益性为导向。我们在“支”的时候，可以按照他的服务水平进行分配。医疗服务的质和量、患者的满意度都是可以测量和评估的，根据综合评估的结果可以给医院或者医生排序，在分配资源时加以区别，体现出多劳多得、优劳优得。例如，上海申康医院管理中心就会对所管理的医院作这种综合评估，而且让院长心服口服，这是上海很好的经验。医改现在往纵深发展，已经到了需要有科学化、精细化管理的阶段。

不过，目前我们还没有提出要在大型公立医院实行“收支两条线”，主要还是在基层机构，例如在社区和农村乡镇卫生院探索实行。基层更要体现公益性。

记者：那如何引导医务人员，以避免出现大处方呢？

陈竺：如何避免开大处方，已经有法规。我们现在也已经开始研究制定诊疗规范，这是非常重要的一点。很多发达国家的大医院都有这个。它建立了针对各种疾病的非常明确的，带有标准意义的“临床路径”。

而且，我们必须把诊疗活动放到社会可以承受的前提下去看待。我们国家现在医疗保障的水平是有限的。以城镇居民医保为例，将来大病补偿封顶线是居民收入的6倍，将近10万元。我们的医院能不能在这样的保障水平下，用基本药物，用适宜技术，用规范化的诊疗程序，基本上就把大病给治疗下来？

例如，一个孩子得了白血病，用最昂贵的药物，医保和家庭可能承受不起。我们还要考虑药物的性价比，假如，新药的疗效相对于传统药物提高了1倍或者几倍，我会愿意用；假如有效率只提高了几个百分点，价格却是传统药物的几倍或者几十倍，那么我就要慎重考虑了。

规范制定好以后，不仅减少了诊疗的随意性，还提升了医疗的效率，能够缩短住院时间，这意味着医疗资源的节省和单位时间内医院经济收入的提高。

我认为，提升医疗服务的质量和效率，与医院获得合理的经济效益并不矛盾，这就是公平和效益的统一，关键是管理。

记者：据悉，新医改方案中规定，民营医院在医保定点、科研立项、职称评定、继续教育等方面，与公立医院享有同等待遇；在服务准入、监督管理等方面，和公立医院一视同仁。你怎么看待民营医院？

陈竺：现在中国有约2万家规模以上医院，其中大约1.3万家是公立医院，其余是民营医院，是非常重要的力量。民营医院有两类。一类是营利性的，我希望这一块能够做好。但医院真正要赢利，必须得有绝活，而且还是公立大医院也做不到的绝活。这样它可以自主定价，可以往高端发展。另外还有一类，是非营利性的民营医院，它们不以赚钱为目的，是体现公益性的，应该和营利性的民营医院分开，和公立医院同等对待，在医保准入、科研立项、学科建设、人才政策等方面，都应该和公立医院是同一个待遇。

记者：今年有很多委员提到了医生人力资源的问题，例如乡村医生短缺、急需建立住院医师培训制度等。医改方案中有没有相应的对策？

陈竺：在医改方案中，关于人才的学历教育、毕业后教育，护理队伍和基层队伍的稳定，人员培训计划等，有比较多的描述，但是尚未形成整体的人力资源建设规划。这个问题比较复杂，需要和教育部门、人事部门协商。

住院医师培训制度的建立十分重要，也是现阶段能做的。一个医学院的学生毕业后，必须要经过实践的锻炼、培训，我们称之为毕业后教育，其中就包括住院医师培训。我们希望建立住院医师培训制度的步伐能够快一点，近期试点以后能够向全国的大医院推开。我们最好的研究型医院都要投入到这个工作当中去。实际工作中肯定会遇到很多问题和困难，但要迎难而上。

我希望，三年之内就能有一批经过住院医师训练的优秀人才下到县医院，甚至更基层。医学院校本科毕业生先到大医院训练一年半到两年，然后再到县医院做一年左右的住院医师。医院的导师可以通过网络远程教学指导。全国2000多个县医院，每个县医院里面都能有几个这样的医生，而且他们未来还可通过大医院的定点支持不断提高水平，就能给大家以希望。患者将来也不用有病就到省城去。

记者：温总理在政府工作报告中强调，要充分调动医务人员的积极性，具体对应的，将是什么样的措施？

陈竺：首先，医务人员的社会地位能够得到尊重。多年以来，中国没有把医生放到和教师一样高的位置上去。乡村教师现在可以领公务员标准的工资，我们还在为乡村医生一个月几百元钱的政府补贴努力。其次，医生还应该受到人格上的尊重，要有事业发展的空间，他们的基本权益要得到保护。

记者：医改即将展开，你有什么预期？

陈竺：建立人人享有基本医疗卫生服务的制度，是一个长期的过程，也是世界性难题，不可能一蹴而就。我们希望在三年内有比较大的改进。有些事情，如果不去认真研究，泛泛地提一些口号，可能10年、20年很快就过去了，什么变化都看不到。如果我们能够做一些顺应规律的事情，能够抓住重点实现突破，那么几年里你就可能看到明显的成效。所以这次医改突出近期重点非常好，又有一个中长期的指导性意见管长远、管方向。

（注：本刊记者于宁对此文亦有贡献）

诊治中国“灰色收入”

——与学者赵人伟、王小鲁、郑也夫、刘彬四人谈

主持人：胡舒立

发表时间：2010-9-1

按城镇居民家庭10%分组，2008年城镇最高收入与最低收入家庭的实际人均收入差距是26倍，而官方统计则只有9倍。按城乡居民家庭10%分组，最高10%与最低10%家庭的人均收入相差是65倍，而官方统计却只有23倍。

《新世纪》周刊2010年第29期刊登了中国改革基金会国民经济研究所副所长王小鲁《灰色收入与国民收入分配》研究报告的摘要——《再算“灰色收入”》。这项调查研究发现，中国最高10%与最低10%家庭的人均收入相差65倍，而非官方统计的23倍。2008年中国“灰色收入”高达5.4万亿元，与2005年的测算相比，扩大了近1倍。研究认为，“灰色收入”的大量存在严重扭曲了国民收入分配，说明权力与资本结合，导致对社会的侵占和掠夺，以及日益严重的分配不公和社会冲突。

那么，中国居民收入差距到底有多大？是什么原因造成了这种收入差距？要把收入差距缩小至合理范围，改革的路径何在？财新传媒特地邀请该报告的作者王小鲁和数位经济学者、社会学者，就此主题作了深入探讨。

收入差距到底有多大

王小鲁（中国改革基金会国民经济研究所副所长）：中国城镇居民收入到底有多高？收入差距到底有多大？国家统计局每年都有关于居民收入的统计数

据公布，但根据居民购买商品房和家用汽车、出国出境旅游以及居民储蓄存款的增长等情况看，国家统计局关于居民收入的统计并不能反映居民的实际收入现状，特别是大大低估了高收入组居民的真实收入。

为了推算城镇居民的真实收入，“灰色收入与国民收入分配”研究课题组2009年作了关于城镇居民真实收支情况的第二次调查，并作了一系列分析研究。课题组用调查样本的有关收入和支出的数据，以收入水平与恩格尔系数相关关系为基础，来推算居民真实收入与若干消费特征参数的关系，使用分组比较法和计量模型分析方法对研究结果互相校正，并据此对官方公布的城镇居民分组收入统计数据进行了重新推算。

调查样本分布在中国东部、中部、西部共19个省份的64个不同规模的城市，以及14个县的县城和建制镇，包括不同的职业、收入水平、年龄、教育程度的人群，有效样本量4100多个，调查了这些家庭2008年真实收入的情况。

我们发现，国家统计局可能大大低估了高收入组居民的真实收入。

就2008年城镇居民人均可支配收入而言，在最低收入组、低收入组、中低收入组，国家统计局的统计与我们推算的结果差异并不是很大。但是在最高收入组，情况完全不同。国家统计局公布的最高收入组人均收入为43000多元，我们推算的结果是139000元，约是统计局数据的3.2倍。真实收入越高的群体，统计局遗漏的程度就越大。这与我们此前对2005年城镇居民真实收入的调查分析结果基本一致。

我们把估计到的居民真实收入和官方数据之间的差称为“隐性收入”，即国家统计局没有调查到的收入。再把隐性收入按照不同的收入分组作分析，发现中国城镇10%最高收入家庭，“隐性收入”占全部城镇居民“隐性收入”总量的63%，而20%的高收入家庭居民的“隐性收入”占全部城镇居民“隐性收入”总量的80%以上。

那么，中国城镇居民的真实收入差距到底有多大？按城镇居民家庭10%分组，2008年城镇最高收入与最低收入家庭的实际人均收入差距是26倍，而官方统计则只有9倍。按城乡居民家庭10%分组，最高10%与最低10%家庭的人均收入相差65倍，而官方统计却只有23倍。

主持人：从直觉上，你所说的低收入组、中等收入组、高收入组的实际收入可能都被低估了。就中等收入组来说，现在，IT、媒体、金融服务等行业的从业者中，据我们有限的观察，相当多1972年到1985年间出生的大学或硕士毕业生，年均收入几乎都在6万~10万元，甚至以上。同时，你推算的城镇

10% 的高收入组，人均年收入为 13.9 万元，可能也被低估了。依我看，差不多要在 25 万元至 40 万元。而最低收入组，目前的统计可能也低估了，比如被调查者只告诉你做一份工的钱，但实际上他可能会有四份工的钱，甚至老家还有房租收入。

赵人伟（中国社科院经济研究所研究员）：我同意你的判断，不少高收入者并没有把他们的一些隐性收入说出来，这会造成调查的偏差。

我认为，小鲁他们的课题组对灰色收入、隐性收入的研究是很有意义的。自上世纪 80 年代末以来，我国学术界的一些同行对于因寻租活动和设租活动而形成的租金总量、对于非正常收入和非法收入的总量都曾经进行过估算；小鲁他们的研究可以说是上述研究的继续和发展，而且是对于官方统计数据的一种补充。尽管学术界对这一研究的方法和结果还有不同看法，但这一研究无疑能够推动中国收入分配研究的深化和细化。例如，假定这一研究成果比较准确，那么收入差距就要比现有的官方统计乃至民间统计高出一截，看来基尼系数就要超过 0.5。进一步来说，我国的 GDP 总量和人均 GDP 也要比现有的统计高出一截。

王小鲁：统计局样本有两个偏差，一个偏差是遗漏了最高收入群体，再一个偏差是调查到的人“没说实话”。我的推算只是解决了“没说实话”的问题。所以，确实有可能还是低估了。但也有人说我估计过高了。我现在只能把这个结果拿出来，因为我不知道到底遗漏了多少人，没办法把那个遗漏加进去。至于中等收入居民的大部分收入是否也被遗漏了？我还没法下这个结论。

郑也夫（北京大学社会系教授）：很高兴听到国家统计局之外的另一研究机构的收入调查结果。其实在民国时代，中国社会就拥有多个统计机构，独立地对社会事实作出各自的统计调查，有国家的，也有民间的。一些留洋回来的学者组成了调查机构。不同机构提供的数字不同，就有架吵了，就势必要给自己辩护，公布自己的统计方式，寻找对方的漏洞和误区。这就有望提升统计的质量，给社会提供更真实的数据。

“灰色收入”探源

王小鲁：据推算，2008 年全国城乡居民可支配收入总额为 23.2 万亿元，这比按国家统计局住户收入统计调查结果高出 9.3 万亿元（这可称为“隐性收入”），比国家统计局“资金流量表”的住户可支配收入计算高出 5.4 万亿元。

我们把这个 5.4 万亿元视为“灰色收入”。

大量“隐性收入”高度集中在高收入居民，不是平均分布。这不是一般意义上的统计遗漏。因此，对这种收入统计遗漏的主要部分，只有用“灰色收入”来解释。

什么是“灰色收入”？我认为最主要有两种情况：第一是法律法规没有明确界定其合法或非法的收入，也包括那些违规违纪但不违法的收入；第二是实际上非法，但没有明确证据证明属于非法的收入。“灰色收入”的主要来源包括：围绕权力产生的腐败和寻租行为；公共资金、公共资源由于管理不严、不当造成的流失和不合理配置；土地收益分配不当；垄断性行业及其从业人员的超常收入。当然还有其他一些情况。

基于一定的假设条件进行估算，“灰色收入”占国民总收入的比重可能在 15% 左右。巨额“灰色收入”使得居民收入中，劳动报酬所占的份额比国家统计数更低，下降的速度更快。就居民劳动收入占国民总收入的比重而言，2005 年为 46.7%，2008 年则降至 42.3%；而非劳动收入占国民总收入的份额则更高。据我们测算，2008 年非劳动收入占国民总收入的比重为 24.4%，而如果按统计局的资金流量表数据推算，大约只有 9.9%。整个国民收入分配结构实际上比原来更不合理了。

主持人：简言之，你说的“灰色收入”包括四部分内容：一部分是没有被发现的腐败收益；一部分是没有明确界定、有可能非法的收入；一部分是经过严格界定可能是非法的；一部分是合理合法的，只不过没有严格界定的。比如，一些政府官员一次演讲费数万元，算“灰色收入”吗？

王小鲁：现在好像制度上也没界定。

主持人：对，应当明确合法与否的数额界限。比如，礼金或者演讲费，超过社会上正常平均数范围就是不合法和犯罪等。是不是应该这样区分？

王小鲁：还有一种情况也非常普遍，就是违规违纪但不违法。

赵人伟：违纪和违法的界限也不清楚。比如，审计署审计出某中央机关出租房子收入 4000 万元，按理说，地是国家给，房子由国家投资，但该机关却说钱是用于该部门老干部的医疗费用。这算不算“灰色收入”？似乎是违纪而不违法，是否可以称为非“非法”？

刘杉（经济学者）：灰色收入的体现，不光是在权力部门和私有实体部分，其实体现在整个国民收入部分。比如，普通的专业技术人员和自由职业者等，如医生、学者，到各地的出诊费和讲课费，其实是合法合理的，但在统计中就体现不出来。现实生活中，专业技术人员的市场化收入、体制外收入的增长速度比体制内快得多。

主持人：中国人收入的增长是不是一定程度上来源于整个中国经济的增长？从2005年以后，觉得中国人手上的钱不是以前那个钱了。

郑也夫：大家都知道“灰色收入”的存在。小鲁课题组报告的贡献在于揭示出“灰色收入”的巨大规模和比重。接下来的问题是这些“灰色收入”主要的来源。大家说到了一些，但是个人的经验不等于全面深入的调查。如果收入分配制度要改革，就必须知道“灰色收入”的主要来源。清楚地知道了它们在哪里，根源搞清楚了，对策几乎就可以随之拟定了。反之，就是闭门造车，不可能不失误。

收入悬殊解决之道

主持人：可不可以明确地说，只要没有比较坚决地实施“阳光法案”，“灰色收入”中的腐败收益部分就没有办法消除，反而还会增加？

同时，从发展模式看，中国作为一个大国，是不是只能像英美现代化进程那样，选择一种更加盎格鲁撒克逊式的发展模式，先拉开差距，再缩小差距，而非均衡发展的模式？

如果从国外经验看，日本明治维新后，贫富差距非常严重，日本后来走上军国主义道路与此不无关系。20世纪50年代后，日本才得以走上了平衡发展之路。再看韩国，其20世纪60年代时，腐败、两极分化也很严重。反而台湾地区的现代化从一开始走的就是一条均衡发展之路，贫富分化并不严重。

台湾能走出一条均衡发展的道路，主要还是鼓励中小企业发展以及土地私有化，农民得以分享城市化收益。

我看，根源还是在关键时候，关键的改革没到位，才会出现寻租、不当管制以及要素价格的扭曲，包括行业垄断，造成收入差距不断拉大。行业垄断，在2005年前没有这么严重。我记得，当时财政部就明确提出（国有资本）应从所有的竞争性行业退出，但近些年却进展缓慢。

赵人伟：我一直不同意把收入差距的拉大归罪于市场取向的经济改革本身。从国际比较来看，许多发达的市场经济国家收入差距比我国要低。从根本上来说，我国收入差距过大是由于改革还没有到位。权钱交易问题、行政性垄断问题，都是改革未到位的表现。

当然，也还有经验问题。例如，20 世纪 90 年代有一个口号：遇到问题找市场，不要找市长。这种简单化的看法和做法，造成市场功能和政府功能的混淆，出现了一部分准公共产品（包括教育、医疗、低收入者的住房）过多地推给市场的现象，于是出现了过度市场化（不该市场化的已市场化）和市场化不足（该市场化的没有市场化）并存的复杂局面。因此，深化改革应该是解决收入分配失衡的根本出路。

如何深化改革的问题很大、很多，我在这里只讲一点，即实现相关信息的公开化和明细化。因为，这是对收入分配过程进行监督的前提。现在，中央下发副处级以上干部申报个人收入和财产的规定，这一步走得很好。不过，问题的另一面是国家也应该提高财政预算的透明度。预算透明度提高以后，长期存在的预算外开支就可以相应地消失；长期争论不休的所谓“三公消费”问题也比较容易解决。进一步来说，灰色收入、隐性收入也可以减少。

王小鲁：为什么会产生这么大量的“灰色收入”？主要原因是现行的政府管理体制、财税体制等存在大量的弊端和漏洞。由于政治体制改革滞后，特别是政府管理体制、财税体制漏洞很多，透明度很低，缺乏监督，越来越不适应经济发展的要求，所以导致大量“灰色收入”的出现，也导致了国民收入分配的恶化。我的结论是，不推进政府体制改革、财税体制改革，就难以解决收入分配问题。

刘杉：我同意王老师的结论，首先是要素定价机制过于扭曲，只有恢复到要素由市场定价，收入分配制度才能相对完善；其次，正因为政府管制过多，导致出现了寻租行为。税务问题就是例证。有些人通过向税务官员支付一些费用，就获得了更大的一笔“灰色收入”，而税务官员也获得了一部分非法的“灰色收入”。解决这个问题，最后还在于制度改革，特别是要素价格必须反映稀缺程度。

郑也夫：大家说得很对。确实，不搞清现实情况，不宜出台收入分配的全盘改革方案。因为你根本不知道着力点应该在哪里。但我觉得，即使不能出台整体改革的方案，并不意味着局部上也不能有所作为。比如提高最低工资标准、体力劳动的行业最低工资标准，这是可以做的。

主持人：现在，解决收入差距过大的问题，显然不能仅仅靠收入分配制度改革，从根本上是要靠加快推进政府管理体制、财税体制、土地制度等改革。

王小鲁：解决收入分配的问题，不能简单用一个“收入分配体制”的概念来概括，也不能用一个“收入分配改革”来解决。如果收入分配问题出在哪儿都没讨论清楚，就去空谈收入分配制度改革，把这个理解为给大家涨工资，那就太简单了，并没有触及收入分配制度的实质。

在我看来，收入分配制度的改革，关系到整个政府管理体制，不是在两三年内就能解决的，而是需要一个漫长的过程，但关键还要看能否下决心推进这些改革。

第三辑
圈钱不应当是中国特色

庄家吕梁之一
——披露中科创业股价跳水内幕

采访人：胡舒立、李箐、李巧宁
发表时间：2001-2-5

如果没有世纪之交“中科系”股票的雪崩，45岁的吕梁可能仍然选择往昔的角色：在国内证券投资的小圈子里名气很大，而在社会上却尽量低调，免为人知。

1. 亮相

如果没有世纪之交“中科系”股票的雪崩，45岁的吕梁可能仍然选择往昔的角色：在国内证券投资的小圈子里名气很大，而在社会上却尽量低调，免为人知。

不过，就在中科创业（0048）于阳历新年前连续拉出5个跌停之后，这位颇以“先知先觉”自诩的“庄家”还是坐不住了。元旦前的最后一个周四（2000年12月28日），他就曾通过人找到本刊编委、《财经时报》总编辑杨浪，表示愿意披露有关做庄中科创业（0048）的内幕情况，但不可透露他的名字。杨浪坚持表示，要报道便不可能回避这个基本事实。

吕梁犹豫了两天。2001年元月1日晚，在北京北辰花园别墅自己家中，他终于面见了杨浪和本文作者之一，讲述了那个自己作为庄家操纵康达尔（在1999年底改名为中科创业之前0048的名称）重组，最终吃亏上当、导致危机的故事。当时，采访是不被允许录音的，而且，显然是吕梁坚信自己更长于写作，第二天他又向报社传真了一份题为“中科崩溃内幕”的文字稿。

《财经时报》并没有在周三（1月3日）立即发表这一独家采访。那正是“中科系”搅得市场上动荡不已的日子，兹事体大，编辑部要再做一些调查。谁知吕梁提供给报社的文字稿绝非独家，至周四（1月4日），网上相关消息已经传得沸沸扬扬。至周末，《财经时报》、《中华工商时报》等多家报纸都刊登了中科创崩盘的“内幕消息”。当然，在当时，真正见到吕梁本人的只有《财经时报》的记者。

吕梁提供的“内幕消息”中仍包含着重重疑雾，但最核心的事实却公之于众了。人们确切地获知，在A股市场上把中科创业（0048）及相关的所谓“中科系”股票炒得热火朝天的投资者们是一批“北京机构”，其中负责策划和指挥这场炒作的庄家首领人物叫吕梁；这位吕梁，又正是近年来在媒体上神秘莫测地谈论股票大势的“K先生”。

从去年以来，证券监管层为了查处操纵市场的“恶庄人物”曾想过种种办法，无奈庄家们一人控制上千个户头，到头来串通一气死不认账。

这一回，终于有一个庄家，而且堪称“超级庄家”，自己站出来亮相了！

2. 前传

吕梁居住的北辰花园别墅地处亚运村，算是北京黄金地段的豪宅，真正的富人聚居地。两年前，他一掷千万元买下这里的5号楼，打通了原来的几十个房间，对装修师提出的设计原则只有四个字：“浪费空间。”房屋装修完毕，逾千平方米的两层楼只隔出四五间房，余则便是上下两处各占数百平方米的大客厅。寥寥数件设计精美的家具饰物散布其间，愈显出客厅的空旷与气度不凡。仅此一举，便曾使各类前往拜访的人们叹为观止。

从吕宅布置的独特与优雅，也可以看到吕梁的另一面。他虽然被圈里人传为中国证券市场的“大鳄”之一，但性情看去绝无“鳄鱼”之霸气。吕梁本属文化人出身，早年间既画画又搞文学创作，20世纪80年代中期从河北进北京后一直是自由撰稿人。1988年，吕梁有中篇小说《国运》在巴金任主编的《收获》杂志发表，其实验性的写作手法在一些文学评论人士中颇受好评；次年，当时文坛相当活跃的大型文学双月刊《东方纪事》改版，一批著名作家主持各个栏目，老作家汪曾祺出任总顾问，《人民文学》杂志编辑朱伟出任特邀编辑，而“特邀美编”就是吕梁——事实上吕梁不仅是美编，还是作者。在《东方纪事》上，他先后发表的长篇报告文学《龙年邪说》、《疯狂·理智——1989年中国现代艺术展印象》等，都给人留下了深刻的印象。

吕梁从20世纪90年代初开始到深圳炒股。当时股票市场在报纸上声音微弱，而吕梁既做生意又写稿件，为一些有影响的报纸充当不拿薪水、只领酬金的记者，报道为什么要有股市和如何发展股市的大是大非。1992年5月2日，《中华工商时报》周末版从第一版开始，以三个整版的篇幅，刊出了他刚刚完成的长篇《1990—1991年中国"股市狂潮"实录》节选。1992年深圳"8·10事件"发生，吕梁在该报刊出了整版报道，题为《百万股民"炒深圳"》，因其痛快淋漓的描述、深刻的反思，很是轰动一时。

从20世纪90年代前中期开始，吕梁沉寂下来，不再以文人身份在媒体上曝光了。他自己的解释是从此下了海，从1996年正式算起，先是搞咨询，后来也直接指挥一些资金的投资运作。他在深圳、上海市场有动作，到1997年还曾在香港市场有动作。据说1996年12月《人民日报》特约评论员文章发表之前，吕梁对此就曾有预言；1997年秋又组织资金适时撤出香港，躲过了此后红筹股的重创，也博得不少好评。

当然，这后来的"名气"主要是在证券投资界的圈子回旋撞击，吕梁活得很低调。直到1998年，他见到了老相识朱焕良，那位深圳著名的个体庄家。

此时，浸淫市场多年的吕梁已经积累了相当的经验、资金和关系。与朱焕良接头后，他有了新的决心和举动。

3. 吕梁、"朱大户"、北京机构的结合

吕梁后来多次向前来采访的记者重述过这个曲折故事的开头：1998年中，朱焕良到北京找到他，要求对其深套其中的康达尔（0048）股票施以援手。据说，朱当时通过上千个个人账户，掌控了深圳股票交易所上市的康达尔公司90%以上的流通盘，而康达尔的流通股占了该公司总股本的29%。

我们尚无机会向朱本人核实当时的细节，但在深圳的康达尔公司总部采访，可以感觉到该公司管理层与朱焕良确实相当稔熟，不少员工甚至干脆直呼其为"朱大户"。据吕梁向我们提供的一份长达两万字的叙述性材料透露，吕在同意帮助朱解套后，与他最终签下了协议，其中"有两个关键词：一个是长期投资（三至五年），一个是改造国企（把康达尔从养鸡改成生物制药与高科技）"；条件很清楚，他组织资金接下朱手中50%的康达尔流通盘，而朱配合长期锁仓，还须帮忙安排购入康达尔部分国有股，最终实现对公司的控制和重组。"这一战略投资的合作目标是五年。"

吕梁没有主要用自己的钱来与“朱焕良＋康达尔”合作。以彼时的勃勃雄心，他写下了一份标明“长线投资、长线持仓”的项目建议书。建议书通过一些证券公司的营业部，传入有兴趣入市的“北京机构”手中。作为吕梁的“客户”，这些机构与吕梁签了约，确定“投入时间、赢利预期，协议时间由一年到三年不等，客户主要是一些大企业和不同形式的基金”。

吕梁接受我们采访时，将自己的组织方式类比为国外的“私募基金”，但也承认这在中国是违法违规的。“那合同要拿出来，连见证并签了字的律师都会被判刑。”吕曾经允诺向我们出示相关文件，但最终没有兑现。

有朱焕良配合，由吕梁组织的机构资金接过了朱手上50%的康达尔流通盘，时间在1998年底。此后，1999年4月和5月，吕梁又安排机构资金两次收购了康达尔34.61%的国家股。他安排的人手也终于在康达尔董事会的11个席位中占据了7席。

据吕梁事后透露，收购康达尔流通股约在每股11元，共收购股份5500万股。按此计算，加上后来收购国有股所付的1.75亿元，可知吕梁所组织的这一操作前后共动用资金7亿多元。

我们至今尚无法确切地知道，参加吕梁此轮豪赌的“北京机构”主要包括哪些单位、哪些人，中间牵线的券商又是哪些公司。按吕梁本人的说法，在国内证券投资圈子里，佩服他的理论、追随他的投资模式者大有人在，而且多有“较高的文化品位”，“所有主要券商都有涉及”。前往听取他的见解、服从他的指挥的那些机构代表人物，主要是公司头面人物，“例如董事长、总经理什么的”。

这种说法或许并非完全虚构，不过理论或理念无论怎样冠冕堂皇，都只能是遮掩。将钱交给吕梁的“北京机构”们当然知晓市场法规，也知道自己一旦签约便纯属合谋非法操纵市场，只是眼前的利益诱惑过于巨大，此时谁也不愿意去考虑可能带来的法律后果了。

4. 媒体操纵者K先生

在组织资金接盘康达尔后不久，吕梁又以更高调的方式，证明了自己超乎寻常的“影响力”。

到底是记者出身，吕梁对媒体的力量相当熟悉。1999年春，他以K先生的名义，在对二级市场影响很大的《证券市场》周刊上发表了《关于世纪末资本市场的对话》。对话调子很高，主要是在市场一片狼藉的形势下大言“机会来了”，同时为自己的看法贴上了“讲政治，做大势”的政治标签。这篇在今天看起来主要是高谈阔论的文章中，讲大势的吕梁只是在一处不十分显眼的地方，小心翼翼地加入了自己的具体需求——先在某处说应当把对“投机”这个词的认识变成“风险投资”的一种；后来又在另一处提示，“你可以注意那些有重大重组题材的个股，新概念肯定会从那里脱颖而出。我看好农业和生物科技领域”。

比起市场上那些串联股评人士公然“点股”的低俗手法，吕梁的办法高明得多。不过只要认真排出时间表，仍然可以看出吕梁的文章大手笔与他的市场操作恰在同一时段。他的谈话发表在3月6日的杂志上，此后不久，他组织的北京机构两次受让了康达尔总计34%的国有股，而吕梁提出的重组康达尔的目标正是“农业加高科技”。

“对话"文章好，影响大，周刊为满足读者需要，刊登了一批讨论文章。吕梁借势将自己的文章做得更大。在此后两个月中，他连发四篇讨论，一直冲到5月8日。

在第二次对话中，吕梁在继续主张“做多”的同时，干脆直接谈到了“市场应该至少有一两本专业的权威刊物，一两个权威的王牌工作室，一年只要研究三两只股票就够了”；并且再次小心地强调，“我们中国人还有世界上最好的口味”，“在生物技术和生物农业这个领域，中国人完全可以与洋鬼子叫板”。

至第四次对话，K先生给人的“战略家”印象已极为深刻，提出了“战略投资、摆脱颓势、创造双赢”的口号，并终于在文章中公开点了康达尔的名。K先生称，“比方说合金、湘火炬、康达尔，这是试金石，它们的走势完全摆脱了大市下跌的纠缠，构成了对传统市场分析方法的嘲笑”。此时的K先生已经成了被人追捧的战略家。

在今天冷静地复读K先生当时的文字，可以看出吕梁的确谈出了对市场的某些积极看法，很煽情，也很独到，但并没有、也不可能预测到几天后突发的“5·19”井喷行情。例如在最后一次谈话中，他强调的是“市场下跌和基本面的大调整是一致的”；“我们判断这个市场下跌的趋势还会继续，因为基本面的调整还看不出有大改善”。他甚至说，“市场不能启动，这时候盼望大牛市是极不现实的”；希望只是在“重组”。

5月8日他的最后一次讲话发表，正逢中国驻南大使馆被炸，股市随之震荡。有意思的是两周后竟出现了“5·19”，市场上的众多利益相关者喜出望外，雀跃不已。这时候，显然是借助了一系列“有心栽花”的动作，市场上种种说法将“K先生对话”与“5·19”联系到了一起。这是一个利益极大的市场，人们需要一个让多方取胜的预言家，并且乐于相信这样的预言家。于是，吕梁一箭数雕，成了大赢家。

吕梁把自己的四次谈话，加上一些读者反映、附录资料，编辑成小册子在圈子里散发。小册子黑色的封面，印有方形的“K”字标识，署名是“K工作室”。在小册子灰色的封底，一行黑体字——“K战略投资基金设计。”

从组织资金进入企业筹划重组，到在二级市场控盘指挥，再到直接通过新闻舆论为自己造势，吕梁身兼三大角色转换自如，毫无“防火墙”意识，也毫无遮掩。此时的吕梁，其实已经成了中国市场上三位一体的“超级庄家”的典型代表。

外人并不知情，而知情人绝不以为非。中国证券投资界那些公然违法违规的“圈子”像个自有法规、自有标准的地下社会，吕在其中的“名望”竟是空前地高涨了。

庄家吕梁之二

——披露中科创业股价跳水内幕

采访人：胡舒立、李箐、李巧宁
发表时间：2001-2-5

"优质农业、生物医药、网络信息设备、网络电信服务、高技术产业投资等多个新兴产业领域"——吕梁关于康达尔的憧憬是何等辉煌。

5. 画饼1999

如今自认失败的吕梁，很喜欢强调自己两年来的运作中一直具有对理念的追求；而破坏他的追求、致使他功亏一篑的罪魁，便是当初收购的康达尔公司和朱焕良其人。

这种解释中包含着部分事实。因为按吕梁的说法，他试图收购的康达尔，本来应当是个具有相当价值的企业，特别是有可观的土地价值。而真正到深圳接手康达尔之后，才发现企业财务混乱，黑洞重重；原来被认为最有价值的几块商业用地早已售与他人，卖价十分低廉，而且相当一部分卖出款至今没有收到。

记者在采访中看到了康达尔（深圳中科）出售土地的合同，购买方为集浩房地产（深圳）有限公司，经手人韩锋锐。合同显示，康达尔卖地款应为7290万元，韩尚欠款5500万元。此外，从记者在深圳中科（康达尔）获得的一份《关于合作开发房地产项目的情况小结》中，也可看出康达尔土地出售过程中重重黑幕交易，资金去向不明。

其实，早在1999年初正面接触康达尔之后，精明的吕梁已经逐步发现，此次收购“就像一个骗局”。不仅黄金地段的商业用地不存在，所谓“经营很好的房地产公司也有4个亿的假账，主营业务如果没有朱焕良送钱早就无利可言”。他在自述材料中坦陈，当时知道这些企业内部真实的操作故事后，感觉“仿佛落入了一帮犯罪分子中间，而且要迅速被沦为这些浑蛋的同伙”。

但是，问题的关键在于，已经入主康达尔的吕梁及所率机构并未直面这样的无情事实，更不敢把上市公司的真相公之于众。他和机构们的选择，只不过是将错就错，一错再错。

据说，当吕梁初次见到时任康达尔董事长曾汉山时，后者握住吕的手久久不放，热情表示他们“就像盼望解放军一样”盼望吕等人士“前来重组他们，解放他们”。吕梁的确不孚众望。摊子还是那个摊子，企业还是那个企业，而吕梁除了带领机构挟巨资入场，在1999年一年中，对自己一直想“重组”的企业未有任何实质性作为。在市场上，仅凭借诸多大牌机构有组织介入的消息不胫而走，凭吕梁组织的资金与朱焕良联手锁仓行动，康达尔的股价便稳步上升。

1998年秋冬，康达尔的股价在17元左右；到吕梁们进驻，股价于2000年3—4月间稳稳地走到25元。“5·19行情”暴出了中国股市若干天的“满堂红”，此后的7月则出现了一派惨绿。不过康达尔无虞，1999年7月，康达尔的股价从36元跃至40元，再跃至45元，在可观的价位上整整横盘了四个月，此后也仍然稳站在令人满意的40元上。到这年底，康达尔在深市涨幅最大的前20名股票中名列17位，全年涨幅是111%。

这段时间，配合康达尔的步步上涨，吕梁所做的最直接的事情，就是组织了一篇关于康达尔（集团）股份有限公司投资价值分析的文章。

文章1999年8月在《中国证券报》刊登了一个整版。虽然作者署名“和讯信息”，但据记者查证，全部原始材料均由吕梁提供。

文章称，从买壳上市的操作过程、大股东的背景、准备注入的项目、今后发展方向的设计等方面综合评价，康达尔经过目前开始的资产重组后，将涉足优质农业、生物医药、网络信息设备、网络电信服务、高技术产业投资等多个新兴产业领域，通过项目投资、股权投资等多种投资方式以及其他资本运营手段，逐渐发展成为一家具有一定产业基础的投资控股公司。康达尔具有广阔的发展前景，将有望发展成为中国的伯克希尔·哈撒韦（编者注：美国著名投资家沃伦·巴菲特的投资公司）。

“优质农业、生物医药、网络信息设备、网络电信服务、高技术产业投资等多个新兴产业领域”——憧憬是何等辉煌。但这一切后来被证明统统是画饼。

6. 北京中科创业一个新的平台

到1999年中，入主康达尔的吕梁及其统领的“北京机构”，已经成功地将手中的上市公司变成了股市的一个筹码（用他自己的话说是“财务工具”）。此时，吕梁手握可观的操作业绩证明，更挟“K先生”之威名，已有条件来搭建更宽阔的舞台，成就更宏大的事业。

往昔那些注册在海南、甘肃的小公司不够用了，他需要北京的舞台，需要响亮的名字，而且，需要有些真材实料的“背景”暗示。1999年7月，在吕梁的一手操办下，中科创业投资有限公司（下称“北京中科创业”或“北京中科”)在北京成立，注册资本3000万元。其经营范围包括项目投资、项目管理、管理顾问、财务顾问等。公司董事长为刘宇明，任职科技部直属的事业单位高技术研究发展中心副主任。

明眼人不难看出，“中科创业”的命名显然比“K先生”更具匠心。20世纪80年代，由张晓彬等人创办的中国新技术创业投资有限公司虽然在1998年的金融整顿中遭到关闭，但其早期获得国务院高层支持的背景、其风险投资的概念，都曾在市场上极具影响力。北京中科创业的简称是“中科创”，与昔日的“中创”只有一字之差。这样做当然算不得违法，而其潜在意味，完全可以引起外人无限的遐想。

吕梁本人非常喜欢向外人强调北京中科创业的“科技部背景”，市场上更对此传得沸沸扬扬。甚至在中科创危机发生之后，吕梁在向我们提供的文字材料中，仍然声称北京中科股东中有“科技部农村发展中心、火炬中心、生物中心等八个中心的属下公司”。

从北京市工商局的企业注册登记看中科创业的股权结构，无法给这种说法以有力证明。据查，北京中科创业1999年注册成立时的股东共有7家，即海南中网投资管理有限公司（占33.3%股份）、深圳市英特泰投资有限公司（占16.7%股份）、北京三河华鑫投资发展有限公司（占16.7%股份）、深圳市国科自动化高技术有限公司（占13.3%股份）、深圳市馨博龙投资有限公司（占10%股份）、英特泰（五华）现代农业有限公司（占6.7%股份）和北京兴国火炬科技发展有限责任公司（占3.3%股份）。

资料显示，北京中科企业前三大股东的法人代表依次为高松、朱焕良和申杲华。在这里，朱焕良“大户”的个人身份早已人所共知；申杲华在被聘任北京中科创业副总裁及执行总裁之前，职位只是北京一家投资顾问公司的总经理，在此前曾在人民银行系统工作，与“科技”背景毫无关系，他的三河华鑫更是默默无闻，仅去年与贵州的一个旅游合作项目使公司在“西部开发”的宣传中小小地曝了光；而高松代表的海南中网虽然有“网”字，其实是海南一家民营投资管理公司。此外据记者了解，英特泰（五华）、深圳馨博龙均系朱焕良直接或间接控制的公司。

据了解，在北京中科创业的股东中，只有北京兴国火炬与“科技部八个中心”有某种联系，但北京兴国火炬的股份还不到4%。

刘宇明本人出任北京中科创业董事长确是事实。据刘在电话中向记者表示，他最初同意参与组建北京中科，主要是想以科技部的背景来支持风险投资，但绝不同意公司直接参加股票二级市场操作。去年6月，他即提出辞去董事长请求，但北京中科一直拖延召开董事会的时间；经他一再催促，终在11月4日才得以辞职。

北京中科在2000年中经过两次股权更动，至12月，朱焕良已经出局，其股东缩减为6家，大股东为海南中网与江西燃气。另一位社会知名人士、北京市贸促会会长姚望出任了董事长。

吕梁解释说，请姚加盟北京中科，是因为在北京贸促会的申奥项目世界贸易中心大厦中，中科创业担任了“投行顾问”（“投行”系指“投资银行”）。姚望本人则对我们表示，他不认为北京中科创业是该项目的“投行顾问”；他之所以同意挂董事长之名，是因为受吕梁之邀。在与吕梁讨论时还曾有提议，“要将北京中科改组成世贸发展中心”，但无任何实质性计划。

一个月后，因世界贸易中心大厦项目无法继续运作，姚望已向北京中科董事会递交了辞去北京中科法人代表和董事长职务的辞职报告。据称仍然是因为“没有时间召开董事会”，所以至今在工商登记上仍表明姚望是法人代表。北京中科便显出“虎皮”犹在。

吕梁最初并未在北京中科创业给自己安排正式职位。但他承认自己参与了该公司的“所有项目策划，包括中科创业的筹组本身”。到2000年中，他开始着手筹划建立中科创业集团，自己出任集团副董事长和首席执行官。中科创业集团至今未正式注册，但吕梁在去年8月给记者的名片上，已赫然标有此衔。

此外，吕梁实际掌控着北京中科，今年1月以来还有记者观察到的三个事实可谓证明：其一，他控制着该公司的公章；其二，在后来北京中科与沈阳飞龙进行的转让公司股权的交易中，全部生意在吕梁的花园别墅5号谈成，主谈判者为吕梁与姜伟；其三，在中科系雪崩事件发生后，一部分债权人手持与北京中科所签的合约，但都直抵吕宅，找到吕梁本人索债。

7. “中科系”庄股之网

紧跟吕梁、信服吕梁的“北京机构”们，长期以来并未深究他的身份、他的职位。推而想之，机构中比吕梁更懂投资银行业务、懂基金业务、懂法律和懂市场的必是大有人在，而他们却又不约而同地需要吕梁这样的特殊人物。

更多的机构也开始拿出一部分钱和一部分人，追随吕梁。

从1999年到2000年前后近两年时间，掌握了康达尔又搭建了北京中科创业的吕梁在市场上呼风唤雨，以“钱生钱”之术结起了一个公开的庄股之网。这个网，被人们称为“中科系”。

——1999年8月，新成立的北京中科协议受让上海华谊（集团）总公司所持的中西药业国家股中的2875万股（占总股本的20%）；与此同时，北京中科的大股东之一海南中网从上海华谊受让中西药业国家股719万股（占总股本的5%），按11月财政部批准时间确定价格，此次收购价格为每股2.83元。

——1999年12月，康达尔公司经深圳市工商局核准，正式将名称变更为深圳市中科创业（集团）股份有限公司，简称“中科创业”。

——2000年3月，海南禾华公司协议受让浦东星火开发区联合公司所持中西药业全部法人股1256.1343万股，成为该公司第四大股东，转让价格为每股1.86元。这里需要注意：海南禾华与“中科系”中的海南沃和、海南燕园、海南中网等公司，同样注册在海南这个中国的“百慕大”，过去从未为人所知，仅在1999年12月突然出现在康达尔的公告中，据称以4500万元买下后者所属康达尔运输公司45%的股权，而收入又用于购买了中西药业的三个药号。可见，海南禾华亦属于吕梁控制或结盟之公司。此时，在上市公司中西药业中，北京中科、海南中网以及海南禾华所持股份已达30%以上，超过了国有大股东26.41%的比例。

——2000年4月，上海中科创业投资有限公司注册成立，注册资本1亿元，法人代表为申杲华。北京中科持有上海中科50%的股权，其大股东海南中网持有上海中科50%的股权。

——2000年6月，新成立的上海中科以每股2.8元的价格，受让鲁银投资原股东淄博宏信资产经营集团有限公司所持公司全部法人股956.8125万股，从而成为鲁银投资持股4.66%的第四大股东。

——2000年6月，上海中科又以7200万元的价格，购买君安证券公司所持胜利股份900万股转配股，成为胜利股份持股3.76%的第四大股东。

——2000年6月，中西药业以每股约22.35元的价格，购买了357.5822

万股岁宝热电流通股，成为该公司占股2.62%的第四大股东。

——2000年7月，中西药业发布警示性公告，宣布其国有大股东授权单位将向江苏阳光集团公司与海南禾华投资管理有限公司转让公司所持全部国家股股权，并于2000年6月30日分别与后两家公司签订了有关股权转让协议书。按此协议，阳光集团将受让中西药业国家股3500万股（16.23%），海南禾华将受让中西药业国家股2193万9896股（18%），每股转让价格均为人民币2.33元。至此，吕梁及其联盟者实际上已经十拿九稳地控制了中西药业。

——2000年7月，北京中科及海南中网分别将所持的20%和50%的上海中科股权，以6973.95万元的总价转让深圳中科。与此同时，中西药业与深圳中科分别宣布双方建立互相担保关系，担保额为2亿元。

在这一时期，与这些很张扬、很有些“资本运作”味道的动作相联系，吕梁通过“咨询”手段做了另一件事情：以种种方式宣扬莱钢股份的投资价值，建议投资者在二级市场购入。莱钢股份在市场上的流通股只有18%，其余82%的国有股均为山东莱钢集团控股，但一时因吕梁的作用成为热炒对象。

吕梁在接受我们采访时表示，他本人并未去过莱钢，也未与莱钢管理层有直接接触。他肯定莱钢，纯粹是研究之后的“价值发现”，认可其H型钢生产线的长远增长潜力。他透露说，自己如此看好的公司，也会拿出钱买一些股票，但他投进莱钢的钱并不多，“有一两千万”。

至于吕梁组织上述收购的资金来源，现在有不同的解释。吕梁自述系公司自有资金及相关机构资金，但又有一种解释说是通过在证券公司“融券”所获得的资金。市场上普遍分析，以康达尔当时的高价位，吕梁等从事收购时，应以股票为抵押从银行贷款最为便捷。深圳中科（康达尔）管理层在接受《证券时报》记者采访时又曾透露，上海中科收购鲁银投资和胜利股份的9879万元资金系取自深圳中科。据称，后来正因深圳中科管理层不依不饶地追款，吕梁才同意干脆将上海中科划给深圳中科。

当然事到如今，除了若干次收购的资金来源，人们更关心“中科系”庄网在这一过程中的形成。从2000年中，市场上已经清晰地看到吕梁主控下的这组庄股的结构与动向：深圳中科与中西药业完全由吕梁及相关机构所控制，是一对互动互利的“股市大筹码”；而岁宝热电、莱钢股份也成为这组庄股的核心部分，曾随着有关中科创业的消息一荣俱荣、一损俱损。吕梁本人就承认，去年11月，“市场上风传要收哈岁宝之后，岁宝股价最高飚升到了38元”；“这项投资账面收益最高时，让中西（编者注：中西药业）盈利达5000万，这是中西转配股上市时15元有巨大承接力的重要原因”。

鲁银投资和胜利股份在“中科系”有限介入后，股票上攻走势不很显著，被认为属值得注意的“外围”。此外，还有一些相干或不很相干的股份，也在不同的情形下被视为“中科系”的辐射范畴，使整个“中科系”庄股形态更显扑朔迷离。

市场分析人士都说，那些严格意义的“中科系”股票在盘面上都有“强庄”介入。依目前同类庄家的典型做法，坐庄资金会包含一部分机构自有资金，一部分庄家以代客理财名义或高息方式向私人和企业“融”来的资金，但有相当大一部分则是机构或个人通过循环使用证券抵押向金融机构获得的贷款。吕梁在各种场合用很玄妙的字眼所说的“虚数填实数”、“财务工具”，说到底只是这样一类把戏。建立在空中楼阁上的金融游戏只要有一个环节出事，便会在旦夕间导致整个系统的崩溃。

据最保守的估计，“中科系”牵连的资金在20亿元以上（关于“中科系”股票迷局，参见本组报道《“中科系”庄网之谜》一文），2001年2月）。

8.“重组”康达尔

吕梁是在1999年12月把中科创业的名字“赠送”给康达尔的。在此前后，早已描述多时的“重组”动作也逐步展开。从1999年底到2000年中，重组的消息曾频频出现在深圳中科的公告上，再被各种投资分析师、分析报告、分析机构转炒一遍，越发强化公司的“高科技”形象。这些项目最后变得让人们几乎耳熟能详了，概括起来就有所谓五大项：

一是与北新集团建材股份有限公司、中西药业等企业成立全资公司，着手先进癌症治疗仪器——锎252中子后装治疗机的生产与销售，以及医疗科技产品的研制开发、科技项目投资管理、技术转让、技术服务和技术培训。

二是采用企业、科研机构和农民合作开发的方式，参与投资西北苜蓿项目。

三是与中西药业等公司共建“中国电子商务联合网”，组成18家不同所有制企业的大联合，创建一个跨地域、跨国界的大型网络平台和一座极具创新意识的超级电子商务大厦。

四是受让深圳市良林投资有限公司持有的“深圳天威数据网络股份有限公司”13%的股份。

五是与海南中网投资管理有限公司等组建“中国饲料业电子商务投资有限

公司”。

这里且不谈纵使吕梁真的成功地进行了这些收购或投资，他和他所率领的机构同时联动企业操作和二级市场股价，也属于严重违法违规的行为；更重要的是，上述投资除了苜蓿项目已经投入100万元目前毫无收益预期，其余无一得以实施，完全是在“画饼”；而在2000年前后，这些“画饼”同步、持久地转化为市场上深圳中科股价高居不下的“业绩支持”。

吕梁就对自己和自己影响下的康达尔或称深圳中科股票奇迹有过非常生动的描述：

“1998年、1999年到2000年是康达尔大出风头的好年景。康达尔股价稳步上升，连续26个月被《中国证券报》公布在风险最小的十只股票榜首，被选为指数样板，被道·琼斯选入中国指数样本，被《证券周刊》列为可以放心长期持仓的大牛股”；

“因为它已持续上涨，其间几乎从来没有一天下跌，因此也没有一个人在这上面亏过钱，这个‘庄’成了‘善庄’的典型代表，极为市场专业人士推崇”；

“K的理论大行其道，一些大牌和老牌经济学家也开始注意他的言论。无数企业和地方政府给他挂上投资顾问的头衔。K每天奔波在各个城市。坐飞机叫打飞的，经常上午在上海，下午在北京，晚上又回到深圳”；

“康达尔的股票会炒到这样人气十足，大出人们意外，朱焕良深感北京机构果然有超主力的气势。K的影响力往往使负责二级市场操作的他几乎不用拉抬，股票自己就会往上走，‘压都压不住’，这是他从来没有遇见过的”；

“康达尔股票冲上80元时，负责二级市场操作的朱给北京机构打电话：全是散户抢上去的，压都压不住”。

这里需要对吕梁的回忆进行一点补充的，还有个时间表：中科创业（康达尔0048）冲上80元的时间在2000年2月，当时市场上“中国要出百元股”的鼓噪，已经使亿安科技冲过百元。

此外，吕梁真正为深圳中科进行的“成功重组”只有两件事，其一是将上海中科股权注入深圳中科，而上海中科由于当了鲁银投资与胜利股份的第四大股东，被描述成有“金融投资控股概念”；其二是将中西药业所属的新生力核酸公司的控股权注入深圳中科，后者说到底是一种保健类药物。这两件事情都完成于2000年下半年，新生力核酸是9月底被转让的，而上海中科正式办理归属深圳中科的工商过户登记，已经到了2000年底。

庄家吕梁之三
——披露中科创业股价跳水内幕

采访人：胡舒立、李箐、李巧宁
发表时间：2001-2-5

此后发生的事情，被吕梁自嘲地称为“搬起石头砸自己的脚”：他下令在深圳中科、北京中科内部查“老鼠仓”，并要求所有公司资金于年底以前结清。据他分析，先是因为朱焕良的“不配合”，后是因为这批“老鼠仓”的数目比他估计的要大，大规模平仓出货之后，便引发了2000年底的深圳中科大规模崩盘。

9. 崩溃

回过头来看，2000年下半年对吕梁是个关键的时期。一方面，他掌控的深圳中科股价平稳，他组织的其他资本市场收购也都相当顺手，正可谓春风得意；另一方面，他已经感觉到早年间与康达尔联合阵线的重大裂痕，已经嗅出了“0048危机”。

在接受采访时，吕梁告诉记者说，他最早听说朱焕良在出货，是2000年5—6月间。“听说他从营业部提走现金，每次都是1500万。当时我们只是笑他，这么多钱怎么拿得出去。这是很危险的。”

2000年8月的一天，约在凌晨两点，吕梁被人从睡梦中叫醒，紧急召到某公司在北京的总部大厦。吕梁事后透露说，那是一家在香港“很有办法”的公司，香港发生的许多事情都能知道。那家公司也属于吕的“北京机构”之列，所以对他、对朱焕良的行动都非常关注。

据说就在那个总部，吕梁被告知，一艘“大飞”（编者注：据说是对一种可用于偷渡的快艇的俗称）将一笔港币现金运到了香港。这笔钱的主人就是朱焕良。朱已经用这笔钱在港置业，还将部分资金转往海外。

吕梁不很清楚这笔钱的总数，只说“至少有 4 亿”。

中科系雪崩事件发生后，市场上曾传言朱焕良早已潜逃至香港，而吕表示朱至少前一时期一直在内地。我们也从深圳万科董事会秘书处证实，直到 2000 年 12 月 24 日，朱还作为万科董事，出席了万科的董事会。在那次会上，万科决定终止向华润集团定向增发 B 股的计划（参见同期相关文章《华润万科航母计划搁浅》）。

问题在于，只要吕梁所述情况大致属实，他后来在市场上的行动，就不可能不受朱焕良已经毁约这一重大事件的影响。

到 2000 年 10 月，0048 的股票在市场上仍是一派喜气洋洋。但吕梁又获知了另一个危机信号：他手下的重臣、北京中科的董事兼执行总裁申杲华受到一项重大案件的牵连，已被有关部门看管起来。从对申杲华的查处中，检察机关发现申本人在私下炒作深圳中科等公司的股票，按市场上的行话说，开了“老鼠仓”。“老鼠仓”本身的违规当然不会被吕梁看成“问题”，关键是申杲华的老鼠仓涉资甚巨，可能多达数千万元，一旦进入调查就会被强行平仓。吕梁的担心来自平仓对股价造成的连锁反应。

他当然明白，在自己统领的公司中，此类“老鼠”绝不止申杲华一人；而且他相信，他们开仓所用的资金来自公司内部。

此后发生的事情，被吕梁自嘲为“搬起石头砸自己的脚”：他下令在深圳中科、北京中科内部查“老鼠仓”，并要求所有公司资金于年底以前结清。据他分析，先是因为朱焕良的“不配合”，后是因为这批“老鼠仓”的数目比他估计的要大，大规模平仓出货之后，便引发了 2000 年底的深圳中科大规模崩盘。从 12 月 25 日开始，一直平稳运行的深圳中科突然连拉 9 个跌停板，跌去 50 个亿市值。那种惨烈的情景，至今使投资人感到不寒而栗。

在吕梁 2001 年 1 月初公然指出深圳中科董事长持有“老鼠仓”后，深圳中科曾于 1 月 9 日发布了正式公告，坚称董事长陈枫绝无此类违法违规行为。但记者在深圳已经看到一份材料，上面记录着，一名为“裴瑞普”的客户，于 2000 年 1 月以其股票市值向中经开公司深圳证券业务部融资 3000 万元。记者通过电话向该材料中指定的交易员陈友谊证实，确有此名客户。深圳中科一位不愿透露姓名的知情人在向记者出示这份材料时补充说，当初他曾陪同陈枫前往营业部，用“裴瑞普”的账户市值融资 3000 万全部购买了 0048 股票。据悉，裴瑞普系陈枫的弟媳，深圳中科投资企业布吉镇自来水厂的普通工人。

吕梁当然早就知道陈枫开户的事实，据说吕听说陈枫搞到3000万元的融资额度，还夹带嘲讽地说："他本事还不小嘛！"但那是2000年早些时候的事。当时陈枫因为显得忠厚老实，愿意帮助追回康达尔出售土地的款项，正属于吕梁相中的企业管理人，可以取代原来的董事长曾汉山。

当然，后来的情形已经完全不一样了。

10."善庄"之伪

吕梁现在很愿意承认自己在0048项目上的"刚愎自用"。但在2000年春天之后的那些日子，如果他的刚愎自用还没有达到顶点，如果他心思灵活、善辨风向的一面也在发生作用，那么，他的主要热情应当逐步移到0048之外。

许多事实可以佐证这种分析。

从2000年4月底开始，K先生又在《证券市场》周刊上出现了，其论述当然又是高屋建瓴，气势磅礴的。不过只要细读文章，可以发现随着美国NASDAQ的大幅下跌，吕梁对市场"看多"的重心已经从高价高科技股转为传统国企大盘股。他出语惊人道："大盘国企股在市场上将有震撼性表现，现在还只是好戏刚刚开始。"

两个月之后，K先生再次发表谈话，再谈新经济时代与国企大盘股的复兴。他的观点更加鲜明也更加尖端，甚至提出反论调：法人股上市会不会使市场走到5000点？国有股上市后股市会不会涨到10000点？

这些当然只是说法。但配合这些议论，吕梁也有同步的行动。市场上一直传说，2000年之后开始的马钢股份大涨，以及其所引发的春季整个钢材板块伴随钢材涨价而上涨，吕梁与有力焉。去年8月本刊记者有机会与吕梁交谈，他也曾表示上半年的钢铁股行情确实与自己的操作直接相关。

更大的行动还在后面。就在2000年8月见到记者时，吕梁便曾透露，他彼时的主要行动是策划组建一家名为山东控股的投资公司，将山东省掌握的许多上市公司的国有股、法人股组装进去，进行统一运作。谈话次日，他本人便为此事再飞济南。在今年初的采访中，吕梁也曾多次提到他对山东控股的策划，并称按最初的设想，一旦成功后，可收上千万元咨询费。

回首2000年6月以来吕梁主导的"中科系"资本市场收购行动，亦与此蓝图颇有关联：吕梁竭力看好、为其捧场的莱钢股份，是山东省境内的支柱级大型国有企业，其大股东莱钢集团是山东控股最主要的发起人。而由上海中科出面收购的鲁银投资和胜利股份，都是山东籍上市公司；与上海中科同步收购鲁银投资并最终成为其第一大股东的九洲泰和，是一家北京注册的以民营为主体的实业公司，又是山东控股的发起人之一；莱钢集团是九洲泰和的第三大股东，占股25.75%。此外，2000年6月30日已签下协议拟收购中西药业部分国有股的江苏阳光，据报道也是山东控股的主要发起人。

显然与这项庞大的山东控股操作直接相关，K先生于2000年11月再度在《证券市场》周刊上谈话，题目是直截了当的“做多中国”。文中竟提出“中国高科技企业也可能是最脆弱的”，“我们从不建议机构投资者去碰这些东西”；“我们看好国企大盘股，大国企问题大，但资源也最大”；“最大的资源莫过于法人股、国有股的上市”。

山东控股的组建目前尚未画上句号，也不是本文所关注的重点。这里需要引出的只有以下疑问：如果自2000年初吕梁的战略思考和行动重心已经转移；如果他又从2000年中，深刻地认识到当年与朱焕良等人结成的康达尔锁仓协议已被对方毁弃，时时感受着由朱等人在市场上出货所带来的抛售压力；如果他已经完全明白，深圳中科的公司管理层和第一大股东龙岗区投资公司不仅不可信任，而且很可能成为对头，那么，他为什么还要在2000年秋冬时节，把手上本来比较好的资产上海中科和中西药业新生力核酸项目“平价”转让给0048？他从2000年四季度开始，在深圳中科大查“老鼠仓”究竟是为了什么？

吕梁的解释，当然是自己的“书生气”、“理想主义”，“要把国企重组乌鸡变凤凰的典范做到底”，还声称要在公司基本面的80%得到改善后进行“二次重组”。不过这一切都显得太脱离实际也太缺乏理性。或许只有一种解释更说得通：至迟到2000年秋冬，吕梁及他背后的机构力量已经有心以某种方式放弃深圳中科这个“长庄”，及早套现早已获利但时时在承受风险、付出代价的6000余万股流通盘。此一期间的重大注资行动，是为了稳住股价择机出货，而吕梁要求公司先平“老鼠仓”，无非是担心后者会打乱出货战略。

一位与吕梁相当接近的知情人对我们说，在中科创业（0048）雪崩事发后，吕梁曾私下坦承，他自己原来是准备元旦之后开始拉抬出货的，谁知已经没有机会了。

倘如此，可能更符合逻辑，因为哪怕吕梁个人拥有“长线持仓重组”的伟大理想，岿然不可动摇，他身后的机构也不会为此“理想”去牺牲巨大的实利。“善庄”之善只能是伪善，最终还是要上演“图穷匕首见”！

11. 做多中国？

接下来的，便是近期人们已经熟悉却又感到迷惑的图景：

——2000 年底至 2001 年初，深圳中科连续跌停，引至“中科系”股票中西药业、莱钢股份、岁宝热电相继跌停；“中科系”株连市场上同类“长庄”，又有“德隆系”（含湘火炬、合金股份、新疆屯河等）、“明天系”（含明天科技、黄河化工、华资实业等）等集体跳水；沪深两市大盘因庄家大溃败受到冲击，股指于 1 月 15 日一日暴挫超过 3%。

——就在吕梁以庄家身份在媒体自我亮相的同时，“中科系”危机也在加深。在深圳中科，先有六名吕梁们所派董事集体辞职，后有公司管理层面见媒体痛陈庄家操纵；在中西药业，先是公司所持 357.5822 万股岁宝热电流通股被申银万国全数抛售，后是北京中科、海南禾华所持公司法人股全部被法院冻结；在北京中科，中小债权人纷至国贸大厦 33 层公司总部、北辰花园别墅吕宅索债……

在手中两大市场筹码尽失的局面中，吕梁堪称应变迅速。2000 年 12 月 28 日，市场已有公告，上海中科所持 4.66% 的鲁银投资已转入九洲泰和名下，使后者成为除山东经济开发区之外唯一持鲁银投资法人股的大股东；2001 年 1 月 7 日，从北辰花园又发出“新闻稿”，北京中科已完成“重组”，沈阳飞龙集团董事长姜伟将加入北京中科，并以大股东代表身份赴中西药业；1 月 20 日，《财经》赴北辰花园再次采访吕梁，得知此宅已抵押给诚成文化集团，债权人也已撤离。吕梁说，他在春节后将搬离此宅。诚成文化董事长刘波则透露，此宅抵押作价 800 万元，而吕梁欠他的钱在 1000 万元左右。

吕梁回忆说，他对此次危机的爆发是有预感的，只是没想到以这样的方式、如此剧烈地降临到自己主持的庄股头上。从 2000 年 10 月开始，北京的机构投资者便已经感受到“0048 股份的抛压越来越重”，“股价如果跌破 40 元，将直接影响到有融资行为的机构安全线。按这些机构总持仓 6500 万元计，这时每跌 1 元，这些机构就得补 6500 万元左右的市值”。

因为深圳中科的流通盘 90% 以上为庄家们所持有，大家早有共同锁仓协议。因此，抛压只能来自协议者内部。既然北京机构们没有抛，失信者便只有朱焕良。

吕梁也曾作过许多努力，企图劝说朱焕良遵守协议，但终于未能奏效。2000 年 10 月 24 日至 27 日，中科创业（0048）的股票从 38 元滑至 35.67 元，北京机构一下子又失去近 4 亿市值。

“庄家同盟”内部阴云四合，吕梁深感危机在加重。以市场上“庄家合理论”的思维惯性，他不愿意承认导致危机的根本原因在于大家本来就是非法操作，咎由自取。但在11月底接受《三联生活周刊》记者的采访时，他还是以更宽阔的视角表示，“如果说‘5·19’行情主要是政策推动，那么到了今天的市场规模，制度推动跟不上的话，市场必将面临一次深刻的调整”；“从这一角度讲，‘5·19’行情结束了”。

很显然，喜欢想问题的吕梁能够举一反三。他从自己的“庄”联想到其他类似的“庄”，已经意识到如果制度和法律环境并不允许，仅凭自我臆想由庄家来自定规矩，自我充当“私募基金”、“做市商”甚至“开放式基金”，最终是不会成功的；即如此，靠“庄”来支撑的“大牛市”便保不住。

当然，彼时的吕梁还是不愿意自言失败。《三联生活周刊》的文章在2000年12月20日截稿，标题也叫“做多中国”。可靠消息表明，这一标题来自吕梁的意见。

此后便有了12月25日开始的“中科系”崩盘。12月30日，已经定稿的“做多中国”以《三联生活周刊》封面报道位置正式问世，恰逢深圳中科宣布停牌。

吕梁毕竟是吕梁，2001年1月1日，他便约见了《财经时报》记者，承认中科事件已是败局，揭露“不忠不义”的朱焕良、陈枫、申杲华，重申自己的“善庄理念”。

12. 尾声

自1月初公开在媒体曝光后，吕梁就成了中国证券市场上被议论得最多的新闻人物。出自市场上各类不同利益者口中的看法自然不尽一致，但有一点非常相似，就是都对吕梁自动向媒体“坦白”的举动大不以为然。少数熟识并同情吕梁的人觉得他大可不必引火烧身，多数人则干脆恶语相加，觉得他用心险恶，意欲拖垮整个市场。

吕梁对外界的议论同样不以为然。1月以来的北京一直雪花纷飞，在那些日子里，吕梁坐守北辰花园，除了尽可能构思和洽谈“重组”，接待一些友人，工作之一就是整理以往的法律文件，接受记者采访，以及写作（或指挥写作）一部关于中科事件的书稿。我们1月21日从吕梁手中得到的文字材料，据说就是该书稿的一部分。吕梁表示，其中内容全部属实，绝无虚构。“这不是小说，是纪实。”春节之前，此书已完成6万字左右。

无论见记者还是写文章，吕梁对于中科系事件的全貌都只说出了一部分重要事实，而且更热衷于谈理念、谈想法。据他说，中科系事件背后牵涉的机构和人太多太复杂，必须一一理清，必须按合同文件说话；后来又说，即使有合同文件，现在为配合调查也不宜于和盘向媒体托出。他还透露，自己两年来的做庄操作共涉及400多家机构，其中包括60多家较大的机构，具体情形极为复杂。

至迟在新年以后，监管机构和司法部门已经着手对“中科系”事件进行调查，吕梁自然是事件的中心人物之一。这起可与“国债327”事件相比的重大事件究竟有何内幕，将如何处置，会成为今后相当一个时期市场关注的持续热点。究竟还有哪些人在吕梁背后，更是萦绕在人们心头的尖锐问题。

作为中国证券市场上曾经红极一时的特殊人物，吕梁个人的“超级庄家”生涯结束了。造就他及同类人物的这个“庄家时代”，也已经走向尾声。蛇年的市场会比往昔多一些透明。

（注：《财经时报》记者杨浪，国信证券研究策划中心吴锋，华夏证券研究所银国宏，以及同事王烁、杨大明对此文亦有贡献）

反洗钱是维护国家利益的需要

——专访中国人民银行副行长项俊波

采访人：凌华薇

发表时间：2006-11-13

《反洗钱法》确定了以央行为行政主管部门，其他部门分工负责、协调配合的反洗钱监督机制。

10月31日，《中华人民共和国反洗钱法》（下称《反洗钱法》）在十届全国人大常委会第二十四次会议上获得通过，将自2007年1月1日起施行。

这一法律的颁布实施，表明中国已经将反洗钱的国际义务转换为国内法律，因而为明年上半年加入反洗钱国际组织金融特别工作组（FATF）迈出了坚实的一步。

2005年初，中国已被FATF接纳为观察员；今年11月，该组织将在中国进行现场评估。据悉，反洗钱法律体系的完整性和有效性，是决定能否成为FATF正式成员的最重要标准之一，但并非唯一条件。其他标准，还包括有关法律的完备性、执法效果和反洗钱金融监管的程度。如若顺利，中国有望在2007年6月前后加入FATF。

从今年7月1日起，国家外汇管理局不再承担监督和管理大额和可疑外汇交易报告制度的职责，人民银行实现了对反洗钱本外币的统一管理、统一监测和统一处罚。

“进行反洗钱国际合作既是中国反洗钱工作的需要，也是中国参与国际规则制定、增大国际事务话语权、维护国家利益的需要。”在接受本刊记者的独家专访时，主管反洗钱工作的中国人民银行副行长项俊波如是表示。

洗钱犯罪呈蔓延之势

记者：作为央行主管反洗钱的副行长，以你的角度看，应该如何解读《反洗钱法》出台的意义？

项俊波：《反洗钱法》是我国历史上第一部关于反洗钱工作的专门法律，是奠定中国反洗钱制度的基石。《反洗钱法》的颁布实施，对于及时发现洗钱活动，追查并没收犯罪所得，遏制洗钱犯罪及其上游犯罪，保证金融机构稳健运行，维护经济安全和社会稳定，构建和谐社会，有着极其重要的意义。

记者：这一法律确定的反洗钱监管体制是怎样的？

项俊波：《反洗钱法》明确了人民银行作为国务院反洗钱行政主管部门，组织协调全国的反洗钱工作，负责反洗钱资金监测，制定或会同国务院有关金融监督管理机构制定金融机构反洗钱规章，监督、检查金融机构履行反洗钱义务的情况，在职责范围内调查可疑交易活动等职责。

同时，《反洗钱法》也明确规定了国务院金融业监督管理机构和其他相关部门在反洗钱工作中的职责。这样就形成了确定一个部门为行政主管部门，全面负责反洗钱事务，其他部门机构在职责范围内分工负责、协调配合的我国反洗钱监督机制。

记者：过去中国法律对洗钱的上游犯罪存在认定过窄的问题，目前的最新进展是什么呢？

项俊波：洗钱犯罪在我国已经出现并呈现蔓延之势。《反洗钱法》将我国洗钱犯罪的上游犯罪范围由原来的毒品犯罪、黑社会性质的组织犯罪、走私犯罪和恐怖活动犯罪，扩充到贪污贿赂犯罪、破坏金融管理秩序犯罪、金融诈骗犯罪等。根据我国反洗钱工作的需要，1997年，我国制定了以《刑法》第一百九十一条洗钱犯罪为核心的打击和惩治洗钱的刑事法律规定；今年6月，全国人大常委会通过了《刑法（修正案六）》，将所有清洗犯罪所得及其收益的洗钱行为都纳入了刑事打击的范围。

记者：《反洗钱法》出台后，还要修改和出台哪些相关的法规规章？

项俊波：随着我国反洗钱工作开展的深入，人民银行于2003年1月3日发布的《金融机构反洗钱规定》等反洗钱规章需要作相应调整。

目前，人民银行已组织起草了《金融机构反洗钱规定》以及《金融机构大额和可疑资金交易报告管理办法》，适用于各类金融机构。按照《反洗钱法》确定的原则，人民银行还将会同银监会、证监会和保监会制定有关的金融机构内部控制、客户身份识别、客户资料交易记录保存的有关规定。

反洗钱工作有效性待提高

记者：从总体看，你如何评价当前金融机构在履行反洗钱义务方面的现状和挑战？

项俊波：金融机构是洗钱活动的主要渠道之一，也是反洗钱的前沿，是反洗钱体系中重要且不可或缺的组成部分。我国金融机构反洗钱规定要求金融机构建立内部控制、客户识别、大额和可疑交易报告、客户身份资料和交易记录保存、反洗钱宣传和培训等反洗钱制度，认真履行反洗钱义务。2004 年以来，人民银行连续三年检查了银行业金融机构履行反洗钱义务的情况。

总体而言，我国金融机构反洗钱意识明显增强，工作力度不断加大，反洗钱工作取得了一定成绩。但是，根据反洗钱检查情况，不同金融机构之间和全国不同地区之间对开展反洗钱工作的重视程度和主动性还很不平衡，反洗钱工作的有效性还有待提高。

记者：不得不承认，迄今中国金融机构的反洗钱意识并不强，往往会认为反洗钱是一种没有收益的义务和负担。如何认识反洗钱是金融机构的义务？

项俊波：首先要明确，反洗钱是金融机构义不容辞的责任，这是国家意志的要求。

同时也要看到，《反洗钱法》有助于消除洗钱行为给金融机构带来的潜在风险，维护我国金融安全。由于金融机构在金融资产托收和转移过程中不可替代的作用，金融机构往往是探测非法交易的先知先觉者。从各国反洗钱体系的构架看，各国金融系统都处于反洗钱体系的前沿，承担着预防和控制洗钱的重要职责。同时，一旦数额巨大的“脏钱”流入信贷金融机构，也会对这些机构及整个金融体系带来巨大的负面影响。

巴塞尔银行监管委员会于 1988 年 12 月在其发表的《防止将银行系统用于洗钱目的》报告中指出，如果银行漫不经心地与犯罪分子卷到一块，由此产生的负面影响会严重损坏公众对银行的信心，从而危及整个银行系统的稳定；同时，银行亦可能因其甄别客户方面的疏忽或其官员与犯罪分子相互勾结，而招致严重的损失。

记者：2004年，反洗钱局曾对在履行反洗钱义务中出现违规的金融机构作了查处，之后情况有否改善？最新的查处情况如何？

项俊波：2005年，中国人民银行上海总部和633个分支行现场检查了3351个银行类金融机构执行反洗钱规定的情况，发现的违规问题主要有：涉及违反客户尽职调查规定的账户86794个，占被查账户的2.21%；涉及违反大额交易报告规定的交易155640笔，占被查交易的0.12%；涉及违反可疑交易报告规定的交易1379082笔，占被查交易的1.08%。同时，查出保存资料不合格账户66726个，占被查账户的0.58%；查出保存资料不合格交易18712笔，占被查交易的0.02%。对上述违规情况，人民银行及其分支机构依据相关法规进行了处罚。

从今年上半年反洗钱现场检查和处罚情况的报告看，无论违规数量还是被处罚银行数量都有明显下降。

反洗钱将列入现金交易管理

记者：中国金融机构的现金存入管理比较松，未来这方面从反洗钱的角度要如何改进？

项俊波：加强对大额和可疑现金的监测，始终是现金管理的一项主要内容。新颁布的《反洗钱法》对现金出入境管理作出了规定，即海关发现个人出入境携带的现金、无记名有价证券超过规定金额的，应当及时向反洗钱行政主管部门通报。国务院有关部门也正在组织修订《人民币现金管理条例》，将反洗钱增加为现金交易管理的一项重要内容。

记者：如何开展对证券、保险、期货公司等非银行类金融机构的反洗钱监管？比如，证券行业未能真正做到实名制，是否对未来的监管工作增加了难度？

项俊波：履行反洗钱义务的金融机构，由2003年《金融机构反洗钱规定》中规定的政策性银行、商业银行、信用合作社、邮政储汇机构等银行业金融机构，扩展到证券公司、期货经纪公司等证券期货业金融机构、保险公司和信托投资公司等。

长期以来，银行业金融机构一直成为洗钱分子的首选。但随着世界各国以及国际组织对银行业金融机构反洗钱力度的不断加大，以及银行业金融机构反洗钱内控制度不断完善，洗钱分子通过银行业进行洗钱的难度和成本越来越大，从而把目标逐渐转移到证券业、保险业等其他金融领域。

《反洗钱法》配套规章出台后，人民银行将依法全面监督、检查金融机构履行反洗钱义务的执行情况。

记者：如何定义特定非金融机构？这次法律里规定比较模糊，未来将如何监管？

项俊波：2003年版的反洗钱40项建议，明确规定了承担反洗钱义务的特定非金融机构的范围，包括赌场、房地产代理商、贵金属和宝石交易商、律师、公证人，以及其他独立法律专业人士、会计师、信托和公司服务提供者等。《反洗钱法》将特定非金融机构纳入反洗钱义务主体，是我国开展反洗钱工作的迫切要求。

《反洗钱法》出台之前，对于金融业以外的房地产业、珠宝业、律师业等特定非金融行业，在客户身份识别、可疑交易报告、交易记录保存等反洗钱的职责、义务方面，没有相应的法律制度。尽管我国现行法律对特定非金融机构有明确的管理规定，但在反洗钱方面的规定是不完善的。我国人大常委会已经批准中国参加了《联合国反腐败公约》等四个与反洗钱有关的国际公约。

因此，将特定非金融机构纳入我国反洗钱法律制度，使其承担预防和控制洗钱的义务，已经成为我国的国际义务。

《反洗钱法》已授权人民银行会同国务院有关部门，确定应当履行反洗钱义务的特定非金融机构的范围。人民银行将在深入调研的基础上，会同相关业务主管部门，制定特定非金融机构履行反洗钱义务和对其监督管理的具体办法。

（注：记者段宏庆对此文亦有贡献）

如何完善证券监管体系

——专访证监会稽查一局局长陈舜

采访人：凌华薇、乔晓会

发表时间：2007-8-20

虽然已形成交易所、地方证监局、稽查系统“三位一体”的执法“流水线”，中国证监会稽查一局局长陈舜仍然认为，要填平证券欺诈的“洼地”，还应该建立保障调查权力、强化中介责任、代投资人追讨损失等基础制度。

对于外界而言，中国的证监系统仍是个带有神秘感、难以触及的机构。2001年，我们曾首度专访当时的证监会稽查局局长肖远才。时隔六年，我们再度约访了现任证监会稽查一局局长陈舜，就现存机制以及如何完善监管体系等问题进行了深入的探讨。

今年43岁的陈舜早在1996年便进入证监系统，2005年起担任稽查一局局长。此前，他曾担任中国证监会信息中心副主任、市场监管部副主任、稽查二局局长等职务，主持制定了多项案件认定标准、案件调查规则，推动了证券执法方式的改进、执法体制的完善，并牵头查处了“德隆”、“科龙”等大案要案。

行事低调的陈舜掌管的稽查一局，实际上集中了整个证监会稽查系统90%的人马，可谓证券监管的主要力量。与他丰富的稽查履历相对应，陈舜有着令人瞩目的专业背景。他先后获得南开大学国际投资专业博士、南京大学计算机软件专业博士和北京大学国际法专业博士学位。

“三位一体”监管体系

记者：过去资本市场一直存在有关“发展”和“规范”之争。现在，减少“干预”、加强“监管”的呼声越来越高，如何看待这一变化？

陈舜：一个实现有效监管的市场，才能长期健康发展，这应该是共识。中国的资本市场，是在条件并不完全成熟的情况下，由行政力量推动建立的。在市场发展的初期，政府既要管理需求，又要制造供给，发展当然是头等大事。但从一开始，创立者们就清楚地知道，监管是基础和前提，行政力量的干预或扶持只能是阶段性的。因此，从始至今，强调监管一直都是主旋律。

能不能减少行政力量的直接干预，既决定于行政放不放手，更决定于法治能不能接手。对于后者而言，不仅要有完整的法律框架或体系，更需要有效执法的机制和力量，能够发现不当，制止错误，矫正行为，化解风险，定纷止争，实现公正。

行政直接干预的成分减少，法治的成分增多，这应是转轨的内容之一。我们也希望这是一个自然的过程。大家能够清楚地感觉到，我们在顺应这个过程，促进这个过程，希望有一双强有力的执法之手，接过行政逐步放开的管理之手，托起一个精彩纷呈的资本市场。

记者：就你的观察看，在证券执法方面，中国证监会近年来有哪些改进？

陈舜：我们的证券执法体制既有引进吸收，又是立足现实，发展创新。例如，为了打击内幕交易和市场操纵，中国证监会成立了专门的调查部门，集合了业内最优秀的专业人员，不仅查办了大量案件，还经过几年的努力，研究和制定了内幕交易、市场操纵的认定标准。

为了加强对证券犯罪行为的打击，专门成立了证券犯罪侦查局，行政调查和刑事调查紧密配合，大大提高了执法效率，查处了很多大要案，起到了十分重要的作用。为了提高行政处罚的效率和公正性，证监会成立了专门的行政处罚委员会，由具有较高理论水平和丰富实践经验的资深人士担任“法官”，独立审理案件，实现查审分离，提高了审裁的专业性和权威性。

为了应对证券期货案件往往波及全国的特性，稽查人员虽然分散在各地，但确立了稽查办案统一指挥的原则，可以集中布置、统一协调、统一标准，使全系统构成一条“生产线”，确保案件调查的质量和效率。

为了加快反应速度，交易所、证监会、派出机构“三位一体”，自律监管与行政执法紧密结合，互相支援。所有这些，都是在不断探索、不断完善，努力建设具有中国特色的证券执法体制。

记者：所谓“三位一体”的证监体系中，交易所、地方证监局、稽查系统这三者的职责和关系是什么？

陈舜：交易所对证券交易进行实时监控，一旦发现异常现象，即启动核查程序，并依照自律规则，采取处置措施。如要求当事人履行信息披露义务，对公司股票交易实施停牌、限制某些账户的证券买卖、依照法规对不当行为作出处理。

地方证监局按照辖区监管责任制的原则，对本地区的证券活动进行监管，一旦发现异常事件，就会启动日常监管程序，进行现场核查或检查。交易所在自律监管中，地方局在辖区监管中，如果发现违法违规行为，即通报证监会相关业务部门；需要进行立案调查的，即按规定程序启动行政执法。

根据《证券法》的授权，对任何违法违规行为或现象，稽查部门都可展开调查，有的属于正式立案调查，有的属于非正式调查或案前调查。在证监会，调查和审理分属不同部门，形成相互制约机制。调查结果移送行政处罚委员会，处罚委员会进行审理、听证，独立提出处理意见，报证监会负责人审查、批准，形成处罚决定。

大体说来，交易所是自律监察，证监局是现场监管，稽查系统是立案调查，处罚委提交审理、处理意见；分工上，职责有所不同，工作时互相配合，形成一条发现、调查、处理问题的“生产线”。

记者：在最近公布的案件中，交易所和证监会的反应速度比以前要快了，这是不是近期的特殊处理措施带来的变化？

陈舜：这几年来，及时性成为证券执法最重要的关键词之一。证监会负责人要求按照“及时发现、及时制止、及时查处”的方针，系统改进监控、核查、检查、调查、处罚工作，提高“生产线”的效率。为此，证券交易所建立了强大的监控系统，对每只证券的交易进行实时在线监控，对出现的异常现象予以现场处理和深度分析；全系统稽查力量实行集中统一指挥，确保重大案件、系统性案件、敏感性案件得到及时调查；将审理任务从调查部门分离出去，成立高层次的行政处罚委员会，由具有丰富实践经验和相当理论素养的“行政法官”对案件进行审理，确保案件调查、审理的专业和效率。

采取这些措施后，可以说，交易所的“及时发现”能力是处于世界前沿水平的。我们的调查和审理工作也在不断加强和完善之中。从目前的运转情况来看，案件查处效率确实提高了。

“打老虎”还是“抓老鼠”？

记者：证监会每年查处多少案件？与其他国家相比处于什么样的水平？为什么感觉只抓了些没有背景的“小老鼠”？为什么市场感到处理得还是不够快？

陈舜：近两年来，证监会每年正式立案接近200件，非正式调查的案件是这个数字的2~3倍。就我们所了解的情况而言，新立案件比美国证监会要少些，比其他市场多。过去这些年，证监会不仅查处了大量的一般性案件，也集中全系统的力量查处了“科龙”、“德隆”等一批大案要案。

一旦案发，希望尽快有查处结果，希望非法行为受到惩罚，这不仅是投资人的期望，也是执法者的心愿。但这个心愿的达成，受制于很多因素。

例如，执法者必须依照法定程序取证，在有充分证据和事实的基础上，依法作出审裁和处理，这必然需要时间。又如，一个案件发生的可能涉及多种违法犯罪行为，行政执法只是一个方面。对于那些影响大的案件，往往涉及刑事责任的追究，必须走完公安侦查、检察起诉、法院审判的全程，才会有结果。

证券违法行为是掩盖在正常的交易行为下的，违法者往往躲在层层防护网的后面，很难找到直接证据。这需要一个艰苦的调查过程。

记者：证券案件发生后，总会引起市场猜测。如果把查处情况即时对外公布，是不是更符合公开性的要求？

陈舜：这个要求是自然的。查处谁，查什么，查多久，谁在查，等等，都是重要信息，都会对股价或市场产生影响。一方面，应该让市场各方知道查处的情况；但另一方面，当事人的合法权益也要保护。披露什么、如何披露、何时披露，这些“选择题”并不好做，要在这两方面约束的条件下寻求公正的结果。正是基于这种考虑，美国证监会的调查可以秘密进行，也有权决定案件如何公开、何时公开。

一般而言，可以公开的信息，无论是案件信息本身或是别的重大事项，应该是一个确定性信息。否则，公开本身就会造成新的不确定性。当事件还处于模糊阶段，公开的结果不一定符合投资者的利益，不一定符合当事人的利益，公开不一定是最好的选择。

另外，证券类案件的调查主要是收集各种信息及其载体，如果过早公开，有时不利于下一步的调查。如何改进和完善案件披露机制，证监会正在研究，以作出更为合理的安排。

记者：今年5月1日，新闻集团向道琼斯集团发出收购要约，七天之后，5月8日，美国证监会就将其间涉嫌内幕交易的一对夫妇诉至法院。美国证监会的调查和处理效率，是不是比我们要高得多？

陈舜：美国证监会的反应确实快。不过总体而言，由于体制不同，不大好比较。美国证监会每年新立的案件，在数量上比我们多一些，但立案后所走的路径很不相同。他们约90%的案件在进入正式审裁前就和解了，剩下进入诉讼程序的，大部分也在审结前和解，走完全程的很少。在中国的法律环境下，行政查处的每一个案件都必须走完立案、调查、处罚的所有环节。如果就走完全程的案件来比较，根据所了解的情况，我们可能比美国还要快一些。但由于美国的案件绝大多数和解了，整体一平均，他们所用时间就短得多。

就你所提到的这个案件，美国证监会根据搜集到的证据，认为该夫妇交易"高度可疑"，就去地方法院起诉，要求他们交出非法所得，支付民事罚款。是否违法犯罪，是否受到处罚，要等法院的判决。什么时候会有结果？决定于法院的诉讼进程，不决定于美国证监会。

所以，美国证监会起诉当事人，更准确地说，是美国证监会启动了法律诉讼程序，但离结果还有相当的距离。当然在这个过程中，双方可能随时和解，只要当事人提出认罚不认错，美国证监会也很可能选择结案。在我们的法律体制下，中国证监会还不能去法院起诉当事人，不能仅仅依据间接证据就要求当事人交出所得，支付罚款。我们必须查清事实，依法处罚。一般来说，当中国证监会公开宣布之时，意味着案件的行政查处已近尾声，有了确定性的结果。

记者：美国的违法者往往需要支付巨额罚款，而中国对"杭萧钢构事件"中的公司罚款只有40万元。为什么差别会这么大？

陈舜：美国的罚款主要有两种，一种是美国证监会去法院提起诉讼，要求当事人支付民事罚款，最高额不超过违法所得或避免损失的三倍。另一种罚款，是美国证监会对规管机构作出的行政处罚，共分为三级，最重的一级，对自然人的上限是10万美元，对法人的上限是50万美元。

在美国的案例中，往往是当事人与美国证监会达成和解，支付相当数量的赔偿和罚款，以避免冗长的诉讼。对于有的机构来说，由于其不当行为涉及众多投资人，既要交出不当得利，又要支付民事罚款，两项加在一起，使得和解的金额很大。2002年，美国十家华尔街投资银行交出14亿美元，随后两年，又有八家共同基金交出27亿美元，是由多个和解协议构成的，其中有不当得利，也有民事罚款。

中国证监会对杭萧钢构的罚款，是依据《证券法》第一百九十三条做出的。该条规定："发行人、上市公司或者其他信息披露义务人未按照规定披露信息，或者所披露的信息有虚假记载、误导性陈述或者重大遗漏的，责令改正，给予警告，并处以三十万元以上六十万元以下的罚款。"证监会认定杭萧钢构未及时、准确、完整披露信息，属于"未按照规定披露信息"，处以 40 万元罚款应属适当。

记者：在证监会通报的多起案件中，都有犯罪证据和线索已移送公安机关的表述。移送的标准和渠道是什么？

陈舜：国家明确规定，行政执法机关在查处违法行为过程中，发现违法事实涉及的金额、情节、后果涉嫌构成犯罪，依法需要追究刑事责任的，必须立即按程序移交公安机关。《刑法》的多个条款规定了多项证券期货犯罪。我们在行政调查中，一旦发现涉嫌的违法犯罪行为达到追诉标准，如擅自发行证券 50 万元以上，操纵市场获利 50 万元以上，内幕交易金额 20 万元以上，就会移交公安机关。

2002 年，为了加大打击证券期货犯罪的力度，国家成立了专门的证券犯罪侦查局，行政执法和刑事机关的联系是十分通畅和紧密的。自 2002 年以来，我们移送公安机关的案件，约 100 件，对有效打击证券期货犯罪行为，起到了十分重要的威慑作用。

记者：随着市场的活跃，投资者越来越多，市场上的违法违规行为有什么新的特点？

陈舜：证券欺诈的样式或形态，具有广泛性和多样性，在不同的市场上，在不同的发展时期，特点有所不同。

几年前，"庄股"曾经盛行，甚至被称为一种赢利模式，积累了巨大的风险，毁灭了一批中介机构。目前传统的老庄股基本没有死灰复燃，但某些种类的违法违规现象却有所活跃。例如，有的利用网络、电话等方式，以提供投资咨询为名，编造虚假信息影响股价并从中获利；有的利用重组、投资等重大事项影响股价，通过内幕交易从中获利；有的利用资金优势，制造股价变动的虚假信息，引诱投资者买卖并从中获利。为了防止这些行为的蔓延，避免造成恶劣的后果，我们正采取专项行动，予以重点查处。

内幕交易天堂?

记者：证监会每年查处或移送公安机关这么多案件，为什么投资者还是感觉到证券市场欺诈现象还很多，甚至称之为违法违规的“天堂”？

陈舜：这是一个很复杂的问题，只能试着作点解释。这个邪恶的“天堂”位于一块“洼地”里。几乎所有的证券欺诈，都是因为信息不完全而引起。

例如，内幕交易，是因为利用别人不知道的信息而交易；虚假陈述，是编造本不存在的信息或不公开已有的信息；市场操纵，是制造市场供需方面的虚假信息。要证明欺诈的成立，按照传统的归责理论，就要证明加害原因和危害后果之间的因果关系。在普通法下，对于民事责任，这种证明要达到优势证据标准；对于刑事责任，这种证明要达到排除合理怀疑标准。要完成这一证明，执法者面临两方面的困难。

一是取证难。信息是无形的，传递渠道多种多样，要搜集到证据十分困难。二是认定难。例如，一个投资者受虚假利好信息影响买入某只股票后，股价下跌，招致损失，要证明其间的因果关系也很困难。因为信息有很多，股价是成千上万人集中交易的结果，分辨不出哪一个信息到底产生了多大的影响。由于取证难、认定难的存在，在证券市场上实施欺诈就不易被查处，如果按照传统方法，就不可能取得成效。

进一步说，如果证券执法的模式与其他领域相同，证券欺诈就难以消除，证券领域就会形成一块“洼地”。欺诈的污水就不可避免地流向此处，以污水为生活环境的违法违规者，自然视其为“天堂”。

记者：这两方面的问题，应该具有共性，任何证券市场都会存在。美国证券执法为什么就有很强的威慑力呢？

陈舜：为了填平这“洼地”，美国在几十年的过程中，一直在不停地改进。这种改进，既体现在实体法上，也体现在程序上。例如，由于实际控制人利用公司为平台在证券市场上进行欺诈活动，美国《1933年证券法》规定，如果公司违反证券法，实际控制人负有责任，这就突破了公司有限责任原则。律师不得将客户信息泄露给任何人，这是维系美国社会的一项基本原则，但面对美国证监会调查，律师可以“有限放弃”这项特权。美国的律师归各州管，但美国证监会知道，如果管不好律师，就不可能管好证券市场，于是“宣称”自己有权管理律师，凡是违法违规者均不得从事证券业务，到了21世纪初的《萨班斯法案》中，美国证监会终于获准授权制定律师的从业准则；美国1978年通过《金融隐私法案》，查询个人金融财务信息需事先通知本人，但美国证监会的调查可以不受此限；美国证监会是否调查、何时调查、调查谁，完全自行决定，其权力被称为“无远弗届”；美国证监会对当事人作出处罚，无论多重，在审裁过程中，可以大量采用传来证据和专家意见，可以不受联邦诉讼规则关于追诉时效的限制，适用优势证明标准，也就是说，用民事证明标准，对当事人施以严重惩罚；上诉法院对美国证监会的裁决，总是按例“充分尊重”，最多要求重审，一般不予否决；违反美国证监会的调查和处罚令，可能导致刑事罪，并且每天单独成罪；所有违法行为中，只要有故意因素，即可提起刑事诉讼，并且民事程序、行政处罚、刑事程序是同时进行的，美国证监会的处罚与刑事处罚可独立作出，不构成“双重处罚”。

以上所代表的种种突破，是以牺牲一般性的个人权利为代价的，是以损害通常意义上的程序公正为代价的，很多人认为美国证监会的做法与美国宪法相冲突，一直不停地挑战，但从未成功过。

另外，美国的执法机构之间，可以平行执法，民事、行政、刑事并行，联邦、州都有权查处，形成执法竞争局面。同一违法行为，可能招致多方查处。前面提到的几次大额和解，并不是美国证监会所为，发起人是时任纽约州总检察长的斯皮策。斯皮策为什么能获取关键证据呢？他用的不是联邦法律，而是1921年的纽约州《马丁法案》。根据这部法律，总检察长可以监管券商，被调查者无权保持沉默，无权聘请律师，不是故意违法也会受到调查。这些剥夺公民“基本权利”的规定，给了检察长极大的权力。

由上可见，美国是在权利和程序上作出让渡，让执法者拥有相当的权力，去应对证券欺诈难取证、难认定的客观事实，以此来填平“洼地”，避免污水流来，以保持资本市场的强健。

记者：与其他国家或地区相比，中国证券监管在案件调查和处理中，有什么特殊之处？

陈舜：说调查难，难在不易找到信息存贮和传递的证据，这就在很大程度上需要当事人和相关人员的配合。我们几乎每个案子，都遇到当事人躲避调查，询问时不说实情，说过的话随意更改。在大多数国家或地区，证券调查部门有强制作证权，发出传票后，如不遵守，将在法院的监督下强制执行，并很可能导致民事和刑事责任。如果不说实情，一旦被证明说谎，将以妨碍司法而受到起诉。可以说，是刑事责任在支持着行政调查，以获取必要的证据。

说认定难，在于证券欺诈往往没有直接证据，能搜集到的主要是一些情势证据，要用种种非直接证据去勾画曾经的行为，是一个心理过程。不当行为发生在过去，历史是不可能再现的。案件认定是否准确，决定于推断是否合理，裁量是否适当。推断和裁量，需要空间。在英美法体制下，法院有着极大的认定空间。中国是大陆法国家，是否构成违法，施以多大的处罚，只能按照法律文本的规定而行，空间相对有限。

记者：有人认为，发达的资本市场几乎都位于普通法环境中，成文法不适宜于发达的资本市场，你怎么看？

陈舜：这种观点一直存在，而且现实似乎也有所佐证。是否正确，需要深入讨论，但反映出的问题很有价值。资本市场的动力，与创新紧密相关。在一个创新不断的环境中，什么是对的，什么是错的，由谁评说？英美法将这个问题交给法院，法院将重大问题交给陪审团。立法的时候，不需要写下多么详细的规定，只要给出原则性的要求，剩下的空间可以留给执法者。如果一切都要写在纸上，就会遇到一个两难：如果写得太原则，当下不好用；如果写得太具体，明天不好用。而且，无论多细，也很难周详，难免有漏网者。

是不是成文法就不适应资本市场的发展？这个结论也不好下。资本市场最发达的美国，是典型的普通法国家，但其证券法恰恰是成文的，不论各州早期制定的蓝天法，还是联邦证券法律，都清楚地写在纸上，而且是被严格遵循和执行的。

普通法好或是成文法好？可能取长补短最好。正因为如此，为了促进资本市场的强大，很多典型的大陆法国家，如德国，在证券执法领域，也开始强调和重视判例的作用。

由“洼地”到“高地”

记者：引进发达市场的先进做法，是否可以提升我们的执法能力？例如，有人就建议，应采取举证责任倒置的措施。

陈舜：法律的移植是一个十分复杂的事情。事实上，在关于内幕交易、市场操纵、虚假陈述等法律条文上，我们的证券法表述是比较全面的，与很多发达市场的相关立法大体处于同一水平。但是，法律必须在一定的社会环境中运行，必须由特定的司法体制支撑，而司法体制和社会环境是不可移植的。要成功地引进法律，必须基于本土环境，根据自身特点，遵从法律的基本精神，创造性地进行变革，找到适合客观现实的方法。

关于举证责任倒置，对于执法者来说，的确是一个好办法。法谚说，举证（责任）之所在，诉讼（风险）之所在。谁负有举证的责任，谁就承担了不能证明的风险；而当证明不清的时候，就要承担败诉的后果。谁不能证明，谁就承担责任，这可不是一个小问题，它直接决定着枉与纵的边界，宣示着国家法制的基本取向。在很多时候，不能证明的难度，比求证的难度还要大。

一般而言，转移举证责任，常见的有两种方式。一是对于某些特定对象的特定行为，法律予以明确规定，如中国《证券法》第二十六条中，“保荐人应当与发行人承担连带责任，但是能够证明自己没有过错的除外”，这就将举证责任转移了。

又如，在6月15日生效的《最高人民法院关于审理涉及会计师事务所在审计业务活动中民事侵权赔偿案件的若干规定》中，第四条规定：“会计师事务所因在审计业务活动中对外出具不实报告给利害关系人造成损失的，应当承担侵权赔偿责任，但其能够证明自己没有过错的除外。”这也是将举证责任作出了明确的分配。

二是在“谁主张、谁举证”的基本原则下，对于某些特殊事项，法官根据具体情况，可将部分举证责任转移。掌握公权力（调查权力）的一方，什么情况下可将举证责任转移给相对方，是一个很难回答的问题。是否可以笼统地将举证责任倒置作为证券执法的一个原则，恐怕需要深入的研究。在现代社会，任何有效的法律应该首先是正义的，在罗尔斯《正义论》所“挂出的”“无知之幕”后面，监管者和当事人没有身份的差别，某个规则是否合意，需要一致接受才行。

记者：面对越来越大的挑战，证券执法今后还需从哪些方面改进？

陈舜：有效执法的关键，是找到填平“洼地”的方法。这些方法的核心，是调整权力和责任的分配，让违法违规者受到有效打击，形成威慑。目前来看，有以下几点可以研究：

第一，要强化调查权力。我们现在遇到的困难，一是当事人不配合，连人都找不着，调查就很难进行；二是找着了不讲真话，一个接一个地编故事；三是讲过的话不算数，不知哪些是真哪些是假。法律只是作了一般性的规定，要求当事人要配合调查，但不配合调查很难追究责任。

各国的证券执法部门，基本都有传唤权和强制作证权，当事人不得提供虚假证供，且有对应的藐视罪、妨碍司法罪和伪证罪；若有违反，将导致明确的民事和刑事责任，往往比原本的行为所受的处罚要严重得多，而且证明起来远为容易。可以说，是更重的民事和刑事责任，为行政调查的有效性提供保障。这是解决调查难的基本要求。至于在实体上和程序上有所调整，应该需要一个较长的过程。

第二，应当借鉴国际经验，允许证监会以某种形式提起民事诉讼，代受害人向违法者寻求赔偿，追回违法者的不当得利，并直接返还给受害者。这样市场的公平程度就会大大提高。让一个握有公权力的调查者去应对难以发现和认定的违法者，可以有效改变违法者与受害人的不对称地位。有了这一机制，业内一直试图引入的和解制度也就自然实现了。

第三，要让中介担负责任。几十年来，发达市场的监管者们一直努力的方向之一，不仅是将中介纳入监管范围，而且要将中介变为自己的同盟和帮手，让“经济警察”真正发挥作用。由于资本市场的特殊性，由于“洼地”的存在，中介们不仅要对客户负责，也要承担一定的社会责任，这已成为广泛的共识。因此，对于客户的违法违规行为，中介要承担一定的连带责任或次级责任，是证券法制的一个基本方向。

要填平证券违法的“洼地”，执法是基础。在此之上，才能建立由高标准的自律、高规格的诚信所构筑的“高地”。

附一：近年中国股市内幕交易案查处一览

▲ 2004 年 6 月 24 日，新疆屯河投资股份有限公司将其所持天山股份部分股权转让给中国非金属材料总公司。6 月 29 日，上述三家公司发布公告披露上述股权转让事项。而新疆屯河副总经理陈建良利用其控制的资金账户及下挂的证券账户，自 2004 年 6 月 21 日起交易天山股份股票，至 2004 年 6 月 29 日上述信息公告前，合计买入 164.6757 万股，卖出 19.5193 万股。2007 年 4 月 28 日中国证监会决定，对陈建良罚款 20 万元，同时决定对其进行五年的市场禁入。

▲ 2007 年 2 月 10 日至 13 日，杭萧钢构和中国国际基金有限公司就安哥拉住宅建设项目细节进行谈判，并于 13 日签署合同草案，合同总金额折合人民币 313.4 亿元。

2007 年 4 月 30 日，中国证监会以未按照规定披露信息、披露的信息有误导性陈述，决定对杭萧钢构给予警告，并处以 40 万元罚款；对单银木、杭萧钢构总裁周金法分别给予警告，并处以 20 万元罚款；对杭萧钢构董秘潘金水、总经理陆拥军、证券事务代表罗高峰分别给予警告，并处以10万元罚款。

2007年6月15日，杭萧钢构证实罗高峰被批捕。与罗高峰一同被批捕的还有陈玉兴、王向东两位非杭萧钢构人员。

▲2006年6月，广发证券借壳S延边路首度披露，此前S延边路数度涨停，股东持股集中。S延边路于2006年10月20日停牌至今，证监会未批准其借壳方案。

2007年6月初，广东省公安机关立案侦查，7月19日，经广东省检察机关批准，公安机关对涉嫌内幕交易、泄露内幕信息犯罪的董正青等人执行逮捕。目前，此案仍在进一步侦办中。

▲2006年下半年，上投摩根基金管理有限公司的唐建自担任基金经理助理起，便以其父亲和第三人账户，先于基金建仓前便买入新疆众和的股票，总共获利逾150万元。2007年5月，中国证监会正式通知，对唐建涉嫌利用内幕信息从事违规投资活动立案调查。上投摩根后免去唐建基金经理职务。

▲自2002年以来，对上市公司内幕交易的刑事处罚至少还有三例，但均未公开披露案件细节：深南电A前副董事长黄德晨，因内幕交易被判有期徒刑两年零六个月，罚金20万元；西藏发展董事陈红兵，因内幕交易被判有期徒刑两年，罚金30万元，没收违法所得；三普药业董秘邓兵，因内幕交易被判有期徒刑一年，缓刑一年，罚金30万元，没收违法所得。

附二：证监会关于内幕交易的有关规定

2007年3月，证监会颁行了《证券市场内幕交易行为认定指引（试行）》（下称指引），其中关于内幕交易行为中内幕人、内幕信息及内幕交易行为的认定条款主要包括：

第二条　本指引所称内幕交易行为，是指证券交易内幕信息知情人或非法获取内幕信息的人，在内幕信息公开前买卖相关证券，或者泄露该信息，或者建议他人买卖相关证券的行为。

第五条　本指引所称内幕人，是指内幕信息公开前直接或者间接获取内幕信息的人，包括自然人和单位。

第六条　符合下列情形之一的，为证券交易的内幕人：

（一）《证券法》第七十四条第（一）项至第（六）项规定的证券交易内幕信息的知情人；

（二）中国证监会根据《证券法》第七十四条第（七）项授权而规定的其他证券交易内幕信息知情人，包括：

1．发行人、上市公司；

2．发行人、上市公司的控股股东、实际控制人控制的其他公司及其董事、监事、高级管理人员；

3．上市公司并购重组参与方及其有关人员；

4．因履行工作职责获取内幕信息的人；

5．本条第（一）项及本项所规定的自然人的配偶；

（三）本条第（一）项、第（二）项所规定的自然人的父母、子女以及其他因亲属关系获取内幕信息的人；

（四）利用骗取、套取、偷听、监听或者私下交易等非法手段获取内幕信息的人；

（五）通过其他途径获取内幕信息的人。

第七条　本指引所称内幕信息，是指证券交易活动中，涉及公司的经营、财务或者对公司证券的市场价格有重大影响的尚未公开的信息。

第十二条　符合下列条件的证券交易活动，构成内幕交易：

（一）行为主体为内幕人；

（二）相关信息为内幕信息；

（三）行为人在内幕信息的价格敏感期内买卖相关证券，或者建议他人买卖相关证券，或者泄露该信息。

第十三条　本指引第十二条第（三）项的行为包括：

（一）以本人名义，直接或委托他人买卖证券；

（二）以他人名义买卖证券；具有下列情形之一的，可认定为以他人名义买卖证券：

1．直接或间接提供证券或资金给他人购买证券，且该他人所持有证券之利益或损失，全部或部分归属于本人；

2．对他人所持有的证券具有管理、使用和处分的权益；

（三）为他人买卖或建议他人买卖证券；

（四）以明示或暗示的方式向他人泄露内幕信息。

第十五条　以单位名义实施内幕交易行为，且违法所得归单位所有的，应认定为单位的内幕交易行为。

第十六条　盗用单位名义实施内幕交易行为，违法所得由实施内幕交易行为的个人私分的，应认定为个人的内幕交易行为。

第四辑
国企艰难变革

避免最坏的结果

——专访国资委企业分配局局长熊志军

采访人：温秀
发表时间：2008-6-23

国企股权激励办法制定者详解新规设计路径。

面对国企高管期权激励中存在的效率与公平之“两难处境”，作为国有资产出资人的国资委选择了“从严从紧”的路径，而其对激励收益实行封顶的相关规定尤为引人注目。

“这并非很好的办法，但可以避免出现大多数人不愿意看到的结果。”谈及国企期权激励办法出台过程中林林总总的争议，国资委企业分配局局长熊志军在接受我们专访时表示，这是一个最为现实的选择。

自2003年起，熊志军即出任国资委企业分配局副局长，.次年任局长，对于国企分配问题中的复杂性熟稔于胸，因此并不讳言面临的种种困难和责难。

往市场经济方向上多走一步

记者：国企收入分配机制近年来在认识上和操作上都有一些波动，对此，国资委应扮演什么角色，把握什么原则？

熊志军：收入分配在当前是一个十分敏感又很复杂的问题。中央及时提出解决收入差距过大等问题，具有很强的针对性和现实意义，但实施中应把两种性质的问题区分开来：一种是按照市场经济的分配原则形成的收入差距；另一种是在收入分配制度不完善的情况下，社会中的一部分人直接或间接利用其掌握的权力和资源获得社会财富。前者是实现资源优化配置、创造社会财富的必要手段，必须坚持；后者是对社会主义分配原则和市场经济规则的背离，需要消除。

政府在调节分配方面的职能，一是在初次分配中，维护一个健康有序的市场竞争秩序，消除利用权力和垄断资源取得超额收入等现象；二是在二次分配或再分配中发挥更积极的作用。最终目标是体现社会的公平，而不能改变市场运行的机制和规则。

目前国企改革依然在深入推进过程中，远未达到最终目标。国有企业既要按市场经济的规则往前走，又受到各种束缚，不具备完全按市场经济规则运行的条件。这给国资委的管理带来了极大的挑战。

记者：能否介绍一下国资委在国企收入分配方面的调控思路、推进步骤？

熊志军：我们的工作思路是规范起步，先易后难，稳妥推进，逐步完善。就中央企业负责人的薪酬激励而言，采取的措施是“先短期，后长期，逐步来”。在央企负责人第一个任期，国资委结合年度考核和任期考核，着力推动了年薪制。现在则开始着手研究试行中长期激励。步骤也是循序渐进，先境外企业，后境内企业；先上市公司，后非上市公司。

国资委成立后，薪酬管理一直是一个难题。我们首先对央企领导人的薪酬进行了摸底，过去谁都不清楚。少数企业负责人贡献不大，薪酬却达上百万元；也有企业负责人名义薪酬不高，但通过在多个下属企业兼职取酬，加之福利奖金等，实际收入并不低。

国资委成立之后，在薪酬管理方面很重要的工作，就是逐步建立一套基本制度和规范。目前，至少企业领导人自我考核，自我激励，亏损企业薪水照涨不误的现象已经基本不存在了。薪酬与经营业绩密切挂钩，能升能降，正向的激励作用明显增强。

目前国有控股上市公司的激励正在试行，下一步，我们还要研究非上市公司的中长期激励办法。在改革不配套的情况下，我们所能做的，就是让企业在市场经济的方向上尽量多走一步，为企业长远的发展奠定一个长治久安的基础。

激励什么，谁激励谁

记者：在国资委《推进股权激励试行办法》（下称“试行办法”）出台之后，暴露出了哪些问题？

熊志军：有两个问题一直困扰着我们。首先是激励对象的问题。中长期激励的本意，是让经营者的利益与企业利益紧密结合，在经营管理中着眼于企业的长远发展，但问题在于，当前国企的经营者并非完全市场选拔，很多业绩不错的国企领导随时会因一纸调令而离开。如果激励无助于其长远地为企业服务，激励的意义究竟何在？

其次困扰我们的问题在于，谁激励谁？按理说，应该是出资人激励经营者，老板激励打工者。但在试点过程中，往往是企业的经理层更积极，发挥的作用更大，成为公司高管层自己激励自己，而董事会的作用没有充分体现出来。一些方案甚至为经理层所左右，主要表现在对经营者的业绩目标没有提出具有挑战性的要求。有些企业在方案中提出的激励业绩指标，甚至比过去自己创造的业绩更低。这种情况下，人家会问我们：在同样的业绩水平下为什么还要增加激励，还要额外地支出一笔费用？

这实际上反映了一个更深层次的问题——股权激励中谁在主导？

记者：出资人角色如何才能到位？

熊志军：首先是要建立法人治理结构。如果一个企业的法人治理结构完善，应该是企业的董事会在思考这个问题，董事会对企业更了解，也更有动力和能力。在这个问题解决之前，国资委不得不直接面对企业，实际上是把我们推到了前台。

国资委最初要求外部董事占多数，这是非常理想化的。而外部董事占多数，肯定比内部人掌控好一些。

记者：国资委只颁布了“试行办法”，并没有选定试点，这是出于什么考虑？

熊志军：过去一说到试点，往往是人为选择一部分对象来做，试点对象的选择往往带有很大的随意性，这就有可能出现过去那种“跑项目”、“搞公关”的做法。股权激励试点是一个比较市场化的做法，就是设置一个必要的大家能够认可的门槛；这个门槛是根据改革要求、按照国际惯例提出来的，并征求过多方面的意见。试点条件公开透明，只要符合条件的企业都可以试行。这就避免了行政审批的随意性。

目前提出股权激励方案的企业还不是很多，原因是多方面的，其中很重要的一点就是门槛的设置比较适当，也很明确。这在客观上也达到了平稳推进试点的效果，避免了大家担心的一哄而上的局面。如果迁就现状降格以求，那就背离了股权激励的初衷。

记者：国资委要求薪酬委员会都必须由外部董事担任，这种良苦用心是否会流于形式？因为也有很多董事只是摆设和傀儡。

熊志军：一项制度不可能解决所有的问题。我们只能提出基本的要求，而制度的有效性则需要多方面的条件，应该允许制度建设有一个不断完善的过程。如果企业董事会能忠实履行出资人职能，我们只进行合规性审查，这样面临的压力就会小得多。这也是我们所期望的。在当前情况下，作为终极出资人代表，我们只能尽其所能，履行好出资人职能，一方面不断推进制度的完善，另一方面做好“补位”的工作。

循序渐进的“权宜之计”

记者：“试行办法”规定，国有控股上市公司高级管理人员个人股权激励预期收益水平，应控制在其薪酬总水平的30%（境外是40%）以内，且任何一人的累计持股比例不得超过公司股本总额的1%，这是否限制了企业的积极性？

熊志军：实施股权激励的基本逻辑应该是改革进程与激励制度相一致，市场化的企业市场化的报酬；反过来，在改革没有完成、企业和企业的经营者都还没有完全市场化的时候，股权激励只能循序渐进。随着企业市场化程度的提高和配套改革的深化，激励的水平也会进一步按照市场化的进程和要求放开。

记者：国资委网站公示的几个方案，都提到了股价过高时的调节方案，即企业高级管理人员股票期权激励收益不得高于总薪酬的50%。这种看似“一刀切”的办法是不是科学？

熊志军：在配套制度不完善和社会收入差距的矛盾较为突出的情况下，对国有企业负责人行权收益加以适当的限制，这是过渡阶段不得已而为之的权宜之计；虽然不是很科学，但对于调控收入差距过大、避免激励失控是完全必要的。

我们当然很清楚这不是完全市场化的做法，甚至让人感觉有很强的行政色彩。但如果不进行必要的限制，导致很高的收入差距怎么办？在转轨阶段的情况下，很难制订出一个既理想又可行的办法。理想的办法，是把应该由市场做的事交给市场去做；在交给市场之前，只能如此。因为这样至少可以避免出现大多数人不愿意看到的结果。

记者：国资委对“试点办法”的补充办法是否同样试用于地方国企？

熊志军：在国资委的办法出台后，无论央企还是地方国有企业，都应符合实施股权激励的条件。但就股权激励方案中一些指标的设定、业绩的先进性与否等具体内容，在审批把关上会有所区别。对国资委直管的央企，我们会提出明确的要求；对地方国企，国资委主要关注他们方案的合规性，其他方面则只是提出建议，实行备案。当然，央企方案如果做得比较好，指标设计比较先进，会对地方有示范效应。

记者：有业内人士指出，有的企业为了审批过关，把激励方案做得千篇一律，企业的个性完全没有了。你怎么看？

熊志军：作为出资人，我们重点关注的是利润和投资回报，包括净资产收益率等。股权激励方案实施后企业能够发展、更多盈利，肯定是出资人所追求的。从这个角度来看，所有试点的企业都应该是一个共同的标准。至于不同行业中每个企业的个性，这首先应该是董事会关心和解决的事情，是他们在设计方案时应该考虑的问题。从出资人角度来看，只要企业的业绩能够得到更快的提升，股权激励的目标就达到了。

冷静看待钢铁业重组

——专访江苏沙钢创办人沈文荣

采访人：赵剑飞

发表时间：2009-2-19

对于世界第一大钢铁生产国中国而言，如果说未来能够产生一位类似美国卡内基、印度米塔尔那样的“钢铁大王”，那么，江苏沙钢的创办人沈文荣或许是最有可能的人选之一。

1975 年，在一家棉花加工厂做钳工工作的沈文荣，受命开始搞炼钢。这一年沈文荣不到 30 岁，此前他关于钢铁的最早记忆，来自于在初中时参加“大跃进”的“大炼钢铁运动”。

“当时的想法是能炼出钢来就很好了，怎么可能想到做这么大的钢铁厂。”9 月 18 日，沈文荣来北京参加 2008 中国钢铁业并购论坛，在接受记者采访时回忆说。已经年近 62 岁的沈文荣身形微胖，身穿一件普通的白色短袖衬衣，说话保持着浓重的苏南口音。

就像那个时代的不少人一样，沈文荣在干上炼钢以后就再也没有改变过职业，并且干出了不小的成就。如今，他领导的江苏沙钢集团有限公司（下称沙钢），是中国最大的民营钢铁企业，其 2007 年产量达到 2290 万吨，紧随宝钢和鞍本钢铁之后，位列中国第三。

沈文荣预计，沙钢今年的粗钢产量有望达到 2500 万吨，销售收入将达到 1400 亿 ~1500 亿元。

自 2002 年以来，沙钢和其他钢铁生产商一样，经历了一段甜蜜的钢铁牛市。全球钢铁业在这一段时间里处于一轮快速上升周期，中国钢铁产业的年均增长率很少低于 20%，全国钢产量从 2003 年的 2 亿吨猛增到 2007 年的 4.9 亿吨，不少业内人士预计今年的全年产量可能达到 5.5 亿吨。

这给大型钢铁生产商带来了扩张的机会。米塔尔正是借助这一股钢铁牛市，通过兼并收购，在 2006 年一跃成为全球最大钢铁生产商，其 2007 年粗钢产量高达 1.16 亿吨。

不过，这样的好时光眼下可能就要结束了。进入 8 月以后，钢铁价格迅速扭头向下，整个产业突然要面临生产过剩的局面。

或许正是由于整个行业面临着共同的压力，9 月 18 日的中国钢铁业并购论坛上，除鞍钢总经理张晓刚、武钢总经理邓崎琳临时因故缺席之外，国内几家主要钢铁巨头都派出“一把手”前来出席这次会议，宝钢集团董事长徐乐江、河北钢铁集团公司董事长王义芳、山东钢铁集团公司董事长邹仲琛纷纷发言。

这次会议透露的信号并不乐观，企业普遍认为钢铁业需求将出现放缓。徐乐江更是发布警告称，“拐点已经出现”。他还预计中国钢产量可能今年无法突破 5 亿吨关口。沈文荣对我们预测接下来几个月钢价“下调空间还有，起码不会上升”。

在这次论坛上，似乎大家达成共识，只有通过一场大规模的重组才能消除钢铁行业的过剩产能。不过，对于重组是否能够出现和该如何重组，不同的人则抱有不同的预期。

沈文荣并未在大会发言。尽管这位钢铁业的老兵早已经对可能调整有所准备，但他也对调整来得如此之快有些出乎意料。在接受我们采访时他感叹说：“下滑得快了一点，不到 50 天，由峰到谷。”

他预言说，承受能力强的企业受影响小一点，差一点的就没有利润要亏损了，对有些企业产品没有市场竞争力的，肯定要减产。但是，他对沙钢充满信心。“我们还没有到减产的时候，并且还没有到亏损的边缘。即使利润下降，沙钢还是不会减产。只要不亏损，还是就要生产的。”

这是否给沙钢带来更好的扩张机会？进行更多的扩张和收购？对此，沈文荣并未直接回答，但他认为，以前单纯通过收购增加规模的方式恐怕行不通，未来收购要更多看能否在收购后带来价值，比如带来资源、管理、市场、产品上的整合。

沙钢自 2005 年开始对外展开收购，谨慎经营的沈文荣为沙钢收购定了几条原则：“先近后远，先易后难，先内后外。”2006 年 6 月，沙钢以 20 亿元获得江苏淮钢集团有限公司 90.5% 的股权；2007 年 9 月 24 日，沙钢重组河南安阳永兴钢铁公司，迈出了民营钢铁企业跨地区合并重组的步伐；2008 年初，沙钢收购江苏鑫瑞特钢 51% 的股份。

对于目前国有钢铁企业之间风起云涌的并购意向，沈文荣表示并不看好，他认为，各种利益之间的矛盾，使得这些并购并没有真正实现企业的优势的整合，只不过是资产划到一个名字下面。

由于种种原因，沙钢一直没有上市，从而无法从资本市场上进行融资，不少人认为这是沙钢的不利之处。沈文荣对此并不认同，他声称三年之内沙钢都不会上市。他认为，上市公司兼并重组必须要通过公开披露，非上市公司兼并重组要比上市公司更容易。至于融资问题，他认为可以通过多种方法解决。

此前，曾有关于高盛入股沙钢、宝钢并购沙钢的传闻。被问到沙钢引入投资者的推进情况时，沈文荣笑着说："这个现在不能向你透露。"

沈文荣也并未排除沙钢可能被收购的可能，他表示对投资者"敞开胸怀"。不过他说，如果米塔尔要收购沙钢，首先要获得中国政府的批准，而这是不可能的。至于国有企业，沈文荣说："我们收购兼并的淮钢就是国有企业。我们为什么就不能接受国有企业呢？"

沈文荣否定了沙钢多元化的可能。他说，自己曾经和郭广昌讨论过多元化问题，但是他认为自己不可能选择郭广昌的那条路。"就算我以后有了资本实力以后，我也不会用这种方法，我为什么不能把钢铁做到最大呢？"沈文荣说。

虽然已经到了退休年龄，沈文荣仍然对沙钢的管理亲力亲为，他认为至今还没有找到能够比他把沙钢管理得更好的职业经理人。不过，随着沈文荣年龄的增长，接班人将成为与沙钢扩张同样重要的问题，摆到沈文荣面前。

沈文荣表示，不会把企业"交"给自己的孩子，"不是交的问题，而是要看孩子能不能干好的问题"。

在总结自己作为企业家的成功秘诀时，沈文荣说："企业家不能太仁慈，也不能凶恶。"由于沈文荣的话音浓重，当他说"仁慈"的时候，听起来像"正直"。

河北钢铁是如何炼成的

——专访河北钢铁集团董事长兼总经理王义芳

采访人：张伯玲、董沛

发表时间：2010-8-2

在一场政府主导式的重组后，中国第一大钢铁企业掌舵者王义芳，如何在人与事的层层牵绊中努力推进实质整合。

2010年年中，中国钢铁行业不得不面临又一轮困境—以欧洲经济衰退为代表的世界经济二次探底的可能性正逐步加大；中国国内宏观经济措施不断出台，房地产调控、地方融资平台清理等政策接踵而至……此时，距钢铁企业度过上轮行业危机，还不到一年时间。“这次的行业困境，可能比上一次（2008年全球金融危机）更严重。”河北钢铁集团董事长兼总经理王义芳说。

河北钢铁的重组几乎是紧随经济危机而行，而率领一家合并重组只有两年、却拥有中国第一大钢产量的企业面对危机，王义芳依旧显得有信心：“其一，中国经济对钢铁的需求量依旧不会小；其二，重组之后河北钢铁集团已经站在行业的前列。”

王义芳不讳言整合面临的种种困难，但他坚信重组增强了企业生存的能力。“如今，如果钢铁行业整体出现问题，河北钢铁一定是最后倒下的那几家企业。”王义芳说。

第五次重组

2008年6月，河北省内两大钢铁集团——唐钢集团和邯钢集团合二为一，组建河北钢铁集团（下称河北钢铁），以3000万吨产能成为中国最大的钢铁公司。王义芳担任董事长兼总经理，成为重组的第一责任人。

很多人认为，坐上这个位置，王义芳是被“放在火炉上烤”。此前，河北钢铁业的整合已历经“四下四上”，无一成功；在中国钢铁行业，解决集中度不高、产能过剩、产品竞争力差的路径选择，主要寄望于企业合并重组，然而市场可供参考的成功案例不多。在这方面，以散乱闻名的河北省钢铁业，恰是中国钢铁行业现状的一个缩影。

对河北省而言，第五次重组寄托了以河北钢铁的发展带动全省钢铁产业整体升级的厚望。“河北钢铁行业有两个特点，一是大，一是散。这和中国钢铁行业一样。中国5亿吨钢，前五家的钢铁企业总量还不到30%。”王义芳说。

在河北钢铁决定重组的两年多前，2005年11月，河北省政府将宣化钢铁集团有限责任公司（下称宣钢）、承德钢铁集团（下称承钢）全部国有股权划归唐山钢铁集团（下称唐钢），组建新唐钢集团，王义芳从邯钢集团总经理调任新唐钢担任总经理，正式成为钢铁企业整合重组的操盘者。

2008年，在政府有关方面看来，新唐钢重组取得了成功，经验可以在更大范围复制。在相关规划中，河北省准备用十年左右的时间重组全省钢铁企业，解决产业集中度不高、产品竞争力不强等问题。河北钢铁集团能否重组成功，是关键性的第一步。王义芳因为在邯钢集团和唐钢集团都出任过高管职务，并一手操盘新唐钢重组，几乎成为河北钢铁重组的唯一人选。

按照政府既定思路，重组后，王义芳需要一步步做强河北钢铁集团，并以其为载体，逐步整合各种所有制形式的钢铁企业。在做强的目标下，重组一年多以后的2009年底，河北钢铁集团产能要达到5000万吨。

重组后，河北钢铁集团总资产达到1479亿元，职工13万人。这也就意味着，王义芳掌管了当时河北省全部国有资产总量的一半以上。

也就是在新唐钢成立那一年，中国钢铁开始进入并购时代。2005年1月，武钢兼并了湖北鄂城钢厂，继上海宝钢之后，再次实现了央企对地方企业的兼并。随后，“鞍本集团”成立。外国钢铁巨头也借机进入中国，2005年10月，米塔尔钢铁公司出资3.38亿美元，完成对华菱管线36.67%股权的收购……

此后，中国钢铁企业之间并购重组如火如荼，各大钢企之间，开始了一场看不到终点、也没有成功模式借鉴的并购重组之战。这些林林总总的重组虽然都是政府主导，但路径各有不同：一是纯粹兼并收购，比如宝钢的做法，将被收购对象的人员、资产全盘接纳，变成宝钢集团子公司；二是鞍钢模式，先成立一个推进委员会，再逐步往前推，这种重组过程往往缓慢；三是资产简单叠加，只进行挂牌和统计数字的简单整合，收购方与被收购对象并没有实质整合，比如山东钢铁集团的重组。

王义芳希望能走得更远，将两家等规模的大型钢铁集团进行实质性整合。但难点是，规模相当的企业之间在经营模式、管理理念方面如何融合。“实质性联合重组的一个重要标志就是要看人、财、物，产、供、销这些关键环节是否实现了集中统一。其中难度最大、最关键的因素是人。”王义芳说。

王义芳直言，即使在新唐钢，直到河北钢铁集团成立，唐钢、承钢和宣钢三家企业的融合，也没有最后完成。

权利的重新分配

在有关方面看来，2008年，已是河北钢铁集团成立的最佳时点。一方面，新唐钢重组有了现成的经验；另一方面，中国钢铁市场行情一路看好。

“实际上，当时我们还是比较乐观的。因为仅2008年上半年，唐钢和邯钢两大集团加起来利润已接近50亿元。”王义芳回忆说。

但这个乐观的时机，很快不复存在。2008年下半年，河北钢铁集团挂牌不过两个月时间，美国次贷风波引发的全球金融经济危机愈演愈烈，终于远渡大洋，影响了中国经济的正常发展，钢铁市场行情急转直下。

2008年9月，此前每月盈利10亿元左右的河北钢铁，勉力守平；10月，开始亏损；11月，当月亏损超过20亿元。王义芳算了下账，如此，2009年200亿元都不够亏损。反对整合的声音越来越大，有人劝王义芳“得过且过”。

“不管怎么说，整合前每个企业盈利水平都比较高，过得也比较好。整合后马上就亏损，明白的人都知道是市场的影响，但很容易被人说成是整合造成的企业亏损。”王义芳说。

有新唐钢的试验在前，王义芳对此并不陌生。他深知，国有企业的整合，就是权利的重新分配。国有企业的整合只要把人事关系给理顺了，其他的就好办。但人的问题，谈何容易。

四家钢铁企业之间可供整合的空间很多，但即使看似多赢的举措，推行难度也出人意料。以资金使用为例，邯钢因经营一直比较好，资金充足，账面上常趴着十几亿元，这笔钱存到银行，有2%左右的利息。而宣钢、承钢则历史包袱重，资金紧缺，很难在银行贷到款，即使贷到，银行还可能上浮利率。

从河北钢铁集团的角度看，同样是十几亿元的现金，一进一出，集团需要付出超过3个点以上的息差。如果将几家公司的资金整合一下，把邯钢闲置的资金转给宣钢使用，宣钢付给邯钢高于银行存款利息的资金成本，对两家子公司都是有利的事情。

看上去不错的想法，却遭到了三家的集体反对，原因只有一个：担心影响银企关系。邯钢担心不把钱存在银行，银行会有意见；而宣钢和承钢则宁可承受高利息，也不愿影响关系，以免日后想贷款时贷不到。

“就银企关系这么一点小私利，就宁可让企业整体效益损失！想想类似的整合，得有多大难度。”王义芳说。2009 年 6 月之前，王义芳用了三个月左右的时间，顶着子公司的不满，直接把责任落实到总会计师、财务人员，坚持对集团内部的资金进行了统一清理。

通过财务清理，河北钢铁将宣钢、承钢等子公司共计 480 亿元的高息贷款全部置换出来。2009 年一年，全集团财务费用降低了 3 亿元以上。此外，在河北钢铁集团的平台上，随着规模优势的显现和信誉度的增加，两年来，中国银行、中国建设银行等大型商业银行，与河北钢铁集团签署了总计 2000 亿元授信额度的合作协议。

通过类似运作，王义芳按照“发展规划、资产管理、资本运作、投资管理、财务资金、人力资源、市场营销”七统一的思路，对河北钢铁推行实质整合。在构建管控体系方面，原唐钢集团下属的唐钢、宣钢、承钢、财达证券等公司，邯钢集团下属的邯钢、舞钢、衡板等公司，全部划转为河北钢铁直接管理的一级子公司；同步建立了集团总部，设立了发展规划部、资产财务部等九个职能管理部门。每一个统一的背后，王义芳都需要解决人的整合难题。

危中之机

最应该整合也最难整合的是销售与采购环节，原因无他，这是公司的“实权”部门。王义芳原计划将此整合排在后面。但 2008 年全球经济危机的不期而至，打乱了这一部署。

“市场一波动，形势一变，我们就提出要把销售和采购整合到一起。”王义芳说。

在河北钢铁集团整合前，华北市场销售的钢材建材产品中，70% 以上是唐钢、邯钢、宣钢、承钢生产的。市场波动，钢材下滑时，这几家企业每每出现互相压价的情况。在采购环节，这样的事情同样经常发生。

在唐钢集团当总经理时，王义芳就发现，焦煤紧张时，唐钢集团的三家主要企业——唐钢、宣钢和承钢都在抢资源。春节前，三家企业采购人员分别去山西焦煤集团拜年。每家都要求多给自己些煤，别管另外两家。

“不到两小时三个都去全了，后来人家说你们回去，商量好再跟我谈吧。而最后的结果，就是因为大家都在争，价格涨了不少。”王义芳说，“一块去争取呢？至少不会相互之间拆台吧？”

王义芳想整合销售和采购环节的消息，很快传了出去，因为触动太多人的“蛋糕”，遇到了重组以来最大的阻力，阻力甚至来自重组的支持者——政府。有领导直接找王义芳，建议在经济危机背景下，“这样的整合先不要进行，能凑合凑合，日子过得下去就行”。

王义芳不肯，“越是在这个时候越需要整合”。2008 年 11 月，王义芳宣布从次年初开始，整合集中集团的销售和采购环节。

整合结束后，效果迅速体现，与上下游的博弈能力增强，成本减少了。开滦集团的煤以前同时供唐钢、承钢、宣钢，整合后优先满足唐钢，这样从运输成本上节约了一大笔；而大同、内蒙古的煤，则首先满足宣钢；吉林的铁合金，先给承钢、唐钢用；云南、贵州来的铁合金则优先配置给舞钢和邯钢。

在进出口业务上，原来各子公司都有自己的进出口公司，整合后成立了河北钢铁集团国贸公司，在部分大的备品备件上，实现统一采购和直接采购，省掉很多中间环节，与西马克、西门子、达涅利等 20 家国外制造商建立战略合作关系，获得了更优惠的价格，节约成本约 9395 万元。销售方面，河北钢铁集团也组建了销售总公司，价格统一管理，政策统一制定，在全球金融危机来临的情况下，力避自残性的杀价。

销售和采购环节的整合，成为河北钢铁集团度过金融危机的关键环节。回看来路，王义芳甚至有些感谢金融危机。“可以说是形势的变化，金融危机反而促使我们加快了整合的步伐。要不然的话，可能还没有这么大的力度。”

未来兼并之路

坚持两年至今，王义芳认为，整合的收益初步显现，他估算“整合产生了将近 30 多亿元的巨大效益”。目前，河北钢铁整合框架已经搭建完毕，王义芳 2010 年初在河北钢铁年度工作会议上提出三大任务，分别是深化整合、精细化管理和科技创新。王义芳了解河北钢铁的短板。以 2009 年为例，河北钢铁实现利税 68 亿元，而产量相当的宝钢集团利润总额 145 亿元，远远高于河北钢铁。河北钢铁缺少的是高附加值产品。

为提高技术实力，2010年4月，河北钢铁技术研究总院挂牌成立。针对稀缺的高级汽车用钢等钢材品种，研究总院与中国钢研集团、北京科技大学、清华大学等国内高校和科研院所签署了21项总价值逾4000万元的技术合作项目。

同时，河北钢铁也在打造精品基地。河北钢铁集团邯钢新区一期工程，于2008年11月17日全线贯通，总投资196亿元，建设460万吨精品板材基地；二期工程2180冷轧项目投资65亿元，年设计生产能力215万吨，主要用于汽车面板、汽车用高强板、耐指纹电镀锌基板等高端市场，结束河北钢铁企业不能生产汽车面板的历史。

“在增加高附加值产品的同时，需要有互补的产品结构，”王义芳表示，“这样可以东方不亮西方亮”。

就在河北钢铁整合重组之时，国内其他钢铁企业的兼并也从未停止，中国钢铁企业的兼并重组竞争依旧在继续。

2009年，山东钢铁集团与民营钢企日照钢铁签署重组合作协议；首钢重组山西长治钢铁。2010年，鞍钢宣布正式重组攀钢，首钢重组通钢，天津钢管集团、天津钢铁集团、天津天铁冶金集团和天津冶金集团等四家企业联合组建成立天津渤海钢铁集团……

按照目前的重组格局，河北钢铁在2010年或许很难保住中国第一大钢厂的位置，王义芳不可避免要寻求新的并购目标。对于跨省重组，王义芳持十分谨慎的态度，他似乎更看好河北省内的钢铁产能资源。但在河北钢铁成立后，省内国有钢铁企业的重组已基本完成。

“河北钢铁要带领河北省钢铁产业升级，必须在民营钢企的兼并上有所行动。”中国冶金工业经济发展研究中心副主任刘海民认为，河北钢铁整合后，产业升级和做强只是时间问题，改造民营钢企则是个“艰巨的任务”。

王义芳也承认，国有企业和民营企业合作在某些程度上可能难度比较大，因为民营钢企希望直接把资产变现，而不是进行部分股权转让。

不过，一位河北省钢铁资深人士认为，河北钢铁还面临着一个问题：想让河北钢铁兼并的企业，资产质量并不符合收购标准；符合河北钢铁集团胃口的民营钢企，大多更愿意自己发展。

2009年，河北唐山市北部的迁安区27家民营钢铁和矿山企业共同出资，组建了唐山长城钢铁集团有限公司，南部的丰南区12家民营钢铁企业则参与组建了唐山渤海钢铁集团有限公司。据统计，组建渤海钢铁的钢铁企业产能达1500万吨，组建长城钢铁的钢铁企业产能也有1300万吨。

照此发展，河北省内留下给河北钢铁兼并的好资源也会逐渐减少。王义芳不得不感慨，未来真要收购，“可能很多都在落后产能淘汰之列”。不过，今年3月，河北钢铁出资19亿元，收购了石家庄钢铁有限责任公司80%的股权。这是河北钢铁集团组建以来，在河北省内收购的第七家钢铁企业。河北钢铁一位高层人士则向本刊记者透露，目前集团正与邯郸一家民营钢企洽谈收购，或将采取一种新的合作模式。

新东航下一步

——专访东方航空集团总经理 东航股份董事长刘绍勇

采访人：陈雪、章涛

发表时间：2010-4-19

在两年坎坷后，新东航如何走出低谷，如何把握世博会机遇与高铁的挑战。

4月20日，中国东航股份有限公司（600115.SH，下称东航股份）将公布2009年业绩。

一年前，东航股份创下民航史最大亏损纪录——139亿元；一年后，新掌门人刘绍勇已是笑容可掬，“去年东航的集团公司赢利了7.5亿元，和我的预期差不多”。

一级飞行员出身的刘绍勇，曾自2000年起任东航股份总经理两年；2004年8月，自民航总局副局长任上接掌被委托理财黑洞和高管腐败缠身的南方航空。两年后，南航扭亏，四年后，成为国内航空公司中飞机数量、航线网络发达程度、客运量、赢利情况均名列前茅的公司。

2008年12月12日，因“救火”出名的刘绍勇，“被跳槽”至东航，出任东方航空集团总经理、东航股份董事长。

“去年（东航）是活过来了，今年要站起来。”近日，刘绍勇接受本刊记者专访时，讲述了新东航的故事。

人努力，天帮忙

记者：东航股份2008年的业绩达到历史低谷，经过一年的调整进展，东航和上航的合并在今年初终于完成，如何看待这次合并的效果？

刘绍勇：去年集团赢利了7.5亿元，应该说还不错。我们在去年做了三件事：一是让东航起死回生；二是明确了东航未来的发展方向，或者说战略定位非常明确了；三是实现了东航和上航的联合重组。东航和上航重组是去年中国资本市场的第四大案例，在中国的航空市场是第一大案例，应该说做得非常成功。

我来东航一年多，是在一个危机管理的过程中实现了东航和上航的合并，在资本市场来讲也是不多见的。有人说，这就像一个人在病入膏肓的时候，还娶了个漂亮媳妇来冲喜。当然，除了东航自身的努力，还有国家、社会的支持，方方面面大家整体联动，才能有去年比较好的结果。

记者：东航业绩的回升是否好于你的预期？

刘绍勇：不是，实际上跟我的预期也差不多。我们希望一年大幅减亏，两年基本持平，三年实现赢利。去年的赢利应当说是“人努力，天帮忙”。“人努力”在于扣除所有的非经常损益，经营管理这一块我们就减亏增利约69亿元；“天帮忙”是由于航油套期保值，随着油价的升高，损失的减少，账面上回来一部分。

但是，我们真正的主业还未实现赢利。按照我们的说法，去年是活过来了，今年是要站起来。所以今年两航重组，一季度从集团来看非常好，大概能够实现赢利。

记者：那么东上航合并后将如何进一步整合？是否会考虑更名？

刘绍勇：作为两个品牌来使用有一些好处，也有一些问题。我们会从内部的流程管理来实现价值的统一。

对外部来讲，这是两个品牌，对航权的争取、时刻的安排都有好处。比如说，香港飞内地，在过去内地和香港的协议仅允许一家公司来飞。如果把港龙注销后国泰再飞，它还得重新申请，这很麻烦。又比如说，一条航线上规定只能四家公司飞，那上航和东航就算两家，我们注销了一家，到时候会再来一家公司来飞，那么市场就乱了。实际上航空公司内部外部有不同的需求。

当然，整体上讲，我们认为取消一个名字比较好，但是由于一个公司的成长有特殊的历史背景，所以需要一个过程。

【背景述评】

新东航在一年间，完成了“输血”“止血”“断臂”和“造血”的求生四部曲。从政府注资70亿元、定向融资增发70亿元，资产负债率从刘绍勇履新时的超过115%，下降到目前的95%左右，扭转了资不抵债的窘境。而交通银行、浦发银行和农业银行总计350亿授信，增加了东航整合资源的底气。

这次整合还终结了东上航此前的“德比”大战，有利于东航打造其上海枢纽。国信证券的两位行业分析师认为，航空公司的长期赢利能力，除了管理因素，主要是看旅客构成和枢纽地位。整体上，商务客占比高的公司赢利能力，高于休闲客占比高的公司，尤其是在商务客占比较多的枢纽机场上，市场占有率较高的航空公司。而东航和上航此前的持续亏损，两家之间在上海的激烈竞争亦是原因之一。

对于合并后的赢利能力，中投顾问流通行业研究员黎雪荣则认为，东上航合并后，在上海所占的客运市场份额可能会超过国航，但“并不意味赢利能力会超过国航”，且合并后的新东航面临着重组后的管理、企业文化等整合问题，磨合期需要多久，以及能否发挥出预期的优势协同作用，目前还很难确定。

新投资者

记者：东航一度希望引入新加坡航空作为战略投资者，但受到了挫折，目前对于引资有没有新的计划？

刘绍勇：东航还在寻求一些新的战略合作，战略投资者也好，财务投资者也好，我们都欢迎。战略投资者如果与我们业务有相似之处，有管理经验，特别是国际长航线，我们优先选择。财务投资者我们也进行审慎地选择，看是否能优化我们的股权结构。对此，我们还在进一步的谋划之中。

去年东航是危机管理，逐步转入现在的常态管理，要做下一步的事情得有个过程。实际上，我们消化掉过去的事情，下一步的整个方案在不断地进行完善，方方面面进行非常系统地接触。所以，我们寻求新的合作，不排除任何一个公司，国内国际的都可以。

记者：新航在国际长航线方面的声誉不错，选择它是否有利于东航这一品牌？

刘绍勇：各个公司都有自己的优势。一个品牌的诞生，和一个国家政治、经济、文化的发展阶段应该是配套的。如果超越这个阶段，我认为也是很难实现的。

我们研究过世界上哪些航空公司能赢利，发现它们有几个共同的特点：第一，这个国家或地区只有一家主流航空公司，没有恶性竞争或恶性竞争少；第二，都是发达的国家和地区，头等舱、商务舱有人买；第三，这些航空公司的资产负债率都比较低，在 50% 左右，而我们的航空公司资产负债率都是百分之九十几；第四，税负比较低，只有 3%~3.5%，而我们的税负很重，占整个总营业收入的 8.5%。

很多人有一个概念，中国的航空公司飞机不一定比别人的好，但机票比别人贵。其实，是中国的经济舱比别人的贵，因为经济舱是我们的饭碗；而外国的航空公司头等舱、商务舱坐满后，经济舱就是“搂草打兔子”，捎带的。

【背景述评】

2008 年 1 月，由于 77.61% 的股东拒绝新加坡航空与淡马锡对东航的收购要约，新加坡航空入股东方航空的议案未获通过，“东新恋”搁浅。东航小股东、国航的母公司中国航空集团公司，发表声明认为东航的作为有“贱卖资产”之嫌，并存在对其他股东、投资者和国内同行不公平对待的问题。

对于东航正在寻求的战略合作，不久前，中国航空集团公司总经理、中国国际航空公司董事长孔栋在接受记者专访时，明确表达了支持态度：“我可以清晰地表达我的观点，新东航未来引入战略合作伙伴，我们不会有任何质疑。当初我们阻击了‘东新恋’，是因为很弱的东航在作价非常低的情况下引入新航，作为小股东我们反对。”

世博机遇

记者：上海世博会开幕在即，业界都非常关心，这将给东航带来哪些机会？

刘绍勇：我们对世博会是谨慎乐观。大概会有 7000 万人参加世博会，坐飞机的应该有1100万~1700万人，国际旅客能有350万~400万人，这是很好的机会，但我们也担心世博会安检升级可能会造成出行不便。

世博会对国内国际航线都是一种拓展，东航围绕虹桥和浦东机场增加了很多国际国内航线。另外，我们和全球80多家航空公司签署了合作协议，就是叫特殊比例分担，以满足世博会旅客进出的需求。

我们计划第一步，到2012年，要打造一个三进三出的航班波，和国际航线形成一个完整的对接，给顾客带来方便。现在没有形成波，没有秩序。

整体来讲，世博会对我们是一个机会，我们希望借此把航线网络、品牌、公司的内部管理慢慢提升一个台阶。

东航在4月底前要宣布加入一个航空联盟（编者注：东航已于4月16日宣布加入天合联盟）。目前，国际上有三个联盟，加起来约占全球市场的七成。

【记者述评】

2009年以来，东航明确了枢纽港、品牌协同、成本控制、信息化、精细化等五大战略。其中一个明显的变化是，东航战略重心将会从以国内航线为主，转向国内和国际共同发展，并加快枢纽港网络。此前，刘绍勇曾预计“2009年东航国际航线的收入占比是三成多一点，今年可能占到四成”。而世博会恰恰是催化剂。

官方预测，将有7000万人参加世博会，上海世博会执行委员会副主任周汉民表示，这一人数还有可能更多。按上海航空市场的份额，研究人员认为，这一不小增量的一半将由新东航分享。东航承诺，世博会期间将争取使航班正常率达到85%；延误两小时的航班控制在2.76%之内。世博会期间增加500万人次的吞吐量，最终实现世博营销收入不低于40亿元。

至于“航班波”的概念，据新加坡开锐管理咨询公司民航研究中心报告称，是将中枢机场的进出港航班分开，一个时段安排进港，另一个时段安排出港，从而在时间上将进出港航班有效衔接。例如，美国达拉斯国际机场，每天有12个航班波；在一个航班波中，所有航班在25分钟之内到达，地面停留时间大约30~45分钟，然后所有航班在20分钟内离港。航班波构建之后，由于有了清晰的起降规划，机场内的中转航班衔接将更加紧凑，中转时间也能大大缩短，国际上的大型机场在迈向中转枢纽时，都经历过构建航班波的一个过程。

东兴证券分析员张勋认为，世博会对于东航来说，是重新打造20世纪90年代“小燕子”品牌的契机。

高铁冲击

记者：国内高铁项目纷纷上马，开通之后是否会对国内航空业造成比较大的冲击？

刘绍勇：我相信高铁带来的冲击现在已经开始显现，2012年后应该达到一个高峰。对500公里以下航空，或短途的旅行，高铁对民航将造成颠覆性的影响；对于500~800公里的，影响为30%~35%；对800~1200公里的影响在15%~20%。

高铁“四纵四横”，北京、上海、广州、深圳在这个网络上，这四个城市涵盖了中国民航业35%的市场，如果四纵四横把成都、大连都连起来，大概会占到58%的市场。

很多人认为高铁对民航是一种危机，但我认为高铁和民航是兄弟，不是冤家。机会大概在五个方面：其一，使国家对民航业地位重新定位，哪些地方适合建高铁，哪些地方适合建机场或高速公路，不然会造成国家资源的浪费。其二，促进空中交通管理体制的改革；其三，加速航空公司内部的变革和转型，改进内部流程、顾客服务、信息化建设，对航线结构和网络结构进行新的思考；推动中国的航空公司尽快走出国门，向国际航线延伸。其四，加速民航产业链、服务链能力的提高。其五，空铁联运，高铁支持航空公司的国际航线开通，也是双方共同发展的良策。

对于高铁，民航还有自身的优势，民航的安全性、信息化、乘坐环境都有目前高铁达不到的优势。比如，太原—北京的动车组开了以后，第一个星期旅客运输量大概下降了40%，过了两个星期又都回来了。另外，人的消费还有些惯性，愿意坐飞机的人，一般情况下还是喜欢坐飞机。

【背景述评】

按照铁道部提出的最新规划，到2012年底，中国客运专线和城际铁路的营业里程将达到1.3万公里。届时，中国将超越日本和德国等高铁起步较早的国家，成为全球高铁运营里程最长的国家。

对于高铁对民航客流量的影响，招商证券分析师姚俊也表示，欧洲以前有过类似的经历—高铁最开始会吸引一部分客流，但后来逐渐恢复，他认为是出于心理因素，出行习惯并不容易改变。黎雪荣则认为，目前高铁建设所产生的效应才刚刚开始，“四纵四横”的高铁网络出来后，对于势单力薄的一些民营航空公司和部分地方航空公司而言影响更大。因为这些民营航空公司无论在航线结构、资金储备、政策支持、运营经验等各方面都处于明显劣势。而国有航空公司受到严重的打击之后，往往能得到政府的直接注资和政策扶持，更容易渡过难关。

（注：于宁、张晨馨对此文亦有贡献）

海外资源收购的中间道路

——专访中海油集团总经理傅成玉

采访人：陈竹、赵剑飞

发表时间：2010-5-24

走出优尼科收购失败阴影，傅成玉和中海油寻求国家石油公司海外资源收购的中间道路。

在北京市朝阳门西北角中海油大楼18层会议厅里，傅成玉侃侃而谈三小时。临近结束，我们问："你个人有什么设想？"傅成玉仔细听，右手在西裤上划圈。这是他碰到难题时的下意识动作。末了，他说，之前他执掌中海油七年，是在打基础，强身健体，他还想"十二五"时将中海油带入国际石油公司第一阵营。

这是个暗示吗？

傅成玉皮肤黝黑、眉毛浓密，59岁，自1982年加入中国海洋石油总公司（下称中海油），与这家新生国有石油公司一起成长，职业生涯与中海油紧密联系。在中海油28年历史上，他在总经理任上的时间已并列第一：四位前任——秦文彩（1982—1985年）、钟一鸣（1985—1992年）、王彦（1992—1999年）、卫留成（1999—2003年）——在位时间均不超过七年。

涉足政界，是中国大型石油公司一把手的突出特点。现任中石油集团总经理、54岁的蒋洁敏，曾在2000年6月至2004年3月任青海省副省长；现任中石化集团总经理、48岁的苏树林，曾在2006年10月至2007年5月任中共辽宁省委常委、组织部部长。今年初，业界有关蒋洁敏和苏树林仕途升迁的小道传闻不绝于耳，傅成玉却鲜有涉及。

看上去，傅成玉更甘于做一个企业家。在公开场合，傅成玉解释做或不做每一笔交易的根本标准，在于"是否给公司增加价值"，"是否有利于投资者"。

一位与傅成玉多有接触的投行人士评价，他是“中国国企领导者中少数更像企业家的管理者”。

如果2005年中海油顺利完成收购优尼科，中海油和傅成玉面对的舞台都将大不一样。但是，那次失手之后，相比中石油和中石化在海外的大举出击，傅成玉和他所带领的中海油相对沉寂。过去五年，中海油似乎更求稳健。

关于中海油的出路，傅成玉有方向性的规划：第一，中海油的竞争对手“不是中国同行，而是外国同行”，这暗示着中海油看重的是效益，而非规模；第二，中海油要走“差异化发展道路”，这意味着它不会与国内竞争对手短兵相接，而要另辟蹊径。

蹊径有，但走来并不易：中海油在液化天然气（LNG）上着力最早，但收购优尼科失败影响了气源，同时中石油西气东输一线开通及二线的修建也增加了中海油面临的压力；在下游炼化市场，中海油举步维艰，与炼化巨人中石化对抗还为时尚早；进军新能源是中海油亮点之一，起步显著早于中石油和中石化，但是不确定性因素也很多。

绕不过去的选择，还是海外收购。今年3月，中海油以31亿美元入股阿根廷Bridas公司，获得50%股权。5月17日，中海油联手土耳其国家石油公司，就位于伊拉克境内的米桑（Missan）油田群的开发生产，签订了20年技术服务合同，终于追上中石油、中石化进军伊拉克的步伐。连续的海外交易向市场宣告，中海油已经走出了优尼科的阴影。

卷土重来，傅成玉准备了什么？

与“抄底热”绝缘

记者：“你这样谨慎，是否与优尼科并购失败有关？”

2005年，中海油150亿美元求购美国石油公司优尼科，“China Inc.”（中国公司）在全球舞台崭露头角。此举震动全球，在美国更引发全国性争议。中海油在收购过程中着力于市场化操作，略嫌生涩但诚意昭然。由于政治反弹太大，中海油最后不得不放弃收购行动，受创颇深。

自此，中海油海外油气资源拓展归于沉寂。除2006年以22.68亿美元投资尼日利亚一区块，中海油鲜有大的举措。

2008年金融危机后，资源类大宗商品价格暴跌，中国海外“抄底”之风甚烈。中石油和中石化上演了一系列以10亿美元为单位的大宗并购和投资，但中海油却像是与这股“抄底热”绝缘，傅成玉本人则屡屡在公开场合对海外“抄底”发出警告，也因此招来了从分析师到投资者的种种猜测。

是否因为临近退休，傅成玉不愿冒险推动大的外部并购或内部改革？

中海油2009年年中业绩发布会上，傅成玉再次遇到类似提问。这次他被逼急了：“油价低的时候，不全是好机会，风险不比原来高油价时低。看什么都是金子，但金子有镀金的，有红土的！在都热的时候，我们要清醒。”

分析师们毫不留情，追问：“你这样谨慎，是否与优尼科并购失败有关？”傅成玉的回答坦率得让人意外：“有影响，而且影响很大。”

傅成玉从优尼科收购案中学到了很多：“没有经济衰退的时候，美国议员还反对。优尼科供应美国油气不到1%，2/3资产不在美国，都反对。现在美国人大批失业，岂不是更反对吗？这就是现实！不要硬做。”

正是在这样的情况下，傅成玉提出了以“合作”领衔的海外收购思路。为了避免透露正在商洽中的交易，他当时讲得很抽象，听者也缺乏兴致——毕竟，任何并购都可以套上“合作”或“双赢”的外衣。

中海油当时的海外表现也很难让傅成玉举出成功案例：中海油参与伊拉克两轮服务合同招标，开出价格和伊拉克石油部的最终定价相差甚远，完全“脱靶”。2009年7月，中海油试图与中石化组建合资公司，以13亿美元现金收购美国马拉松石油公司持有的安哥拉石油资源项目权益，但安哥拉国有石油公司要求行使优先收购权，交易就此泡汤。

一位中海油内部人士透露，2009年，中海油用了整整八个月，进行一项规模不亚于收购优尼科的国际合作项目，“几乎马上就要签约，却被国内竞争对手破坏掉了”。

市场只以成败论英雄，直到2010年5月4日，中海油31亿美元入股Bridas公司交易完成交割，傅成玉团队才有了机会，来展示他们“合作”思路的成果。

中海油获得Bridas50%的股份，并间接获得阿根廷第二大油气生产商、第一大原油出口商Pan American能源公司20%的权益。但中海油摆出极其低调的姿态，对外宣称“中海油与Bridas能源公司成立合资公司”，只字未提“并购”。

在傅成玉看来，这个不具攻击性、皆大欢喜的交易，一样服务于中海油的战略意图。“这个（合资）公司未来可成为一个新平台，用以在南美和其他地区发展，这比中海油顶着一个国家石油公司的帽子出去要更容易。”傅成玉在接受本刊专访时表示。

“中海油最大的优势，是对方看我有诚意。诚意就是愿意合作。”傅成玉进一步解释说。一位参与交易的投行人士说，中石油在这宗交易中一直是有力竞争者，“签约前一刻，中石油还在找卖家谈，但对方觉得和中海油更投缘”。

两面夹击

并购是中海油绕不过去的选择——中海油资产基数太小。截至2008年末，中海油总资产4095亿元，仅为中石油集团的22%，不到中石化集团的40%。若要遂傅成玉所愿，让中海油在“十二五”期间成为国际第一阵营的能源公司，不可能完全依靠自身有机增长。出路在哪里？

在公众眼中，中海油历史负担轻、在国家石油公司中最“通洋务”，而且独揽中国海上对外合作的专营权，它的“弱项”却往往被低估。

海洋石油工业素来存在高风险（容易受到台风、冰冻等恶劣环境破坏）、高投入（海上油田开发成本远高于陆地常规油田）、高科技壁垒（很多技术都属于发达国家限制出口行列）的劣势。中国海域石油还有先天不足：除南海中南部外，中国周边海洋均为陆表海，生烃层和大部分储层存在于大陆裂谷的构造环境中，油田规模偏小，油质偏差，许多油田经济边际值较高，探明储量动用率较低，只有在高油价模式下才存在开采可行性。

20世纪90年代，一些大牌国际石油公司陆续撤出在中国海域的投资。“在他们看着开不了的，我们还得开，毕竟是我们自己的资源。”傅成玉说。

这些年来，中海油油气产量逐年提升，但也十分清楚，中国海域难以制造北海和墨西哥湾级别的惊喜。

在陆上，中海油素无上游资产，也难以在中石油和中石化的区块内拿到服务合同。在下游，中石化和中石油已在全国范围内形成了寡头垄断的局面，中海油唯在惠州拥有一个千万吨级炼厂，即便如此，由于难以铺开加油站终端，惠州炼厂的销路也只能依赖批发，因此尚难实现盈利。

即使要往海外扩展，中海油也不得不面对来自国内的竞争。国际市场上每一桩大的油气资产竞标或出售，投资银行和各种中介机构都会殷勤地将同一份材料递到中石油、中石化和中海油相关负责人的面前。这些人已经习惯了在同一个航班上尴尬相遇。

倘若倒回五年前，中海油一定很有底气。与国内竞争对手相比，中海油对外合作能力强——早在1999年第一次公开上市路演时，中海油的四个老总就以流利的英文回答各方提问，令中外观者印象深刻，同时中海油历史包袱轻，重点业务都在中心沿海城市，没有中石油、中石化那样沉重的社会职能负担。

现在，中石油和中石化早已进化为庞大的"两栖动物"——截至2009年，中石油在全球28个国家和地区拥有75个油气合作项目，还准备用八至十年时间建成覆盖中亚、非洲、南美、中东和亚太的五大油气合作区，使海外油气作业当量达到2亿吨规模。

更何况，在海外油气项目合作上，中石油挟政府优势，通过"贷款换石油"，更容易达成与资源国的合作。2009年，中石油与俄罗斯、哈萨克斯坦、委内瑞拉、巴西、厄瓜多尔等国国家石油公司签署的"贷款换石油"合同，总金额逼近500亿美元。这成为近年撬动国际石油业的重要力量。

那些觊觎中国市场的资源国和跨国石油公司，也开始选择"一体化合作"模式：在资源国上游，他们与中国石油公司联合竞标，同时在中国下游炼化和销售领域，参股组建合资公司，围绕石油产业的上、中、下游，形成一个取长补短的利益共同体。在这方面，下游布点众多的中石化和中石油占有先机。

即使从技术角度看，倘若海外招标油田为陆上区块，中石油的嗅觉更敏锐，经验更老到，可得心应手地将它在大庆的老油田开采技术和人力运用于苏丹和伊拉克；倘若海外招标油田为安哥拉或巴西的深海区块，中海油又要考虑自身技术能力是否达标，是否比得过壳牌、道达尔这些老牌国际石油公司。

为了应对两面夹击的困境，傅成玉认为中海油必须走"差异化道路"，不仅战略上要有差异，产业结构、产品结构和技术上也要有差异。"就是我不跟你们争同一个市场。我们的市场，也许你看不上，但我在这里有长项。"

中道

傅成玉被逼出来的海外并购"合作新思路"，是这样的：

"我不是问，到你这里开发石油行不行？我问，你的需要是什么？"傅成玉说，"如果你的需要我不能解决，恐怕我待不了太长时间"。

傅成玉告诉本刊记者，要跳出石油公司来看石油公司。有的国家缺高速公路，有的国家想修水电站，但没人愿意投资，怕回报不足。"要创造性地将这些和石油、能源挂钩。"

傅成玉没有点明，但他暗示的很可能是即将尘埃落定的中海油在乌干达的投资。

去年年中，英国 Tullow 石油公司委托渣打银行出售其在乌干达两处油田的部分股权。如果不出意外，中海油和道达尔将战胜其他十多家竞标者，分别得到 1/3 的资产。

一位能源咨询机构驻中国分析师透露，之所以 Tullow 石油和乌干达政府都中意中海油，不仅因为中海油有中国市场背景，而且中海油愿意帮助乌干达修建一座炼油厂和一条通向非洲东部海岸的 1300 公里石油出口管道。傅成玉今年 3 月下旬在乌干达矿业与石油商会主办的商业论坛上表示，中海油将成为乌干达开发石油潜能的“长期合作方”。

这与中信集团在非洲、中石油在中东的“捆绑式投资”或“工程换资源”合作，有很多表面相似。

中信集团一位高管曾这样解释“工程换资源”——“我给你一个清单和报价，铁路、港口、马路、电厂，等等。你来勾。你需要什么，我给你建什么。我满足了你的需求，你拿什么还？”无力付费的资源国拿出一些资源区块，自然水到渠成。

傅成玉和中海油的“挂钩”做法，有不容放弃的底线：第一，与当地企业而不是政府直接合作，虽然当地政府是利害相关者；第二，开发资源绝不是要把资源都搬到中国来；第三，开发可增值的资产，这包含了对资源本身的判断，对价格的取舍和对走势的预测。

对中海油来说，这是全新历险。

与中石油、中石化相比，中海油虽然海外项目绝对数量少——在 Bridas 并购前，其海外资产主要有四块，分别为 2002 年以 5.85 亿美元对价获得印尼 SES；2003—2004 年以 2.75 亿美元对价获得印尼 Tangguh16.96% 的权益；2003 年以 3.48 亿美元对价在澳大利亚获得西北大陆架天然气项目 5.3% 的权益；2006 年以 22.68 亿美元对价获得尼日利亚 OML130 的 45% 的权益——但都比较精干，质量齐整，投资风险相对较低。

如果像傅成玉所规划的那样，中海油还要在拉美和非洲等地继续开拓，形成全球战略，将不得不提高风险偏好，同中石油和中石化一样，进入那些被认为政治经济不确定性更高、国际石油公司趋于远离的争议地区。

在回应本刊记者这一忧虑时，中海油主要上市公司——中国海洋石油有限公司（00883.HK，下称中海油股份）总裁杨华说，风险的确存在，但要看“风险是不是可控，是不是可以管理”。他解释说，大多数拉丁美洲国家的宏观经济及政治环境近几年都比较稳定，政治不稳定性只集中在少数国家。

一个越来越明显的趋势是，在上述高风险投资地区，无论是资源国还是西方石油公司，都希望将烫手山芋转给对资源极其饥渴的中国。中海油能否驾驭这些资产，如杨华所述“控制”和“管理”这些风险，将是一个长期挑战。

“更像企业家”

尽管海外收购手法有所调整，傅成玉对中海油竞争逻辑的定位却没有改变：他注重利润率，注重股东回报。这本来是上市公司CEO应有的价值观，但在中国央企负责人当中，他对这些指标的重视程度是异乎寻常的。

“你知道我的竞争对手是谁吗？是国际同行。我所有指标都要跟国际同类公司比。只跟国内比，这就比迷惑了，不知道将来要往哪儿走。”

“是否给公司增加价值”，“是否符合投资者利益”，往往是傅成玉判定一桩交易值不值得做的根本因素。

在2009年6月底伊拉克举行的油气田服务合同大招标中，中海油参与了两项竞标。其中，在巴伊哈桑油田合同的竞标中，中海油同康菲石油、中石化组成的联合财团提出26.7美元的最低桶油报酬，较伊拉克石油部4美元的限酬高出将近6倍。在米桑油田项目上，以中海油为首的财团提出回报为21.4美元，较伊方2.3美元的限酬高出8倍！

巨大的落差使得中海油空手而归，而中石油与BP组成的财团却作出妥协，接受了以2美元的桶油报酬开发鲁迈拉油田，换取伊拉克盛宴的门票。

为何中海油不愿妥协？“没有中标的唯一原因，是经济（价格）上我们不能接受。”傅成玉告诉本刊记者。业界公认，在三大国家石油公司中，中海油的思维方式与市场最为接近。

中海油的企业定位，也折射了傅成玉对自己的角色定位。这或许部分源于他的个人经历。1982年，31岁的傅成玉还是华北石油管理局一名普通的地质研究员。这一年，恰逢国家计划发展海洋石油，在原石油部外事局、海洋石油勘探局和南海石油勘探指挥部等单位基础上成立中海油总公司。傅成玉当时的领导被抽调去广东，主持南海对外开放合作，带上了“黑里吧唧但很能干活”的傅成玉。

中海油是最早参与对外合作的大型国企，给了傅成玉一系列让同龄人羡慕不已的机会——他先到石油部技术培训班培训两个月，之后又到天津外语学院学了六个月的外语。1984年，傅成玉远赴美国南加州大学，学习石油工程，两年之后获得硕士学位。

学成归来，傅成玉在中海油与国外大石油公司的合资项目中，担任过多个项目的联合管理委员会中方首席代表、专家组组长和主席职务，并在1995年担任美国菲利普斯公司国际石油（亚洲）公司副总裁兼西江开发项目总经理，亲身体验和学习西方公司管理经验，三年半后重回中海油。他自己曾透露，当初去外企是经过组织同意的，目的是希望他能在西方公司学到先进的管理经验。

1999年至2002年间，作为拥有海外学习和跨国石油公司工作双重经验的特殊人才，傅成玉参与了中海油股份的海外上市、直接领导了中海油服（02883.HK）和中海化学（03983.HK）两家公司在中国香港上市。这些与华尔街直接交往的经历，让他对于资本市场和股东价值有了更贴近的认识，为他最终掌舵中海油奠定了基础。

"更像企业家的央企负责人"，这个特征让傅成玉在某些场合受到热情追捧，却又在另一些场合显得尴尬和不合时宜。

在2005年中海油竞购优尼科的紧要关头，熟谙英文的傅成玉遵照西方做法，在《亚洲华尔街日报》发表了《美国为何担忧》一文，坦陈并购的单纯动机，承诺优尼科在美国境内出产的石油和天然气只在美国销售。但现实的一泼冷水告诉他，无论表面的管理风格多么西化，都不能改变他所执掌的公司的国有背景，不能改变西方世界的定见。

傅成玉依然需要年复一年、十分尴尬地向投资者和普通民众们解释，公司财报上的高额薪酬并非他本人的实际薪酬；也必须要面对中海油必须将利润的近80%用于缴付国家税费的现实。

"你到世界哪个国家哪个企业，能把税前80%多的利润交上去，可能吗？但因为是国家企业，就是要为国家服务。"傅成玉在公开场合说过。

一心打造国际石油公司（IOC）的情结，又不得不面对本质上中海油国家石油公司（NOC）的身份，又落得国家与市场"两头不讨好"的危险。定位上的困惑进而体现为行动的乏力。在有的业内人士看来，中海油太强调资本回报率，反而错失了不少机遇。比如，竞购优尼科失手，错失了优尼科在亚洲的天然气储量之后，中海油的LNG战略迫切需要解决气源保障，但是出于资本回报方面的谨慎，错过了签署几个长期LNG贸易协议的机会，也给了中石油和中石化迎头追赶在沿海布局LNG接收站的机会。

"相较之下，中石油就很坚决，认清自己是NOC，就是要代表国家出去拿资源、确保能源供应安全，为此不惜在一定程度内牺牲效率，所以走得还不错。"一位石油行业资深人士对本刊记者分析说。

他评价说，目前中石油实现了一半产量来自海外，而且中石油自蒋洁敏主掌之后，开始在全国范围内部署重点油气管网，是按照十年后中国只有一家NOC的假设来布局。

观察家认为资本回报率本是应有之义，傅成玉只是生不逢时。

以此次联手土耳其国家石油公司进军伊拉克为例，桶油回报远低于中海油最早的报价。中海油最初态度谨慎，紧盯美国石油公司。可是，随着埃克森美孚和其他欧洲、亚洲石油公司相继屈服于态度强硬的伊拉克石油部——特别是今年1月25日，埃克森美孚和壳牌公司最终接受1.90美元的桶油报酬，开发伊拉克第二大油田西古尔纳—1油田，中海油也不得不态度“软化”，先放下收益率目标，以换得伊拉克上游“门票”。

“承前启后”者

在专访中，傅成玉说，担任中海油总经理，他只是起一个“承前启后”的作用。

从过去几年里中海油的举动来看，所谓“承前”，包括继续深海战略、LNG战略。清洁能源及传统能源清洁使用方面探索，则是“启后”之举，以期抓住这些中石油和中石化忽略的机会，拓展企业成长空间。

2009年，中海油总产量达到4766万吨油当量，较2003年傅成玉上任时的3451万吨油当量增长38%；总资产5247亿元，较2003年的1198亿元增长3.4倍；净资产3240亿元，较2003年的685亿元增长3.7倍；销售收入2218亿元，较2003年的539亿元增长3.1倍。

一位不便具名的分析人士认为，这一业绩有中海油自身努力的因素，但是也有外部因素。一是国际油价持续上涨；二是此前外国石油公司在中国海域勘探出的油田，在当时价格体系下没有开采价值，如今随着油价上升，到中海油接手时已具备开采价值。

傅成玉十分清楚中海油的短板。2004年，他在内部会议上提出，“中下游业务要在四五年内迅速崛起，成为总公司的重要经济支柱，使总公司真正成为一个上下游一体化的综合型能源公司”。回头看，他认为目标已初步实现。

2009年3月，中海油投建的第一座大型炼油厂——惠州炼油厂的一期工程已经投产，炼化能力为1200万吨/年。惠州炼厂二期也于2008年9月动工兴建，将在一期基础上增加1000万吨/年炼油能力，以及100万吨/年乙烯项目。

在北方，中海油适时寻找兼并时机。2009 年，中海油子公司中海石油炼化有限责任公司通过国有产权行政划转的方式，无偿受让潍坊市国资委持有的海化集团 51% 的股权，实现了对山东海化的实际控制。中海油还计划实现油化一体化，以推动在环渤海湾地区的上下游一体化整合。

傅成玉"承前"之作，还包括继续发展 LNG 产业，以避开陆上管道天然气的激烈竞争，增加清洁能源的份额。在傅成玉上任后，中海油在广东、福建、上海、浙江四地的 LNG 接收站项目先后获批，在其他石油公司之前完成了沿海 LNG 产业的全面布局。

"启后"之举则包括挺进深海，发展煤基清洁能源、风能和电动汽车产业链在内的新能源，朝着他设定的"国际一流的综合型能源公司"方向迈进。

在采访中，傅成玉详细介绍了由中海油投资、国内自行建造的具有当代行业最先进水平的 3000 米深水半潜式钻井平台——"海洋石油 981"，得意溢于言表。

未来 10 到 20 年内，中海油计划加大在南海的投资，投资总额高达 2000 亿元人民币。中海油深圳分公司的开发项目总工程师罗东红去年向媒体透露，中海油正计划于 2009 年至 2020 年间在中国南海逐步建立起 1500~3000 米水深油气勘探能力，并将投资 150 亿元用于修建深水钻探设备。

傅成玉看好新能源的前景。这不仅来自于中海油在 LNG 市场的成功经验，也是基于他对中国未来发展趋势的判断，更是他关于企业与国家之间关系的实践应用——"一旦进入和国家战略相关的领域，企业的市场无限大。"

另一个让傅成玉自豪的地方是，在他的执掌下，中海油一直集中精力发展主业。中海油 1993 年将石油公司和服务公司分开时，就提出：石油公司相对统一，专业公司相对独立，基地系统逐渐分离。而中海油至今也从来没有进入房地产、投资等领域。

"我当一天家，就要做好这个时代可以做的事。"在采访结束时，傅成玉说。

傅成玉谈走出去

记者：收购优尼科失败后，你怎么想的？觉得还要继续往外走吗？

傅成玉：国外对中国崛起没有准备，不冷静很正常。就像你半夜走路，忽然有人拍你一下，你会跳起来。美国当时就是这种感觉，很多反应并不理性。

记者：优尼科收购迟几年会如何？

傅成玉：不管谁做、在哪个领域，只要那么大规模，美国就会非常紧张。优尼科的2/3资产在美国国外，但反对者就是本能地反对。如果优尼科交易放到今天——金融危机后，一方面，它更有可能成为贸易保护主义的目标；但另一方面，外国人对中国、中国公司，以及我们收购的对象会了解更多。好坏难讲。

记者：现在中海油海外收购战略是什么？

傅成玉：第一，金融危机使贸易保护主义比原来更强；第二，中国公司海外收购容易被认为是乘人之危。所以，中国能源企业走出去应走合作之路，不要简单收购公司。西方文化里，收购就是“我把你买了”，“我赢了，你Out of Business（出局）”。我们要与此不同。

记者：与对方企业合作还是与政府合作？

傅成玉：不是与政府直接合作，但肯定要涉及当地政府。目前，世界对中国有实实在在的误会，不可能只靠时间就能改变，要我们努力去消除，办法就是寻求双赢，让对方感觉到我们不仅仅是来开发资源，更重要的是对其经济和社会发展有好处。

记者：寻求双赢，听起来容易做起来很难。

傅成玉：要有平常心。中海油是能源企业，在海外的正常企业行为常常让人联想到中国的能源安全问题，把中海油“走出去”和中国能源安全问题自然挂钩，这是一个最大的误会，也是对能源市场最大的不理解。我们不是要把资源都搬到中国来。

中海油在世界各地产那么多油，并没有都运到中国来。我在当地卖了油拿了钱，可以再进口。世界石油市场是开放的，中国需要油，可以从市场上买。中国有外汇储备，难道买不起？

“走出去”的目的是建立竞争能力。企业的竞争力体现在通过技术与合作，开发更多的油，增大供应量。国家的竞争力，不是油价要比世界低，而是在同样油价下产出要高、耗能要低。世界油价是统一的，我们只要做到产出高、耗能低，就有竞争力。油产在哪里只是存在地点不同而已。

企业的赢利能力、竞争能力才是从根本上对国家能源安全的保障，我是从市场的角度来看国家能源安全的。

记者：中海油现在海外投资看重哪些地区？有什么目标？

傅成玉：简单地说，我们看重可增值的资产。以阿根廷 Bridas 交易为例，第一，进入成本比较合理；第二，该公司的管理成本低，比中海油现在的海上成本还低；第三，发现新储量潜力较大；第四，这个公司未来可以成为一个新的平台，用来在南美和其他地区发展，比中海油顶着一个国家石油公司的帽子出去要更容易。

金融危机或后金融危机时期，扩大合作的机会在增加。但对方需要我，我们才有扩大合作的机会。我会先问，你的需要是什么？你的需要如果我不能解决，恐怕我待不了太长时间。

记者：那你能给对方带去什么？

傅成玉：诚意。能开发石油的不仅仅是中海油，也不仅仅是中国公司。其他公司不能做的，或者不愿意做的是什么？你要研究。别人不愿意做的，可能正是这个国家所需要的。

要跳出石油公司来看：有的国家缺高速公路，有的国家想修水电站，可是就没人愿意投资，怕回报不足。要创造性地将这些和石油、能源挂钩。什么叫合作，什么叫双赢？就是替人着想。

我们在海外发挥的不仅是中海油的优势，更是中国的优势，把各方面的优势组合起来，然后与资源挂钩。以资源作为未来的现金流，不仅仅是开发石油，还可以把当地基础设施建起来，谁听了不高兴？

记者：这会不会变成一种简单的行政性组合？

傅成玉：必须是市场化。行政命令怎么行？全是市场化的。我们这么些年，项目虽然要政府批准，但是上项目的经营决策，是企业自身作出的。

中化要往上游去

——专访中化集团党组成员、副总裁韩根生

采访人：陈竹
发表时间：2010-6-21

从5400万美元的项目到30亿美元投资巴西海上油田，中国第四大石油公司中化的上游之路，只能靠灵活和速度。

5月21日下午4时，在新加坡一家酒店历经76小时闭门谈判之后，中国中化股份有限公司（下称中化）终于同挪威国家石油公司（Statoil ASA）达成协议，以30.7亿美元的对价，从后者手中购买其位于巴西海上Peregrino油田40%的权益。这是自2000年决意要从一家贸易公司转变为综合能源公司以来，中化集团规模最大的一起海外投资。

在新加坡牵头完成此次谈判的是中化集团党组成员、副总裁韩根生。2004年，他被集团总裁刘德树从英国伦敦调回北京，担任中化石油勘探开发有限公司（下称中化石油勘探）总裁，负责中化集团的海外石油开发。6月18日下午，韩根生接受了本刊记者的专访。

速决

韩根生身材魁梧，身穿白衬衫和休闲灰夹克，谈起这桩收购抑制不住内心的兴奋，一根接一根地抽着小熊猫香烟。

这是一次快速作战。2009年12月，挪威国家石油公司通过投行中介机构向全球潜在买家发出邀标，首轮报价最后期限为4月15日。中化3月初开始正式介入，聘请UBS和普华永道作为交易顾问，贝克博茨律师事务所作为法

律顾问。

首轮报价结束，中化集团并非优先竞标者（preferred bidder）。5月中旬，中化忽然接到挪威国家石油公司的通知，18日在新加坡展开一对一谈判。同时，中化被告知还有其他竞争对手，包括一家外国的优先竞标者，以及另一家中国公司。

如果放在中石油等三大国有石油公司眼里，Peregrino 油田或许只是一个可有可无的项目。但是，对于在上游领域开展投资不过十年的中化集团，这个项目一旦成功，可以带来权益油产量翻番，轻重意义自然不同。

韩根生以中化集团二把手的身份亲自上阵，在获得集团总裁刘德树的授权之后，带领十几人的工作团队在5月18日飞赴新加坡，中午即与挪威国家石油公司展开谈判。结果证明，中化集团这一做法增加了决策速度，是此次谈判成功的因素之一。

一位参与谈判的中化代表说，谈判至最后48小时，不分昼夜。

关于谈判和交易细节，韩根生受限于保密条款，并未多谈。他透露说，中化在谈判中厘清了主次利益，没有在不必要的环节上过度纠缠。韩根生还表示，后来得知中化并非出价最高者，夺标有多重因素。

根据双方透露信息，在该项交易完成后，挪威国家石油公司将继续持有 Peregrino 油田 60% 的权益并保留其作业者的身份，但是中化可以参与重大事项的决策。

协议签署后不久，6月11日，中化又与挪威国家石油公司签署了战略合作备忘录，约定双方将合作从巴西扩展到“其他共同感兴趣的地区”，从上游扩展到包括炼油和贸易在内的全领域。这或许即是韩根生所言的其他因素。

韩根生透露，在油气下游，双方还没有具体的合作意向。但目前中化正计划将它在福建泉州的500万吨 / 年重油深加工独资项目升级为1200万吨 / 年大炼油项目，不排除 Peregrino 油田明年一季度投产后，将产出的原油运回国内炼制。“可以，但不一定必须，关键看运费和重轻油市场价格差。”韩根生说。

转型之痛

中化的前身中国进口公司成立于1950年3月1日，是新中国第一家专业从事对外贸易的国有进出口企业。今年是中化集团成立60周年纪念。在采访当天，大楼里不时有会议室传来集体合唱歌声，是中化员工们在为歌咏比赛进行排练。

在计划经济时期，中化执行国家进出口任务，石油是核心业务。20世纪90年代初至90年代末，中石油负责石油勘探和开发，中石化负责石油炼制，省市石油公司负责零售，中化负责石油贸易，是平衡国内外的石油市场的窗口，权力很大。一个说法是，当年国际石油公司来中国，首先拜访的就是中化，而非如今首先拜访中石油。

中化的特殊地位很快被1998年国家石油工业的重组所打破。当年，中石化、中石油这南北两大石油公司都成为上下游一体化公司，同时也赋予了原油进出口权。

迫不得已，中化分别与中石油、中石化成立了股份对半开的中国联合石油有限责任公司（下称联油）以及中国国际石油化工联合有限公司（下称联化），从事石油进出口贸易。由此，原来由中化一家掌控的石油贸易权变成了中化、联油和联化三家分享，公司垄断地位大大削弱。

这还不是终局。中化在联油和联化中的股比最终降到30%，因为不如此，中石油和中石化可能会另立门户。失去石油贸易专营权，赶上90年代亚洲金融危机袭来，中化进入历史上最为困难的时期。

1998年3月，刘德树出任中化集团总裁。为了“起死回生”，他给中化逐渐确立了能源、农业、化工、房地产、金融五大主营业务，减轻了对石油板块的倚重。但是这一板块今后到底怎么发展，是不可回避的问题。2000年，中化定下方向，要把石油业务向上下游一体化发展，实现从贸易公司到综合能源公司的转型

这个是充满魄力的选择，但是面临的实际困难重重，无论是资金、人才还是资源，中化都非常缺乏。“过去中化从事的是石油买卖，这跟石油上游是完全不同的概念。而且石油上游是一个高投入、高风险的行业。”在中化干了20多年的韩根生对家底了如指掌。

国内的上游领域分别在中石油、中海油手中，中化要想进入上游，只能转向海外。这是一个全新的领域，中化只能“摸着石油过河”，先进入再发展。经过两年努力，2002年1月22日，中化签下了它在历史上第一个海外并购合同，从挪威的Petroleum Geo-Servicces公司手里全资收购其下属公司Atlantis，交易金额为5400万美元。

中化石油勘探副总赖豪魁回忆说，虽然与此后的交易相比，这宗交易资源规模小、资产分散，但却是付出最多、决策时间最长、过程最为曲折的项目。

尽管经历过曲折，这一项目却为中化积累了最初的海外并购经验，更重要

的是建立起中化的海外并购团队。这一项目的参与者，除赖豪魁，还有现任中化石油勘探财务总监林渝，现任中化集团法律部总经理於乐民，以及刚刚从中化集团副总裁调至中海油出任副总经理的李辉，他亦是当时中化石油中心负责人，全面负责中化的石油业务。

当时，李辉和赖豪魁都还是中化的“新人”。李辉 2000 年 1 月调入中化集团石油中心，此前他在五矿集团五矿贸易有限公司工作过近十年，有丰富的驻外经验。赖豪魁 2001 年从中石油大港油田公司经济研究所调入，是当时中化整个并购团队中少数石油专业出身的成员。

2002 年 5 月，中化石油勘探从石油中心独立出来，专门做国内外石油天然气勘探开发业务。2004 年初，正在伦敦担任中化欧洲集团公司董事、总经理的韩根生，被集团总裁刘德树调回总部，复任中化集团副总裁，兼任中化石油勘探总经理。

差异化道路

从做贸易转型到石油勘探领域，韩根生自言当时主要任务是“推动企业文化的融合，谋求新的发展”。

继 2002 年收购 Atlantis 之后，2003 年中化从美国康菲公司手中收购其在厄瓜多尔的分公司，资产包括厄瓜多尔 16 区块 14% 的权益。为了管理上述两处海外资产，中化陆续从中石油、中石化等引进一些行业人才，企业文化融合成了很大的一个问题。

2004 年到 2005 年，中化在并购市场上归于沉寂，韩根生称将主要精力放在盘活已买的资产。

2007 年，中化重新出击，通过收购美国 New XCL 公司，拥有了中国渤海湾赵东油田 24.5% 的权益，首次进入了国内油气勘探开发业务领域。

“这个项目是在国内，但是股东是在国外。我们是从国外的人手里买的国内项目的权益。中化公司需要完全通过市场化的方式来发展。”韩根生说。

2008 年，中化集团通过收购也门 10 区块 16.79% 的权益，进一步扩大了在中东地区的油气资产规模。同年 7 月，中化集团收购印尼 MB 项目，业务延伸到了东南亚。

进入 2009 年，中化走得比预想的要快。在 2009 年 10 月收购 Emerald 公司之前，中化各油气项目权益产量只有 141 万吨（油当量）、权益内剩余可采储量只有1.2亿桶（油当量）。收购Emerald之后，权益产量增加到200万吨，储量增加到2.4亿桶。

中化进一步提出力争2011年权益油气产量达到350万吨、2012年达到500万吨的目标。随着成功收购Peregrino油田40%的权益，这一目标提前完成。

现在，中化在能源领域的上游资产组合，既有原油也有天然气，既有海上也有陆上项目，既有勘探项目也有开发项目，既有作业者项目也有非作业者项目，已经初具规模。

尽管如此，韩根生在专访中多次表示，中化不和中石油等三大石油公司比，因为“大家不在一个层面上”，中化量力而行，在交易过程中稳步发展。

总结中化经验，韩根生提出三个考虑海外并购项目的标准：首选是否买得起，其次“扛不扛得动”，即能否承担可预见未来的经营风险，以及“管不管得了”。

中化石油勘探财务总监林渝说得更加明确，中化倾向于寻找接近生产期或已经处于生产期的项目，风险偏好相对较小，“不会发大财也不会吃大亏”。她透露，中化对海外投资项目回报率要求一般在10%，在高风险地区的回报要求相对更高一些。

在区域上，中化主要盯中东和拉美两大区域，这是考虑到公司规模、精力有限，“只有资源相对集中，才能对区域地质有更深入的了解”。

相比之下，有着丰富勘探经验和强大实力的中石油等其他国有石油公司，往往看重几十亿美元规模的大项目，以及作业权是否在自己手中。中化要求更为灵活，认为“只要自己的权益在合同中有很好的体现就可以了”，在自身能力不够的情况下，更倾向于依赖经验丰富的作业者。

韩根生认为，正是由于中化规模尚小，发展欲望更强，对于适合自己的项目十分重视，同时决策灵活、快速，这次巴西Peregrino油田交易就体现了这些优势。但他仍然强调，在投标海外项目时，更希望与其他中国国有石油公司合作，大家可以分担风险。

（注：本刊实习记者司广亮对此文亦有贡献）

中信再出发

——专访中信集团董事长孔丹

采访人：胡舒立、李箐、沈乎、凌华薇

发表时间：2010-6-28

设定海外整体上市目标，升级多元化道路，中信董事长孔丹、总经理常振明阐释中信“多元化中国孤本”的新战略。

“放我出海，中信可以到境外再拿100亿美元回来。”中信集团董事长孔丹说。但他还不愿给出集团整体上市的时间表。

现在是中信30年来财务数据最拿得出手的时刻。在中国最大的金融和非金融国企序列中，2009年总资产超过2.1万亿元、净利润近190亿元的中信集团，地位仅次于工农中建交五大国有银行，排在中石油、中移动等大型垄断行业央企之后，位列第12位。中信集团亦首次跻身美国《财富》杂志2009年度“世界500强”排行榜，位列第415位。

6月21日下午，在京城大厦50楼的京城俱乐部，孔丹接受了本刊专访。他衣着考究、健谈幽默却异常严谨，轻啜一杯加了柠檬的健怡可乐，不见部级干部的官气。1947年出生的孔丹，在少年时期便是北京四中名人，被视为“未来接班人”的榜样。1978年，孔丹考上中国社科院研究生院经济系政治经济学专业，师从经济学家吴敬琏。在2000年加入中信之前，他曾在与中信齐名的另一家窗口公司——光大集团工作了14年，辅佐了四任董事长，看尽光大沉浮。

2006年夏，在前任董事长王军退休后，孔丹正式接掌中信集团，成为第四任董事长，常振明担任副董事长兼总经理。从2006年至今，在孔丹主持下，占到集团总资产八成的中信银行（00998.HK）完成重组、引资上市，中信集团的整体财务状况彻底改观，加之中信重工改制成功，中信承建的“鸟巢”顺利竣工，中信国金（00183.HK）完成转型进程，中信集团跻身“世界500强”，一切都渐入佳境，但2008年10月发生的中信泰富衍生品交易巨亏则如平地惊雷，惊醒梦中人。

常振明火线出任了中信泰富董事长。常振明生性淡泊、不修边幅，在接受本刊记者采访落座时，孔丹淡淡提醒“你的西装和裤子颜色又不一样”，他便付之一哂：“我好像没有成套的（西装）。”今年54岁的常振明，1983年毕业于北京第二外国语学院，后获美国纽约保险学院工商管理专业硕士学位。除了2004年9月调任建行（601939.SH）行长、完成首家国有大型银行上市的22个月，他的职业生涯均在中信集团度过。从整合证券资产担任中信证券（600030.SH）首任董事长，到解救濒于破产的中信嘉华银行；从几度解决中信泰富危机，到现在亲自处理澳洲磁铁矿项目，常振明是著名的“救火队长”，曾获王军“举重若轻”的评价。

在常振明的办公室里，中国围棋协会授予他的围棋七段证书和一些字画一起随意靠在墙边。“我下棋那会儿还没有段位呢，现在就是一个业余的（棋手）。”他自谦。常振明15岁进入北京棋类专业队，19岁时加入中国围棋集训队，与日后的围棋大师聂卫平为队友。

中信领导层向来以连续性著称。在摄影师拍照时，孔丹和常振明微笑着互相搂着对方的肩膀照了一张合影。

无论是孔丹还是常振明，他们位于中信集团北京总部的办公室均不甚豪华。

孔丹的办公室内摆满了反映中信历史及其与各级领导的合影，显示中信仍是一家不失特殊背景的国企。不过，孔、常两人更愿意强调，中信是一家没有得到国家持续的资金支持和补贴、少有垄断资源，是在改革开放、市场竞争中摸爬滚打发展起来的“另类”国企。

两人说起中信的未来，都出奇冷静：“还有很多事要做。”中信集团已经颠覆了2002年以来要做首家金融控股集团的计划，重新规划多元化战略。这条路，不易走。

自费改革

中信集团或许是国企异类。

它是唯一生存至今，以多元化投资为基本业态的国有企业集团。从1979年成为中国第一家窗口公司，到改革开放初期突破计划经济的限制而来的多元化投资，从 2002 年铺陈第一家金融控股集团的计划，再变身集团控股加子公司专业化经营的新多元化之路，中信一直在变。

中信很奇特。可以上达国务院为一个项目、投资拿到路条，但即使最困难的时候，从国家也拿不回一分钱资本金和补贴；有国企四平八稳的一面，但也有国企少见的内部竞争和进取；大多数中高层英文流利，国际化程度较高，但也有些许草莽气息。

30 年间，中信的成长中危与机相伴。

1982 年 1 月，中信公司第一次在日本市场发行 100 亿日元武士债券，创下中国在外发债的纪录。从 1982 年到 1993 年，中信公司每年的本息偿付额平均在 5 亿美元左右。而中信公司此前投资建立的绝大多数企业并未产生正效益，现金流岌岌可危。

此时，20 世纪 80 年代中后期成立的中信嘉华银行和中信实业银行（后更名为中信银行），成为中信多元化投资最重要的资产、利润以及资金调配来源。但到 1997 年，中信嘉华濒于破产重组；2002 年，中信银行资本金不足，不良资产高达 270 亿元，不能满足银行监管要求。中信集团倾全力支持银行重组，不惜放弃了一些重要行业的投资，如房地产。2007 年，中信集团两次发债 230 亿元注资中信银行，并成功推动其重组上市，中信嘉华最终被并入中信银行。

今非昔比。2009 年底，中信集团的总资产达到 21538 亿元，净资产达到 1350 亿元，实现营业收入 2091 亿元；利润总额 354 亿元，净利润近 190 亿元，比上年均有 30% 以上的增长。

记者：历史上资金不足是困扰中信的老大难问题。为什么现在变得如此盈利，巨变从何而来？

孔丹：2009 年中信集团实现了“弯道超车”，中信积蓄的力量在特定情况下获得成功。2009 年金融危机中，中信多元化模式的优势有所体现——它的互补性。比如，资源价格在 2008 年至 2009 年震荡巨大，但在中国经济体制稳定的情况下，金融机构的赢利能力都还很强。中信集团整体而言，比一些单一行业的大型央企生存状态更好。30 年来，我们的复合增长率超过了其他企业，超过了整个国民经济的增长。

常振明：中信的转型之所以能够走到今天，主要得益于中国经济从计划经济到市场经济转型的成功。中信的发展，见证了整个中国经济的发展和改革开放的历程。比如中信证券、中信银行可以股份化改制，上市募集资金。从根本上说，是得益于国内的经济增长、资本市场的发展。目前中信集团共有九家上市公司，其中A股市场四家，H股市场五家。

记者：从发展历程看，中信还是得到了很多特殊的机会吧，如对一些行业的投资机会、去国外发债融资、获得金融机构的牌照等？

孔丹：国家30年间总共投给中信2.4亿元资本金，中信没有得到国家在资本金上的大规模支持。中信现在引以为自豪的就是“自费改革”，在没有任何通衢大道可走的情况下，在崎岖小路上自己探索，在当时半封闭的计划经济体制中突破重围。我想可以这么说，为中国经济的成长，中信贡献了自己的力量，同时，中信也分享了中国经济的成长。

常振明：中信历史上的每次转型，在当时都是源于生存问题。在20世纪80年代初期，中信被认为是半民间半官方的企业，不是国有企业，因为当时中信的第一任董事长是荣毅仁，在很多业务上需要向传统体制去争取。在90年代初的时候，仍处于计划经济的体制，资金需要计委审批，企业很难融资，只能到海外借钱。到90年代以后，财政部直接去海外发外债，企业没了主权评级，到海外融资就发不出去了。此时80年代的借款需要偿还了，国家又没有给公司钱，所以那是中信相当困难的时期。

记者：中信集团一直维持着多元化发展的格局，这是无心插柳还是有心栽花？

孔丹：1984年我到光大集团，2000年来中信集团。光大和中信的前20年历程中有相似之处，就是基本上是看哪个赚钱做哪个，从一开始就是分散化的发展方式。当时中信作为国家试点的窗口公司，承担着海内外的多个行业多个领域的进出口业务，发挥对国民经济“拾遗补缺”的作用，最早开展了融资租赁、海外投资、国际经济咨询等业务。同时在国内也涉足地产、化工等行业，逐渐涉及经济发展的几乎所有领域，先后成立了若干个专业子公司、地区子公司和海外子公司，逐步发展成为一个从事生产、技术、金融、贸易、服务等综合性业务的企业集团。

但有所不同的是，光大几任领导人都很令人尊重，但很不连续，往往在市场低谷时把非金融资产都卖掉了，最后汇金受国务院之命对光大注资、重组。中信则保持了领导层相当程度上的连续性，形成相对统一的文化，旗下投资有赚有赔，至今形成了金融、资源、房地产、基建、制造业等几大主要板块。

常振明：中信是一个综合性企业，投资比较广泛，比如实业、金融、卫星等各领域，有的成功，有的失败。计划经济时代，投资的概念是如果投资十个企业，必须全部成功了才行。现在市场经济条件下，投资十个企业，有两个成功就可以覆盖其他的失败。

现在看来，中信投资失败的领域，主要是行业技术进步导致的，比如柯达感光胶卷、江南磁带等。在海外投资方面，不太成功的是纸浆行业，一方面是环保要求，另一方面也是因为技术进步。

投资成功的项目则包括仪征化纤、国际大厦、大榭岛等。开个玩笑，站在2010年的角度，如果时间回到1983年，让我们重新选择投资路径的话，肯定会首先选择房地产、发电厂等。

记者：中信过去和现在的业务都如此庞杂，你们的参照物是什么？光大集团？招商局？平安集团？

孔丹：中信集团几乎成多元化模式的全国孤本。国内可以比拟的企业，同时有金融和非金融行业资产的，除了招商局，仅剩一些地区的窗口公司。前几年我们就开始"对标"，对国资委管辖的国有大企业"对标"，另外我们也跟国际上"对标"，将中信集团的各项财务数据与竞争对手财务数据对照，进行横向比较，明确自己的真实位势，并以此作为制定公司战略的依据，是谓"有所为，有所不为"。

我们国际"对标"的对象里头有长江实业、和黄、GE。从规模来说，现在我们的销售收入可能跟和黄差不多了，GE应该是我们的5倍。

我们的目标是不是做成GE？或者，我们有在资本市场的运作能力，是不是要做成一个百仕通（Blackstone）？我说，别再说是GE还是百仕通了，就做中信吧。别人很难复制我们的模式，我们也很难像别人。

金融控股探索

中信原来的全称是中国国际信托投资公司，以信托投资立名，目前也仍是财政部为主要大股东、与国家开发银行等并列的重点金融机构。

至1997年，中信旗下银行、证券、基金、保险、信托、期货等金融子公司日渐丰满，中信公司从金融板块中所获红利几乎占据了全部利润的80%以上。但问题接踵而来。这样的金融业态与1995年颁布的商业银行法不容，与中国在1997年着力建立的金融分业经营、分业监管的体系亦不容。

1996年10月，国务院有关部门包括中国人民银行、证监会、体改委等在内的机构在北京专门召开了会议，讨论中信公司如何尽快解决历史遗留问题，以适应国务院分业管理的政策。

1998年，王军本人给时任总理的朱镕基写信，提出了在中国建立金融控股公司的设想。王军称："这次所提交的中信改革方案，是公司成立以来力度最大、最深刻的一次改革。"

2001年12月3日，经国务院批准，央行向中信下达了完整的批复意见——《关于中国国际信托投资公司经营体制改革的通知》。中信由此改名为中信集团。这意味着，中信集团成为首家也是唯一实质上的金融控股集团。

但随后几年的整合却并不尽如人意，王军感到"最头疼的事情，就是如何平衡各个机构之间的利益分配"。

记者：中信集团2002年提出建立金融控股，我们专访了当时的董事长王军。当时中信的雄心是想打造"中国的花旗"，现在进展如何？

常振明：应该说做金融控股集团，当时是受时代条件限制，如果当时中信不以金融业为主，就没有继续存在的可能。

在当时情况下，从中央到国务院，各层人士都希望借中信金融控股的事情，将中国的金融产业模式往前推进一步，合力促成了此事。中央有一个共识，中信是中国改革开放的窗口，是邓小平亲自提出建立的，不能让中信倒了。中央说我要帮助你，但是怎么帮助你，你得自己说。最后我们提出一套方案，成立金融控股公司，先在下面做工作，与各个法律都不相冲突了，然后再往上报，寻求中央的帮助与支持。

孔丹：2002年我协助王军做的金融控股方案，当时对国际上各种金控集团都作了考察。最后，把中国国际信托投资集团有限公司的名字改成了中信集团，"中信"本是一个缩写，现在已经成为了一个品牌。它意味着中国国际信托投资公司是一个信托公司的性质，彻底改变了。现在中信信托只是我们金融布局下的一个子公司。

我们作了很顽强的努力，想建立一种以客户为中心的模式，为客户提供全面金融服务、综合解决方案。当初我们的金融控股想提供三个功能：一是风险控制，对他们的经营进行审计和监控；二是统一的IT平台；三是开发交叉产品，提供综合金融服务。

记者：但这一金融控股的整合方案进展得并不顺利，为什么现在不再提金融控股集团？

孔丹：中国一直没有金融控股集团的相应法规框架，没有金融控股的牌照，所以最后批复的“中信集团”的名称中，金融两个字是被朱镕基总理拿掉了。此外，法制环境和体制安排上，实际上仍是分业经营、分业监管。

现在看，那些年我们作的探索还是有效的。现在没有一个金融机构会提单一的金融服务模式，国有商业银行也没有一家会放弃投资银行业，它们的模式基本上都已经走向了商业银行加投资银行业务。从这个意义上，中信的探索尽管很难说做得很完美很漂亮，但是应该肯定这是中信的创举。

记者：如果要做金融控股，对子公司的股权100%持有是不是个基本条件，中信集团是不是因为这一点做不成金融控股的全面整合？

孔丹：我们跟花旗等有一个明显的差别：由于历史原因，我们金融机构的发展急需资本市场的支持，来不及好整以暇地设计好一个模式，把机构调整成这个理想的模式再上市，这是中信面临的实际问题。

因此为了让一些机构自己求生存和发展，集团支持它们上市。第一个是中信证券，2005年上市，当时集团资源有限，要全力保银行，集团在中信证券的持股被逐渐稀释；第二个是中信银行，按照监管要求，资本充足率等指标不达标就会被关门。这些机构上市后，加上我们与保诚对等合资的信诚保险公司，它们之间的任何配合都会形成关联交易。美国的金融控股集团下面都是100%子公司，欧洲银行下面都是不同的事业部，与前两者比较，我们会遇到协调的困难。

记者：现在金融在中信集团中的地位是什么？

孔丹：中信集团目前销售收入2000亿元，2/3来自非金融行业；盈利大约有80%多来自金融。在可预期的时间里，我相信金融应该还是盈利的主要贡献者。从总资产的比重和赢利能力的比重看，应该是金融。

中信银行无法比肩“工农中建”，但金融服务的“全面解决方案”（Total solution）也是中信的特点。中信证券是国内最大的券商；中信信托是最大的信托公司之一。中信集团在自费改革、自费发展的道路上，把有些东西做到了最好。中信证券曾经有几天市值成了投行的全球No.1，这虽不是真正的含金量，但起码它在人们的视野里了。

常振明：一个公司以什么为主业，主要看这个公司资源的配置。集团在掌握资源后，怎么配置这些资源是最重要的。中信银行与中信证券上市以后，除了保持股权不被稀释，我们就不大可能再向金融行业配置资源。因为这部分的市场价值已经实现。未来在资源配置上对非金融投资会多一些。

上市就像一条船驶入了海里，我们只要告诉这条船哪里浪高、驶向哪里就行了，不需要再亲自去划船、拖船。对这些上市公司，我们现在考虑的只是需要对股权增持或减持。

记者：我们注意到，中信证券先后有两次国际化的尝试，一次是此前和美国第五大投行贝尔斯登的合作，一次是现在进行与里昂证券的合资计划。你是什么态度？

孔丹：我们对贝尔斯登有长期的尽职调查，没有料到金融危机突变到这个程度。有人说我们幸免于难，但其实我们当时换股的比例非常小，只有 5%，一切都是在严格和稳步的推进中。金融危机打断了这个进程，但不会改变我们既定的战略。

最近动作比较大的是中信证券与里昂证券的合作，应该说还在变动中。财务和股权安排对双方不是最主要的，最重要的是形成业务协同，我对此审慎乐观。

中信泰富教训

2009 年 10 月，本来此时正是中信集团 30 年大典，但 2008 年 10 月发生的中信泰富衍生品交易巨亏案阴云未完全散去，中信集团内部庆典一切从简。

中信集团和中信泰富的关系源远流长。中信泰富的创始人荣智健是中信集团创始人荣毅仁之子。中信泰富原本是中信集团在香港最重要的平台，也是最为国际化的一个子公司。1996 年，荣智健迫切希望增持中信泰富股权，他多次找到王军，希望中信成人之美，而且他认为这是一个于中信、于他本人以及整个泰富管理层都大有裨益的选择。

此时正是中信集团资金链颇为紧张的时候。王军最终顶着当时的国内压力，将股权转让给荣智健等管理层，收回 108 亿港元。有了这笔进项，在后来亚洲金融风暴袭来之时，中信因此得以安然处之。但荣智健遇到了个人危机。1996 年末，荣智健曾以自己在中信泰富的股权为抵押向汇丰银行贷款，来受让中信公司转出的 18% 的股权。但是到 1998 年，中信泰富股价骤跌，荣智健的资产严重缩水，被银行逼债，否则极可能强行平仓。中信伸出援手，动用 19 亿港元在二级市场回购中信泰富的股票，再增持 4% 的中信泰富股权。中信实业银行亦向荣智健提供了 10 亿港元的贷款，让他躲过一劫。中信泰富股价回升了30%。

但未料到的是，2008年10月20日，中信泰富爆发危机。荣智健黯然宣布：中信泰富为对冲澳大利亚铁矿石项目的货币风险，与13家外资银行签订若干杠杆式外汇产品买卖合约，约定的澳元兑美元汇率在1 ∶ 0.87，当时的汇率最低已经跌至1 ∶ 0.6，中信泰富的亏损敞口高达147亿港元。接下来的时间里，泰富几乎每天以1.1亿港元的规模继续扩大损失面。

荣智健再度向北京求救。11月1日，中信集团确定了解决中信泰富问题的方案：一方面紧急向中信泰富提供15亿美元备用信贷，随后泰富以每股8港元的价格向中信集团定向增发14.5亿股股票，替换上述备用信贷。增发完成后，中信集团对中信泰富的持股比例增加到57.6%。

另一方面，中信集团按照澳元兑美元汇率1 ∶ 0.7的水平承接53亿澳元期货合约，中信泰富向集团支付约11.8亿美元对价，外汇衍生品的风险敞口被转移至集团层面。

在此后的数月中，中信泰富发生了一个V形逆转。2009年中信泰富的中报称，公司实现盈利24.68亿港元；到2009年8月5日，中信泰富的股价摸高至24.05港元，这意味着集团持股的账面盈利达到30亿美元；澳元兑美元的汇率至今维持在0.8~0.9之间。虽然衍生品合同到2010年10月结束，但危机基本已经过去。

荣智健为此付出了惨重的代价，他辞去了中信泰富董事局主席。中信泰富颇为庞杂的多元化资产由中信集团接手。2009年4月起，为解决中信泰富危机，重新整合资产，履新数日的中信泰富董事局主席常振明出手将部分非核心资产出售，套现近百亿港元。

在采访结束后几天，常振明要再飞澳洲，处理中信泰富在澳大利亚投资的磁铁矿项目。这是他最近最主要的工作。

记者：为什么要再三出手救中信泰富？听说这在中信内部亦存在争议？

孔丹：2008年9月22号我到纽约，约了华尔街四个人见面，其中原雷曼兄弟董事长富德（Dick Fuld）见不到了，因为雷曼兄弟在一周前垮了。当时我说我们好像还行，结果也就一两天工夫，我们也掉窟窿里了，因为最国际化的中信泰富出事了，当时形成的损失是20亿美元以上。那个时候，我也有明年今日不知身处何处的强烈感觉。

尽管当时中信集团只持有中信泰富股权的29.4%，但如果置之不理，中信泰富定将陷入破产境地，中信集团也定会受到极大的影响，一是财务损失，二是商誉损失，而后者的损失很可能大于前者。此时，国务院也有指示：中信集团要对中信泰富负起责任来。站在这样的角度，中信集团必须从维护香港金融市场稳定的大局出发，切实履行集团作为负责处置中信泰富风险第一责任主体的责任，采取果断措施有效化解风险，以集团的信誉重建市场对中信泰富的信心。

常振明：救中信泰富，历史上就这一次。上一次也是我处理的，中信泰富自身未受损，是荣智健个人出现了财务问题。这次救中信泰富，是因为中信泰富的资产还是不错的，并不是没有挽救的余地。

中信泰富的发展曾给集团带来很大的益处，它在香港又是红筹股又是蓝筹股，业务结构还不错，有一些优质资产。它曾经税后净利润达100多亿港元，占整个中信的比重也很大。中信泰富从1990年成立以后做了很多项目，包括香港电讯、中华电力、国泰航空、港龙航空、上海的两桥一隧等，曾赚过很多钱。当时在国内引起很多争议，因为那时香港还没有回归，认为是中资给英资接盘。现在看，中信泰富的这些投资都是正确的。对于香港的稳定作出了非常大的贡献，说明当时荣智健的眼光是非常不错的。

记者：虽然衍生品合同危机化解，但并不意味着中信泰富彻底转危为安。备受争议的澳洲磁铁矿项目进展如何？

常振明：此矿是世界最大的磁铁矿，年处理的铁矿石的吨数是中国最大的铁矿石年处理量的4倍，对中国的意义很大，中信百分之百持股，是中国在澳大利亚唯一一个百分百持股的矿。理论上这些资产是越大越好，那里有全世界最大的研磨机。但是毕竟是第一个做的，没有参照物。预计到明年产量将达2700多万吨，总投资逾50亿美元。

记者：未来中信集团怎么防止发生类似中信泰富的风险呢？几乎是一个风险就可以吃掉整个集团的利润？

孔丹：救中信泰富，对中信集团是很重要的，但是我们不能再让它出现了，要最大限度减少像这样的冲击的概率，这真是一个难点。

在2008年中信泰富危机之后，我们专门设立了风险管理部门，现在正在推动从集团到子公司风控流程的管理。从风险控制角度说，不同的行业有不同业务流程和业务领域，有不同的风控重点。过去子公司自身独立发展的时候，从集团角度我们管控不够。顺利的时候发展得很好，出现问题时抗风险能力就下降。

另外很重要的是要把风险的权重控制住，不能让一个局部损失吞噬了整个机构。一些西方金融机构的有毒资产，把多少年的积累全部吃光都还不够，最后不得不破产。我们万万不能出现这种情况。

常振明：在中信成立之初，集团的控制力比较强。成立子公司以后，相对比较分散。但是我认为现在的集中是在另一个层面上的集中，并不是在经营策略上的集中，不是要干涉子公司的经营，而是在风险控制、财务管理、战略规划上的集中。

多元化新格局

中信泰富危机始末，再次授人以口实——中信的管控出了什么问题？如此庞大的综合性公司若按照现有的模式管理，到底能不能控制住风险，一旦控制不住，将造成什么样的后果？最好的解决方案是什么？

这不是中信集团第一次受累于子公司的混乱和风险。历史上，中信集团有多少子公司、孙公司、孙孙公司，是一个谜。“多级负债、多级经营”的模式，使得在相当长的时间里，中信向子公司投入或借出的资金往往有去无回，或只还息不还本。用王军的话说：“子公司有了利润的时候不上交，造成亏损却要总公司来给它补，公司的并表利润并不少，但是（总）公司没多少钱。集团的负债率居高不下，一旦外部信用环境恶化，不仅集团本身承担巨大债务风险，而且对下属企业负债也将承担直接的信用风险或间接的道德风险。”此番泰富危机再次印证了现有模式的短板，这使得中信集团不得不用高昂的成本来维护其信誉。

王军回忆说：“1993 年我们开始清理非生产性、经营性的子公司，大概一直到 1996 年才完成，撤销了 600 多家公司。”目前，中信集团旗下子公司仍在 400 家左右。

2009 年，在中信之前，仅仅排列着国资委系统的中移动、中石油、中石化、中海油以及神华集团，若论中央金融系统，中信仅仅排在了工、农、中、建、交、开的后面。但所有排在中信前面的公司，几乎都为行业垄断者或行业寡头，且没有一家是综合性公司。显然，条条型的管理模式对风险的管控具有先天的优势。中信的掌门人清晰地意识到，现有的经营模式“导致了资源配置过于分散，资源配置效率不甚理想”，从而提出“综合优势明显，若干领域领先”的新战略，并在银行、地产、工程承包领域进行了相当大手笔的整合。

2009年10月，中信集团向中信银行转让中信国金70.32%的股权，此前的2008年底，以中信嘉华银行为前身的中信国金已经完成了转型进程。这一结果最终令中信集团商业银行业务形成了一个有机整体。

2009年10月，国华国际工程承包公司与中信国际合作公司整合为中信建设，成为中信集团工程承包业务的实施主体，这一年中信建设新签合同额320亿元。

2009年，中信地产的整合进一步深入，中信华南集团与中信深圳集团都整合到中信地产名下，当年中信地产跻身中国地产公司200亿元俱乐部。

记者：中信的多元化战略"综合优势明显，若干领域领先"是什么意思？

孔丹：到目前为止，我们相信多元化模式是可以持续发展的，但是需要进一步去整合，或称改革创新。我们的愿景是建立一个"综合优势明显，若干领域领先"的跨国企业。这还够不上一个清晰的战略的框架。只能说用这几句话来统领和引导我们战略的设计。

如果只是每个行业自己发展，不能称为"综合优势"，你可以做一个PE投资公司，你可以选择好的业务领域，但是谈不上是一个有机整体和综合优势。"若干领域领先"，是指要选择那些在行业中成长性好的领域。它还意味着，如果哪些领域中我们没有能力获得优势，就得退出。

常振明：在集团层面上发展综合性业务，让子公司朝着专业化的方向发展，效率才会更高。像中信在1993年、1994年最困难的时候进行分权，让子公司自己去生存，结果子公司出现很多的风险。这时中信又要进行整合，处理风险，进行风险控制。现在中信成了一个很大的集团，在风险防范等一系列方面都要进行统一指挥。只有子公司向专业化方向发展，这种风险才能够控制。

记者：未来中信集团在非金融产业上的战略布局是怎样的，又将怎样调整？

孔丹：外国的机构扩张规模主要靠并购，中信把自己定位成一个跨国公司，但国际化一定要在中国经济成长的基础上，不要变成花拳绣腿，还得符合我们自己的实际。

中信的非金融业投资包括资源、工程和海外工程、基础设施、房地产，还有在发展过程中间形成的有优势产业的制造业。

国际方面，资源性的投资还是重点。海外收购，我们相对比较审慎。海外收购需要合适的时机（right timing），合适的定价过程（right pricing）以及合适的团队（right team）。

海外工程的战线长、布局宏大，赢利能力有限，但发挥的作用超出了财务表现，因为它是国家海外战略的配合，符合中信自己的国际化战略。

地产行业适合中信，发展得非常快。中信有一定品牌，有相当的融资能力，有良好的政府关系，有很强的社会责任感，这是中信的优势。它还跟中信的金融业务形成很好的协同，这两个行业是可以互相配合的。在有些地产需要融资的时候，地产公司对它作价值判断，当它不能偿付时，我们接过来继续发展，使得这方面的信托产品安全可靠，地产也得到很好的回报，我相信其他机构没有这样配合的能力。

常振明：我认为特别要重点培育和优先支持那些具有较高行业地位、较高技术含量、成长性良好、对集团收入和盈利贡献度较大的企业和业务。

中信希望只做某些领域，而不希望业务太分散。中信希望做能在技术等方面做到领先的领域，例如洛阳的中信重机，我们希望它可以成为中国矿山机械制造业的排头兵。还有像中信泰富的特钢、矿产等。而对于没有同行业领先优势的领域，中信是不会给它们配置资源的，也不会投资这些领域。

记者：中信集团的组织结构是否要有相应的改革和调整？

孔丹：现在我们整体的关于协同效应的想法，已经不同于2003年开始推综合金融服务的时候了。金融控股公司原本是集团金融业务的业务协同平台。最近我提出，把金融控股公司同时作为集团的业务协同部。既然综合优势离不开协同效应，既然我们不能离开这种很敏感、大量的关联交易，那我们索性就把这个负责金融业务的协调平台扩展为全集团的业务平台。

不能发挥协同效应，就谈不上综合优势。比如，在一些有资源的国家和地区，进行海外工程的建设，用工程换取资源，既得到我们经济发展需要的资源，也去帮助这些国家的经济发展建立一些基础设施。再比如，我们在哈萨克斯坦有一个合资的油田，最近，我们又搞了一个基金专门投资于中国或者哈萨克斯坦那些有发展的行业。中信在这方面应该说有一定的经验和能力，我们对协同效应的进一步提升还是有信心的。

协同中要处理很多风险的传递，控制风险权重，这肯定是中信面对的挑战，不能再出现一个大而不能倒的企业。

常振明：虽然中信集团是一个综合性集团，但我们下一步管理的方针，是实现下属子公司的专业化，这将是我们未来面临的最大的挑战。目前中信泰富、中信国安等都是综合性公司，这些公司以后都需要向专业化方向发展。中信泰富已经定位在铁矿、特钢、国内的房地产领域。国安也将慢慢变为专业性公司，投资集中于一个方向，子公司之间不搞重复的业务。

整体上市韬略

2010 年 5 月，中信掌门人孔丹满 63 岁。离“交棒”的日子日渐临近，这时候的孔丹，心绪十分不平静。作为掌门人，他这四年可称不辱使命，财务数据、业务结构均可为证。“我还想做什么？就是要创造一个更大的平台，让后面的人在这个平台上带领中信继续往前走。我不要中央注资，只要放我出海。我对一位主管领导说：你只要放我们出去上市，中信可以再拿 100 亿美元回来。”他私下对朋友谈及。囿于目前 A 股市场一块资产不能上两次市的规定，中信集团可选择的是海外整体上市。

从 2008 年起，中信集团实施整体上市的战略被提到了日程。中信集团监事会给国务院的报告称：“中信集团现在到了改革发展的关键阶段。”孔丹认为，择机整体上市是中信“在改革发展关键时期作出的历史性选择”。他希望通过整体上市，倒逼中信集团调整其发展模式。

记者：中信历史上有几百家子公司、孙公司，集团甚至不知道下面有多少公司。大家各自打拼，有了利润自留，出了危机才找总部，这种情况是否已经扭转？

孔丹：一个硬币有两面，中信比较分散的多元化结构是历史造成的特点，也是缺点。由于生存发展的需要，每个子公司都需要获得资本金补充，所以中信集团一条一条地把船放出海了。但如果每个舰只都有完全独立的发展，就不能被称做联合舰队了。所以，联合舰队必须要重新整编，每个船都要明确它的功能。

过去中信集团发展的特点叫“两个积极性”——总部的积极性和子公司的积极性。长期以来，我们为每个子公司的发展创造条件，遇到问题，集团就帮它解决问题。原来子公司亏损时就帮助它；盈利了我们一般要求按年度净利润的 50% 上交，但子公司需要继续发展，商量后就把资金留下。

但这个过程中，我们也慢慢认识到一些问题。过去很多时候，是单纯支持子公司发展、解决子公司的危机，从配置角度看力度还不够。对需要加强的、局部发展的领域，有时候集团和子公司是不一致的。配置不仅是指资金，还包括人力和管理的配置，整体来说，中信集团把提高配置能力作为下一步的要求。

记者：你提到中信集团的并表数据非常骄人，但总部实力能否支持这种多元化配置能力？

孔丹：总部的实力比以前大大地加强，资源配置能力也随之增强。2008年金融危机来临之前，我们有流动性的准备，从集团到中信银行到中信证券，各层次融资合计1000亿元。总部现在的特点是资本运作能力非常强，房地产业务一年就可以有300亿元到600亿元的销售额。

常振明：去年一年中信集团所获分红在50亿元左右。但出售中信银行5%股权给BBVA的一次性收入就达100多亿元。中信集团层面的资金实力应该是有史以来最强的时候。

记者：你们多次提到GE，也提到GE是整体上市，是否意味着中信集团也要走这条路，而且这也能增强集团的资金实力，更有利于你们的资产配置？

孔丹：我们希望把集团整体上市作为一个契机，把加强协同效应、风险管控、战略管理及相应的资源配置作为推动集团经营方式转变的抓手。

中央最近经济工作会议和总理政府工作报告里面提到，推动国有大型企业母公司的股份制改造。从2008年我们就开始酝酿，到去年形成推动整体上市的思路。

对中信集团而言，未来30年能不能发挥原有优势？能不能克服由于历史原因形成的分散，集中管理的相对薄弱？资源配置能力、资产负债结构、激励约束机制等各方面还存在很多缺陷，能不能在后续发展中调整克服？

中信集团下面有十几个上市公司，在国内的法制环境中整体上市还是不可行的，所以现在想先推动股改，看能不能择机实现境外上市。现在没法提供一个日程表，只能说是启动着推动着吧。这是一个路径，或者我称之为倒逼机制。所谓倒逼，不是时间的倒逼，而是模式、路径和目标的倒逼，我们都有紧迫感和危机感，还有很多应该协调的事情，要解决的问题还很多。

记者：你提到内部整合，这比较敏感。整体上市是否会引起子公司的阻力？

孔丹：就算要整体上市，也要坚持“两个积极性”，不能泯灭掉子公司的发展动力。它在要发展的行业、领域，我们一定要支持它最大限度地发展，但是我们必须权衡风险。一方面要加强风险控制，一方面要加强协同，股改和择机上市，可能是一个路径，是一个历史的选择。

记者：整体上市是否意味着要对旗下子公司进一步有股权上的整合，如私有化？

孔丹：2008年11月，我们把集团在香港上市公司中信国际金融控股公司私有化了，再把它放到中信银行里，把整个银行给拉直了。

私有化和上市都是手段，在什么样的阶段做什么样的事。从证券监管角度，太多子公司上市，上面就会不太好安排了，我现在不能说是不是要对哪个机构私有化，但是各种手段只要是需要的，都可以用。

我们希望通过这个方式实现多层次的价值，比如说改善资产负债结构、提高防范风险的能力。对于只从国家获得过2.4亿元资本金的中信，它发展起来和继续发展都离不开资本市场。

很多国有机构的股改上市需要大规模的资金注入，但我们这次整体上市希望保持一个特点，即自费改革。

常振明：我们正在制定“十二五”规划，面临很多的挑战。比如在经营上，如何在整体上市的基础上进行分业经营、分业管理，然后再分别上市，如何对这种模式进行管控，都是需要研究的课题。

（注：（1）本刊实习记者司广亮对此文亦有贡献。（2）本文背景资料部分引自中信出版社即将出版的《艰难的辉煌：中信30年之路》一书，特此感谢。）

第五辑
银行改革之路

国有银行改革中期报告之一

——专访中国工商银行行长杨凯生

采访人：张继伟、于宁、郭琼

发表时间：2006-5-15

我们对投资银行建立了两种工作机制，一是协调机制——工行的股改办公室和承销团每天都会有接触；二是严格的考核机制——我们会根据各家投资银行的表现、业绩、对工行 IPO 的贡献来分配承销收入。

5 月 11 日，中国第三大银行中国银行董事长肖钢、行长李礼辉在香港开始了海外路演之旅。中行预期于 6 月 1 日在港挂牌上市，IPO 规模预期将达 80 亿美元以上。

中国交通银行于去年 6 月 23 日在港上市，为 2003 年底以来国有银行重组上市巨潮揭开了序幕。此后接近一年时间，除了中国农业银行，国有商业银行巨头中国建设银行、中国银行、中国工商银行之“财务重组－银行结构重组－战略引资－上市冲刺”的梯队阵形渐次清晰。

交行、建行上市，适逢资本市场上的“中国概念”迭受热捧之际，股价攀高不止；中行、工行则冲到了“临门一脚”的关口。上市是一个重要标志，事实上，在完成充分的财务重组后，国有银行巨头们的资本充足率普遍在 10% 以上，处于历史上最好的时期。而上市的目的主要已不是为了募集资金，更在于为两年来的重组进程作一个阶段性的总结，向资本市场提交小结报告，并接受其持久而系统的考验。此时此刻，正是既济未济的紧要时分。

从本期开始，我们将逐一采访各大银行的决策层，刊发“国有银行改革中期报告”系列文章。“横看成岭侧成峰”，由于各大银行在梯队阵形中处于不同位置，可以想见，他们的视角将有令人兴味盎然的不同之处。

本期率先推出的，是中国工商银行行长杨凯生的专访。

在完成境外上市后，我们也愿意尽快在A股上市

记者：自从交通银行、中国建设银行去年上市以来，国际资本市场持续看好中国金融股。这是一个不可多得的“时间窗口”，中国工商银行如何安排自己的上市时间表？

杨凯生：工行的目标是争取在今年年内择机，在合适的地点、用合适的方式公开上市。上市地点和方式并不完全取决于我们。我们会抓紧制订方案，尽快上报。只要条件允许，在完成境外上市后，我们也愿意尽快在A股上市。

至于上市具体时间的安排，我们不会和中行同一个月上市。工行自己在准备工作上，有非常具体的时间表，甚至细到“日”。以这个时间表衡量，目前一切都在按计划展开，尽在掌握。

记者：工行上市承销团选定了多达五家投资银行参与，这出于什么考虑？

杨凯生：国际上大型的IPO还有过选择更多家投资银行承销的情况。工行的IPO规模，在世界上近些年来也是屈指可数的，当然需要较多的投资银行参与。

我们的考虑是要让投资银行优势互补。我们既选择了美资，也有欧资，再加上国内两家投资银行，组成了承销团，这样可以充分发挥各家投资银行的专长，客户的覆盖面也可以触及全球资本市场，可以为我们带来更好、更多的投资者。我们对投资银行建立了两种工作机制，一是协调机制——工行的股改办公室和承销团每天都会有接触；二是严格的考核机制——我们会根据各家投资银行的表现、业绩、对工行IPO的贡献来分配承销收入。

记者：工行在IPO时，是发行新股，还是说中央汇金公司和财政部作为股东可能出售一部分老股？

杨凯生：发行新股还是卖老股，不是完全由工行决定的。我们会尊重股东的意愿，也要根据市场的状况进行综合考虑。事实上，这两种方式各有利弊：发行新股是新增投资，总股本要增加，如果在盈利水平不变或变化不大的情况下，对ROE（股本回报率）有影响；而卖老股是股权套现，不增加股本总量。应该讲，发行新股和出售老股拿到的都是真金白银。就工行目前的情况来看，两种方式都可接受。

目前工行资本充足率接近11%，核心资本将近10%。资本充足率过低对银行抗御风险不利，但过度资本化也需要防止。所以，就工行而言，我们觉得

增发新股问题不大；如果原有股东愿意出售老股，也是好事。我们尊重股东的意愿。

记者：近一段时间，国内舆论还有关于“银行是否贱卖”的讨论。工行的引资价格和相应条款的安排是什么样的？

杨凯生：4月28日，我们分别与高盛集团、安联集团和美国运通公司顺利完成了资金交割。这三家境外战略投资者总计投资约为38亿美元，购买工行新发行股份241.85亿股，股权比例总计为8.89%。这是迄今为止境外投资者对中国金融业最大的单次投资。

三家境外战略投资者对工行的入股价格，以2005年底每股净资产价格为基础，再加上必要的溢价，引资价格在目前国有商业银行引资中是最高的。现在看来，工行的引资从谈判到协议的签署都比较顺利，基本上是按着我们的意愿进行的。

在具体操作中，工行和高盛投资团首先确定的是投资总金额。战略投资者出资38亿美元，购买工行不到10%新发行的股份；每股价格是经过国际会计师事务所审计的、工行2005年末的每股净资产的一定倍数；确切的入股比例，随价格和计价时点的变动而有不同。经过国际会计师审计，工行2005年末每股净资产额相比政府注资时的每股净资产，已经有所增值，所以战略投资者的股权占比也相应降低。

你说的条款安排，我想指的是战略引资协议。目前还没听到有人说工行在引资过程中有什么“保护性条款”之类的议论。事实上，一个商务谈判，外人没有置身其中，很难了解其过程。不过我可以坦率地讲，工商银行的引资协议没有对我们不利的条款，这让我们比较满意。

记者：工行上市引资的战略投资者中，没有一家商业银行。工行如何权衡其间的利弊得失？

杨凯生：工行引进了包括高盛、安联和美国运通在内的投资团，他们分别在投行、保险和信用卡方面拥有全球领先的实力。对引资模式，我们是经过深思熟虑的。

这一做法的最大好处在于，首先，合作伙伴不会和工行的主营业务——商业银行业务产生不必要的竞争和利益冲突。外资银行进入中国是早晚的事，而境外大型商业银行一般都有自身独立的发展计划，这就难免会带来利益冲突；即使设置一些技术性防范措施，比如不许他们在中国发展自己的分支机构，也很难完全避免冲突。所以，我们没有考虑把业务上类似的国际大型商业银行作为战略合作伙伴。

其次，工行选择的战略投资者，对商业银行的经营管理也是熟悉的。德国安联保险集团甚至还同时控股德国大型商业银行德累斯顿银行，美国运通公司则不仅是旅行、金融和网络服务公司，属下还有运通银行。今后，中国的商业银行也要走综合化经营的道路。工行近几年一直在进行经营模式和增长方式的转型。通过借鉴国外先进金融机构的经验，可以使这个转型成本更低，转型过程更顺利。

再次，工行在引资时，更加注重“引智”。选择高盛这样全球领先的投资银行还有一个好处，就是他们拥有强大的研究机构。高盛承销过国际上很多银行，对全球商业银行的管理有着丰富的经验，可以把工行和全球的上市银行放在一个标准上来比较，进而比较坦诚地提出问题，并建议我们如何改进。如果对方是外资商业银行，恐怕就很难做到这一点。从这个角度来说，也许，像高盛这样的战略投资者对我们的帮助更大、更直接。此外，我们还可以直接得到他们在风险管理、资产管理和公司治理等方面的经验。

比如说，今年 3 月 16 日，工行和高盛的“7+1”战略合作项目正式启动。所谓“7”，就是双方在公司治理、风险管理、资产管理、资金交易（工行参与产品设计）、公司与投行、不良贷款管理和员工培训等方面展开合作；相应地，我们成立了七个联合工作小组，分别负责项目的具体实施。“+1”，是指由工行控股的香港上市银行——工银亚洲，也将在发债及融资等方面，与高盛在国内外市场上展开合作。

为保证双方合作项目取得实效，工行和高盛专门成立了战略合作项目联合指导委员会，我担任该委员会联席主席，高盛方面则由亚洲首席执行官 Michael Evans 出任联席主席。七个项目都成立了负责具体业务的小组，每个小组都有我方和投资方的负责人。每个项目小组都确定了具体合作目标和时间表，很多领域的战略合作在项目启动大会之前就已经深入开展。

在公司治理领域，高盛正在帮助工行建立一套符合上市公司要求的信息披露系统，并在投资者关系管理方面给予工行帮助；同时，高盛还帮助工行建立一个对关联交易进行监控和管理的系统，从技术平台到制度政策方面给予帮助。在风险管理领域，高盛与工行正在共同对信贷风险管理组织架构及职能分工进行研究，再造风险管理业务流程，设计一整套关于贷款组合风险管理的方法、模型和系统，等等。

现在“7+1”已经全面启动，有些已经取得了初步成果。比如在高盛的协助下，我们研发出了以人民币为本金、内嵌多种外汇衍生产品的双币种结构性理财产品；并根据内嵌产品类型不同，设计了分别同汇率、利率、商品、信用事件以及股票指数挂钩的五大类双币结构性理财产品。这帮助我们在原来的人民币理财产品和外币理财产品的基础上，进一步实现了产品的多元化和丰富化。

只能在实践中摸索哪种机制更好

记者：工行在股份制改革之后，董事会是否开始运作了？多长时间开一次董事会？董事会、监事会、股东会以及党委会及管理层如何界定并履行各自的职责？

杨凯生：工行从2005年10月改制以来，“三会”（加上党委会就是“四会”）的运行情况，一是运作正常，效果良好；二是还需要在实践中进一步摸索提高。

董事会已经开始履行自己的职责了，需要经董事会审议通过的事项我们都开了董事会。工行的各位董事积极深入地参与了决策，他们很尽责，经常深入到总行有关部门和分行开展调研，以便审议和决策时更有针对性。截至目前，管理层提出的议案，大多数得到了董事会的认可和通过，但也有因董事提出意见而延期再审的。至于董事会召开的次数，因为今年是工行的“上市年”，召开得就比较频繁，差不多一个月甚至不到一个月就有一次。我想上市以后各项工作步入正轨了，董事会召开的频率可能就不会这样高了。

职责的履行应该按照公司章程进行。比如年度经营计划、股本结构的改变等重大事项就要经董事会通过，有的还要经过股东会，管理层则负责银行的具体经营活动。在职责的履行上，有明晰的授权区分，对于经营管理层针对不同事情有不同的授权。目前工行的授权方案已经做出来了，股东会已经审议过了。

记者：工行在总行层面即将进行哪些部门调整？

杨凯生：股份公司成立以来，在调整总行的部门设置方面，工行已经拿出了比较系统的方案，并经董事会审议通过。总行部门设置改革的基本原则是前中后台进一步分离、自营业务和委托代理业务进一步分离、营销职能和管理职能进一步分离，主要体现在信贷管理、资金营运和会计结算等部门上。信贷管理的改革主要是设立中小企业信贷管理部门和信贷监督部门，对评估和授信职能进行集中，同时重组风险管理部；资金营运改革主要是实行本外币资金交易集中，设立前台的金融市场部门，组建后台的资产负债管理部门；会计结算改革主要是进行结算营销与会计管理职能、监督职能的分离。这项工作很快就会见分晓。

记者：工行是否准备进行垂直式的事业部制改革？

杨凯生：对于这个问题，我们一直在研究。国外有一些银行实行事业部制，而中国的大银行基本上是条块结合、以块为主的管理模式，不能说哪种模式就绝对好，其形成都有一定的条件和土壤。对这个问题我们是非常慎重的。我们不能拿 6 万多亿的资产开玩笑。

我们一般不讲垂直管理，而是讲加强管理、集中管理或者系统化管理。我们也一直在探索，择其要者已进行了集中管理。比如在人事管理上，工行基层员工的工资情况在总行都能查到，目的是保证基层员工有合理的收入。一方面要求加强考核，打破大锅饭，另一方面固定收入和考核收入要有合理的比例，不能让一些一线员工收入过低。还有，前几年我们成立了票据专营机构和信用卡中心，最近又在对个人金融业务进行专业化改革试点。另外，工行的内部审计系统是完全独立的，有十个内审分局，内审的人事、财务、费用都由总行直接拨给。这些都是我们的尝试，现在看效果都还不错。

但是，我们目前不可能对所有的业务和管理事项都进行集中管理。机制改革只能从运作中来看，在实践中摸索哪种机制更好。但不管怎样，统一法人的模式是清楚的。

记者：你也提到，银行的管理链条过长，会造成一定的传导失灵。工行对于分行体制的改革是怎样部署的？

杨凯生："扁平化"和"条条管理"是两回事。扁平化是减少层级和冗员，工行现在已经这么做了；层次少一点，管理链条短一点，这是趋势。但这有个度的问题。层次越少，对上级行精细化管理的程度要求就越高，总行不可能直接管理两万个机构。我们目前正推进扁平化管理改革，到 2007 年会有明显成果。

记者：综合经营是目前的一个热点话题，交通银行就成立了综合经营小组，并申请试点。对此，工行的战略是什么？

杨凯生：综合经营是一个发展方向，对于其他银行这方面的进展，我们一是乐观其成；二是要认真学习和借鉴。工行开展综合业务也是比较早的，比如在银证、银保等业务领域，目前还占有优势。我们第一家合资成立了基金管理公司，最早设立了投资银行机构等。我的看法是，综合经营既是目标，更是过程；业务要一项一项地开展，目标要一个一个地实现，目前不宜一律加上“混业经营”的名义，这样就把问题复杂化了。

另外，还要看股东有没有这个投资准备，因为有些业务办起来可能是要承担几年亏损的。所以，还要把我们的经营偏好和股东的意愿结合起来。

对于操作风险，抓得紧和不抓紧效果大不一样

记者：近年来，银行基层机构爆出了一些金额很大的案件。工行是如何进行风险控制的？

杨凯生：银行主要面临着三种风险，就是市场风险、信用风险和操作风险。一般来说，市场风险控制在技术上的难度最大，对银行的风险定价能力要求最高，由于中国目前利率还没有完全市场化，还没有充分表现出来。汇率风险已经有所显现。信用风险是个老问题，特点是一旦形成，损失会比较大。工商银行有近两万个网点，我们任何一个网点发放一笔贷款，现在都可以实时地反映到总行的控制系统中。比如这一客户和集团客户有什么关系，整个集团客户授信额度有多大，这笔贷款有没有超过集团授信的总额度等，都可以实时反映。同时还有预警功能和风险提示功能，如果出现问题，比如超过授信额度，系统就自动锁定了。工行信贷上的计算机系统不仅是个统计系统，而且直接和会计系统联系在一起。如果基层行还想给这个企业增加贷款，在账务上就无法处理了。通过这一系统，工行在很大程度上控制了信贷风险。

操作风险方面，目前银行系统暴露问题较多，特点是“小概率大风险，大概率小风险”，特别是基层行内外勾结的窝案是典型的小概率大风险。对于操作风险的控制，除了管理水平，员工的素质、公司的文化、社会环境、法制环境等因素都起作用。中国的银行网点数量多，层级多，管理机制传导到神经末梢失灵，这种情况是有的。不过事实证明，对操作风险，抓得紧和不抓紧效果大不一样，特别是通过IT系统的硬控制，可以起到预警和防范作用。我们加大了IT技术在内部控制中的应用，在业务需求分析和软件开发阶段，就将相应的规章制度和管理要求融入并固化在系统控制和操作流程中，强制经办人员照章办事。这在很大程度上排除了人为因素对内控有效性的干扰。

2000 年以来贷款的不良率持续保持在 2% 以内

记者：今年一季度的数据出来之后，引发了业界对于“经济过热”以及“硬着陆”的讨论。工行对宏观经济周期的看法是怎样的？如何进行相应的信贷政策调整？央行 4 月 28 日上调了人民币贷款基准利率，你如何看待这次升息对宏观经济和商业银行的影响？

杨凯生：近几年，工行下力气主动进行信贷结构调整，坚持实施总量控制、有进有退、有保有压、区别对待的信贷政策。在抓好贷款存量结构调整的同时，把好新发放贷款的投向和节奏，通过收回再贷，增加贷款的周转速度来保证贷款投放量。

2004 年以来，工行每年累计发放贷款在两万亿元左右。有了这个数量，新增加的贷款也就反映为 2000 亿元到 3000 亿元。关键是让贷款动起来，而不是沉淀在企业里面。贷款动起来了才说明企业有活力，银行的贷款质量才有保证。2000 年以来工行发放的贷款的不良率，持续保持在 2% 以内。

过去，我们的贷款一直伴随着行业兴衰和企业生死的全过程，一旦进入就很难退出。近些年工行非常重视行业信贷政策的制定和实施，目前我们已经出台了 28 个行业的信贷指导意见。在这种情况下，工商银行对钢铁行业的贷款，2003 年末行业总体贷款余额，比 2002 年下降了 129 亿元；又经过两年时间，到 2005 年 12 月末，工商银行共从 1203 户钢铁企业减少贷款 249 亿元。

但这不是搞“一刀切”，宝钢、鞍钢还是我们的贷款大户。这样，到去年底，我们在钢铁行业的不良贷款率下降到了 3.74% 的较好水平。去年底，国家发改委曾提示钢铁、电解铝等七个行业现实产能过剩，水泥、电力、煤炭、纺织等四个行业潜在产能过剩。截至去年底，工商银行对这 11 个行业的贷款的不良率平均为 4%，比 2005 年 6 月末时又下降了 0.35 个百分点。

我认为，这次人民银行上调人民币贷款基准利率，主要意图还是为了抑制过度投资，协调经济增长过程中投资与消费的关系，引导各种资产的合理定价，有利于增强金融体系防范风险的能力，保持国民经济持续、快速、协调、健康发展的良好势头。此外，利率上调的幅度比较温和，主要是向市场传达“信号”，影响市场主体的心理预期，进而起到调控的作用。

对于商业银行来说，贷款利率上调，对于商业银行赢利的影响具有两面性：一方面是将扩大商业银行的存贷款利差水平，提高赢利能力；另一方面，贷款利率上升，也可能会在一定程度上抑制贷款需求。

国有银行改革中期报告之二

——专访交通银行董事长蒋超良

采访人：胡润峰、付涛

发表时间：2006-6-26

“我们现在如果铺很多摊子，增开很多网点，又会走国有银行的老路。”

2005年6月23日，作为国有商业银行改革的先行者，交通银行在经过财务重组、引进境外战略投资者等一系列改革后，在香港成功上市，成为第一家在境外公开上市的内地商业银行。

上市一年来，从战略部署的重新调整，到业务流程的垂直改造；从与汇丰的信用卡合作，到综合经营的快速发展，交行经历的阵痛与收获，再次证明了资本市场的铁律——上市绝非改革的结束，而是破茧化蝶的“地狱之旅”的开始。

6月9日下午，在上海交银大厦，交通银行董事长蒋超良接受我们的独家专访，详细阐述了交行的思考与努力。今年49岁的蒋超良于2004年出任交通银行董事长前，曾先后担任过央行行长助理、湖北省副省长。

走出“同质化”怪圈

记者：迈入“重组—上市”进程以来，交行有什么样的战略转型路径？

蒋超良：交通银行是较早提出战略转型的银行之一。我们在战略转型方面进行了一系列思考，对未来几年业务转型的重点和路径，已基本形成共识。我们的目标是，希望建设成一流的国际公众持股银行。在香港H股上市以后，实际上就已经是国际公众持股银行了。但是要想实现一流的目标，就要通过战略转型。

我们想从三个方面完成战略转型：首先，管理转型。我们开始做符合国际标准的商业银行，其经营管理大概只有十年的工夫。在十年间我们作了一些努力，但是管理上和国际一流的商业银行差距还是很大的，包括流程、管理架构、公司治理、内部控制与审计，都还是习惯于过去的专业银行模式。

其次，业务转型。我们国家所有商业银行的公司业务一般都占 80% 以上，这和西方商业银行差距很大，他们的零售业务占 50%~60%。（我们的）公司业务受宏观经济影响比较大，耗费资本比较多：宏观经济处在上升时期，公司业务会带来丰厚利润；但是宏观经济处在下调周期，企业资金链断裂，造成不良资产，拨备增加，净利润下降。

具体业务上，一是积极打造一流的零售银行；二是大力发展中间业务。2005 年交行中间业务收入突破 30 亿元大关，在各项收入中的占比达到 6% 以上；三是大力扶持小企业客户，推出了面向小企业客户的“展业通”品牌服务；四是积极发展创新型业务。

第三个转型就是战略定位。中央“十一五规划”提出来，商业银行可以进行综合经营的试点，为我们公司的定位勾勒出了前景。也就是说，从一流的商业银行向综合性的金融集团转轨。

记者：中国的银行目前公司业务的同质化竞争还比较普遍，大家又都提出来要办优秀的零售银行。交行在打造零售银行方面有什么不同之处？

蒋超良：现在任何一家银行的高级管理层，都说要转型，要发展零售业务，从开始的同质化竞争，到现在大家一窝蜂地又去“同质化转型”。但是真正等到要坐下来考虑应该投入多少钱的话，就都没有声音了。这是因为近期利益和远期利益摆不正，再加上管理层换届的问题，造成短期行为。

公司业务和零售业务的关系，就是长期利益和眼前利益的关系。零售业务的发展，必须至少有五年到十年的大量的投入，才能收到成效。比如，交行搞沃德财富的 VIP 网点，得去买网点，得拿钱去装修。这些网点带来利润，得在五年以后。

所以我们提出“立足自我”的原则，我们的网点多数在经济发达地区，这是我们的优势，但是交行比工农中建的网点少得多。我们现在如果铺很多摊子，增开很多网点，又会走国有银行的老路，所以我们立足现有资源，力求有所突破。

具体如何实现业务转型，我们有如下具体措施：第一，确定发展目标：三年之内，零售存款占到40%，零售贷款占到18%，零售业务的收入占总收入比重要占20%。这三个数字就是我们零售业务转型三年内的目标。这是我们去年在路演过程中提的，承诺自去年年中开始，到2008年年中报出来达到这个数字。现在看来要达到这个指标比较难。

第二，以信用卡为突破口。我们和汇丰合作成立了一个信用卡中心，不到一年时间已突破了100万张。从目前卡均消费、活卡率、还款额来看，质量是非常好的。

第三，整合现有资源。零售业务的发展，比较关键的因素在于网络支援。我们的IT建设到今年8月就可以完成全行数据大集中，为整个零售条线的事业部制打下基础。事业部成立以后，就按条线去管理，所有分行网点等于产品销售中心，即零售店。它不再承担任何有如放贷款等权力，就是销售产品和服务。另外，产品研发要创造出一些零售业高端产品和服务品牌。比如沃德财富就是为高端客户创出来的服务品牌。再一个就是风险控制。风险控制要是不到位，个人房贷就容易出现被诈骗、银行成了房东的情况。

第四，要借鉴汇丰的经验。汇丰是全球顶级的金融企业，在零售银行方面有非常成熟的经验、体制和技术。

这几个方面都离不开投入。今年我们的投入相当大，从去年即已开始，我们决定即使把其他费用降下来，也一定要保证对零售业务的投入。

记者：但是，从数字上看，利差仍然是交行占90%以上的最大收入来源。作为上市银行，怎样在推进战略转型的同时面对资本市场的利润要求？

蒋超良：我们在积极推进战略转型的同时，也大力提升传统业务的质量，坚持在发展中积极调整结构，逐步实现转型的目标。公司业务发展不好，财务报表、年报就不好看，ROE（股本回报率）、ROA（资产回报率）就上不来。再者，我们也不可能有利润不赚。

我们希望从投资者预期的管理上，慢慢降低投资者的预期。去年我们的净利润增长478%，今年一季度净利润增长47%，二季度可能再下来一点，三季度再下来一点，全年可能和前年拉平，30%以上就不错，投资者完全可以理解。

中国式公司治理

记者：交行在提高公司治理方面做了哪些工作？目前董事会运作情况

如何？

蒋超良：在建立现代公司治理制度上，我们主要考虑从四个方面来完善：前十几年的经验教训；股东意识，这是现代公司治理的灵魂；股权多元化；党委会在公司治理中的作用，这也是建立中国式公司治理必须考虑的前提条件。不能说现在搞公司治理，就不要党委会，那是不现实的。

我们设计的公司治理是：股东大会、董事会、监事会、高级管理层、党委会，在公司治理上浑然一体。在运作上，包括公司章程、各个层面的职责、运作的规范和程序，都作了制度安排，目前已经经过了监管部门的审批，投资者也进行了广泛讨论，也借鉴了汇丰的经验。

在现在的董事会里，各位董事在履职过程中都十分勤勉尽责，在公司战略、审计及风险管理等方面独立发表意见。最能带来直接感受的是，在每次董事会上，董事们发言都很踊跃，在讨论审议议案时发生争论是常有的事，不像过去都是"一言堂"。

记者：党委会在公司治理结构中具体发挥什么作用呢？

蒋超良：在国有控股企业中设立党委，这是中国公司治理必须承认的一个现实；其次，党委会的运作与发挥作用，必须在法律的框架内，不能凌驾其上，也包括不能违背公司章程；再次，党委会不干预经营，也不参与经营。

党委会管什么？

第一，管战略。政府在交通银行有 65% 的股份，作为控股股东，就有权对交行未来发展建设成什么样的银行提出战略性安排。

第二，管人力资源。不是管一般意义的人力资源。党委会向董事会推荐高级管理层，董事会来决定、遴选高级管理层，高级管理层行使用人权。

第三，管社会责任。中国境内的自然人和法人，都要承担一定的社会责任，必须照章纳税，必须合规经营，不能违法乱纪，国家出台宏观调控措施，必须服从宏观调控。

党委会管这三个方面。党委会向董事会提议，董事会来作决定。董事会 19 个董事中只有四个党委委员。董事会对党委会的意见不同意，也可以否决掉。在公司治理中党委发挥作用是有国际先例的。新加坡的国有控股公司，包括淡马锡在内，其执政党人民行动党也设有机构。

记者：董事会有没有否决过党委的提议？

蒋超良：没有。党委的提议符合其他董事的利益，他为什么要否决呢？

上市路演的时候，我们就遇到过这个问题，说你既是党委书记，又是董事会主席，这是不是“角色多元化”，角色有没有冲突？我说没有冲突。我们党委会是代表大股东利益，向董事会提出一些议案，经过董事会表决通过以后，由高级管理层去执行。在管理层执行中，由监事会依法监督高级管理层的执行是否合乎法律，董事层的决策是否合乎法律。

这是相互制衡的“魔鬼三角”。不是谁说了就算的，必须代表股东利益，股东才会同意。我把这些安排说出来，他们就放心了。我们和汇丰说了，得考虑党委的问题。庞约翰说，我知道你是党委书记，才要你当家。人家一点都不感到奇怪。

记者：交行在董事会里设立了四个委员会，他们的运作情况是怎么样的？

蒋超良：这四个委员会，分别是战略委员会、风险委员会、人事薪酬委员会、审计委员会。风险委员会下设关联交易委员会。人事薪酬委员会下设提名委员会，党委推荐给董事会的干部先经过提名委员会，提名委员会做一些议案，经过一些必要程序，再向董事会提交。

这四个委员会都是独立董事担任主席，只有战略委员会由张建国行长担任主席，审计委员会是汇丰的股权董事担任主席。汇丰在我们每个审计报告出来以后，先召开审计委员会，把我们的业绩报告拿过去，把会计师事务所普华永道叫过去问，挨个数字问是真的假的。高级管理层不准参加。他们开完会以后，列出问题单子，再把我们叫进来，一个一个回答他。审计委员会会议开完以后，提出一个审计报告，提交董事会。我们的人事议案也是由人事薪酬委员会先开会，风险委员会也会先对我们的风险情况作出评估，再提交董事会，由董事会进行报告。

汇丰在设计交行的公司治理结构上，提供了很多的技术支持和要求，他们对自己的权益看得非常紧，我们现在也愿意让他们帮我们看住。

记者：交行在管理架构方面进行了哪些调整，效果如何？是否会尽快推行事业部制？

蒋超良：组织架构再造是优化业务流程、打造“流程银行”的关键环节。我们也曾对事业部制进行过考虑。事业部制是在国际银行业比较流行的一种组织架构形式。它最突出的特点就是“集中决策、分散经营”，即商业银行总行高管层决策，事业部独立展开经营。根据交行的实际情况，全方位推进事业部制需要在高度发达的信息科技的支撑下，对现行组织架构和经营体制全面重建，这在目前情况下还有一定的难度。

实现事业部制必须考虑中国国情。如果把分行都变成零售网点，分行行长的积极性到哪里去呢？现在分行还要拓展市场，有经营压力，如果把他的经营压力取消掉，销多少产品是多少产品，就没有激励了。事业部制是一个方向，但是我们要看准了再推。交行与汇丰银行合作成立的信用卡中心，实质上采取的就是事业部制经营体制，试点以后再一个条线一个条线地推。事业部必须以IT做支撑，现在好多银行连IT数据大集中都没完成，就说要搞事业部制，这是不现实的。

记者：交行在人力资源和薪酬体制改革方面采取了哪些举措？

蒋超良：这一直是核心竞争力的重要方面。我们从去年夏天开始启动改革，进展比较顺利，主要是建立职位体系、薪酬体系、分配体系。从目前实施的情况看，现在南京和深圳两个分行进行试点，还没有全部推开。对员工的股权激励计划正在做，我们想在A股上市的时候把这个解决。

交行还在国内同业中率先推出了高管人员的长期激励计划，将交行高管人员的激励模式由原来单一的年终奖励，改为“固定薪酬+年终奖励+长期激励”的模式。

风险管理的基因工程

记者：和四大行比，交行网点较少，在风险控制上有哪些自己的特色？

蒋超良：国有银行层次较多，管理信息的遗漏、失真自然也会多一些，我们更扁平化一些，只有总行、分行、支行三级机构。

我们有一个全面风险管理的三年规划，最近又搞了一个风险管理的基因工程。一是在风险理念上，全行把股东的风险偏好作为风险管理的灵魂和基因，把董事会确定的风险容忍度贯彻到经营管理中去。交行董事会对高级管理层提出了一个风险容忍度——0.6%。在0.6%的范围内，董事会不追究高级管理层责任；超过0.6%，要追究高级管理层责任。这个0.6%，是指当年新增拨备占整个贷款余额的比重。

二是在组织保障上，董事会和经营层的风险管理委员会按各自职责开展工作，并从授信体系上集中授信，组建了五个区域授信审批中心和六个地区审计部，由总行实行垂直领导。

三是在管理方式上，在信贷条线推行了风险经理制度，对个人金融和国际业务专业推行了双线报告制度，在资金业务条线推行了市场风险业务单元管理模式。

四是在制度工具上，引进了十多项风险管理和内部控制技术，请汇丰帮忙进行流程优化。其中一个重要手段是逐笔拨备。逐笔拨备在亚洲的银行中间，包括汇丰、恒生、渣打都没有，只有交行有。按照中国的会计标准，按照五级分类对贷款进行拨备，损失类 100%，可疑类 50%，次级类 25%，关注 10%，这个比例并不很科学。

我们实行的逐笔拨备，是指在数据大集中以后，针对每一个客户的贷款，我们要按照贴现率对它的现金流贴现以后，折算五年以后这一现金流会因为宏观经济因素降到多少，这里面有多少可能会形成风险敞口，我们就提相应拨备。每一笔贷款提相应拨备，比综合拨备要科学审慎得多，利润要实得多。我们按照中国会计标准进行的综合拨备，到去年底覆盖率是 108%，但按照逐笔拨备的覆盖率看只有 58%。外国投资者认我们的逐笔拨备，就是减值贷款拨备，不认我们中国的会计标准拨备。

五是在责任追究上，对形成不良资产负有责任的领导干部和员工进行严肃处理，2004 年以来，（我们）一共依法、依规、依纪处分责任人 1637 人。

六是加强内部控制。开展了覆盖主要业务和整个前中后台的风险排查，对基层机构开展了“拉网式”的内控管理检查，深入开展案件专项治理工作。

汇丰故事

记者：交行和汇丰的合作，被认为是国内银行引资一个比较成功的案例。你如何评价双方目前合作的成效？汇丰发挥了哪些作用？今后双方进一步合作的主要方向是什么？

蒋超良：我们引进汇丰银行作为战略投资者，一个主要的目标，就是引进汇丰先进的管理、技术、人才和品牌；在“引资”的基础上，侧重于“引智”和“引制”。

一是双方构建了包括最高层面、领导层面和工作层面三个层次的双边合作沟通机制。

二是促进了公司治理的进一步改善。汇丰派出两名从业经验丰富、专业知识全面的董事，参与董事会决策；还派出一名具有丰富银行从业经验、熟悉中国情况的高级管理人员担任交行副行长，参与交行经营管理。

三是技术支持和援助成果明显。汇丰银行派出了多名专家帮助交行开发人力资源管理系统、内部评级法系统等重点项目建设。

四是业务合作取得重大突破。双方合作成立的太平洋信用卡中心发展势头很好。

五是加快推进交行业务转型。汇丰帮助交行对零售银行业务进行了改造，并派出四名高级管理人员到零售业务部门担任部门总经理或副总经理。

下一步，交行将始终把握“三个确保、三个安全”的原则，即确保国家对交通银行的绝对控制力，确保国有资产的保值增值，确保交行战略利益最大化，维护国家经济安全、金融安全和交行经营安全。在这个原则下，我们将努力把双方的合作打造成为中国商业银行与境外战略投资者成功合作的典范。

记者：你提到“三个确保，三个安全”，是不是与汇丰的合作也存在利益冲突？

蒋超良：交行与汇丰既是战略合作伙伴，也有不同的利益。它在中国也有一定业务上的扩张设想和安排。战略关系是互赢的。我要的是他的管理和机制，他要的是交通银行作为他拓展中国业务的平台，对他的人民币业务提供一些帮助。双方利益最大化就是合作的基础，我们合作到现在还是比较愉快的。

记者：发展信用卡业务，汇丰会不会从而获得交行的数据库？

蒋超良：交行的数据库不会外流。汇丰给我们提供一些技术支持，比如产品设计会咨询他的意见，但产品研发不需要把数据给汇丰。

记者：坊间认为，交行已经完成了从股份制银行的“龙头老大”向“第五大”国有控股银行的转变。但是这也意味着国有控股权的不容放松。汇丰原本有增持股权的打算，现在是否有变？

蒋超良：汇丰入股的时候有优先增持权。就是说，当中国法律放开单个金融机构入股中国金融机构比例的时候，放到 40%，汇丰优先增持到 40%，放到 21%，优先增持到 21%。但是能不能行使，取决于几个因素。

首先是中国法律。现在法律规定，外资入股中国金融机构最高比例不能超过 25%，单个金融机构占股份不能超过 20%；如果法律修改了，外资可以占到 40% 了，那才可以，首先要法律修改。

其次，增不增持，需要监管部门审批。美国法律规定，所有金融机构都可以到美国设分支机构。但是到目前为止，中国只有交行和中国银行在纽约有分行，其他就是不批。

记者：如果短期内没有增持的可能，2006年底银行业全面开放，汇丰会不会更加着重发展自己的分行和业务？

蒋超良：汇丰发展自己的银行业务是它的权利，如果监管部门认为符合条件，我们没有任何理由反对。汇丰持恒生60%以上，但是他们在香港市场还是竞争非常激烈，这种竞争是非常健康的。我们可以在国内联手做一些竞标业务，比如去年我们和汇丰联手，竞标中石油资产管理。

金融控股：没有时间表

记者：交通银行在综合经营方面比较积极，将来在证券、保险等领域是否将与汇丰进一步合作？对于金融控股集团，交行有怎样的看法和打算？

蒋超良：综合经营，是中国金融业发展的趋势所在。"十一五"规划中，明确提出了要"稳步推进金融业综合经营试点"。我们在中央政策已经明确的情况下，启动了这方面的工作。但是推进得不是很快，也有意识地把脚步放慢。

对我们而言，首先还是要打造一流公众持股商业银行，把基础夯实。毕竟，商业银行、保险和投行的文化还有很大区别。在跨文化管理能力没有形成的情况下，匆匆忙忙做这些事情，会为后面留下很大隐患。

这是一个总体设想，但是也在不断推进。去年8月，我们发起设立了交银施罗德基金管理公司，向综合化经营迈出了标志性的一步；目前我们新发起的保险公司已经进入审批流程；投行、信托的构架我们也正在进行思考。我们正在积极与监管当局沟通，力争取得综合经营试点资格，在其他方面取得实质性进展。

至于多少年我们可以打造成金融控股集团，还没有时间表。我们走金融控股的模式，实际上还是汇丰、花旗的模式，即以商业银行作为主体骨干，投资其他形成金融控股。如果为金融控股而设计金融控股，很容易走偏。

汇丰一直想和我们在综合经营方面推进合作，它更想推进保险、投行，这无可厚非。但我说交行的商业银行管理基础不是很强，出了事对不起股东。

A股上市与扩张

记者：中行H股上市后很快就回到A股，交行有什么打算？

蒋超良：中行IPO非常成功，又立即回到A股，我们也觉得很羡慕。

A股上市一直在我们计划中，也是经过监管部门审批了的。我们去年上市前也是“A+H”的设计，当时最早批的“A+H”就是交行和神华。由于当时发行窗口不是很好，最后还是决定先上H股后上A股。

另一方面，交通银行得到了很多政策优惠和帮助，国内投资者也给予了很多帮助，我们应该回到国内来，把发展和改革成果奉献给国内投资者，这是义不容辞的社会责任。

我们上市考虑的问题在于：第一，资本的管理，这包括资本约束和资本推动。资本约束要保证市场对资本的最低要求，客户要对银行有信心，也要看资本充足率；同时也要保证资本推动业务发展，把握机会；第二，风险控制要得到保证。

从目前情况来看，我们在进行资本管理模型的设计，到底交通银行的资本充足率多少才合适？既能满足资本约束的要求，又能保证资本推动的需求。我们要满足的基本条件是，在近三年之内，银监会要求ROE达到15%，ROA达到0.7%以上，要有一定的资本杠杆率。我们去年的资本杠杆率非常低，只有16倍。

目前交行的核心资本充足率在8%以上，这太高了，可以调整资本结构，增加一些附属资本来提高资本充足率，减少一下ROE的压力。

从这个角度来看，交行A股发行并没有时间表，完全视我们的发展和需求而定。现在放贷款风险大，投资货币市场收益率又很低，息差越来越小，拿什么去回报投资者？

上A股我们不需要再审批了，我们是在等待一个比较合适的发行窗口。发行窗口如果不好的话，询价定价就有点问题，资金承受、后市表现这些都会带来一些问题。

记者：在资本充足率较高的情况下，交行有怎样的对外扩张打算？

蒋超良：为提高资本利用效率，我们不排除通过资本运作的方式实现适度合理扩张，但是这个问题，一要看政策，二要看对象，目前还只是在审慎论证、积极争取阶段，没有具体的时间表。

为完善交行网点机构布局，我们也正在考虑在若干有发展潜质的地区开设分行。

今年5月交行新设的台州分行已经正式开业，接下来正在筹建的还有呼和浩特分行和惠州分行。

记者：对现在的宏观经济形势与央行货币信贷政策，交行有哪些分析和应对之策？

蒋超良：首先，我觉得宏观经济在未来五年到十年，应该还是一个超过8%的GDP发展速度。这是我们此前评估后得出的结论。从全局来看，8%的速度在全球范围内也是比较高的经济体。作为商业银行，是可以综合享受经济发展成果的最好的行业。

其次，发展中的风险非常大。今年一季度GDP增长10.2%，出口增长27%，投资增长37%，我们还是有点担忧。国家调控是必然的。

目前利率进入了上升通道，人民币币值也处在升值阶段，所以我们在比较热点的行业中间，已经作了一些退出之类的规划。

我们觉得部分城市的房地产还是比较热的，国内热钱国外热钱炒房的都不少；再一个就是冶金行业，如钢铁行业，铁矿石价格提高，导致上游产品的利润空间越来越小，给我们的授信带来一些风险，我们在存量上作一些退出。

人民币升值对我们是有好处的，一方面我们的资产增值，另一方面我们保存的一些现汇，周转资金有些风险敞口，但我们也运用了一些如外汇交易期权、对冲等工具作一些安排。

国有银行改革中期报告之三
——专访中国建设银行行长常振明

采访人：凌华薇、郭琼、历志钢

发表时间：2006-7-24

"银行改革两三年内可能会看到阶段性的变化，四五年后应该有很大的变化。"

在四大国有商业银行中第一家登上国际资本市场舞台，中国建设银行笼罩了更多的光环，亦面临着更多的压力。

与刚上市的中行及尚在叩门的工行不同，建行上市时势如破竹，只花了三个月的时间，即完成了从引资到上市的全部过程；既无发行A股H股的程序争议，亦少战略投资者的反复变化。

然而上市之后，来自资本市场的批评之音日渐强烈。今年4月，建行披露的上市后第一份年报，被市场认为在税收和汇兑损失方面的信息披露不足；今年以来建行突飙猛进的贷款增长，亦令监管层不安，进而引发市场对于快速增长下资产质量的质疑。此外，董事会与管理层在战略选择上的不同意见，成为坊间不时议论的话题。

担任建行行长一年有余的常振明，显然已经感受到了压力的存在。在7月18日接受我刊专访时，他强调，建行的各项改革措施都在进行中，包括前后台分开、按事业部条线进行垂直化管理等，但这些调整的效果都要在数年之后才能显示出来。"人们总是迫不及待，上市之后的建行为什么看上去和以前相比，还没有飞跃性的变化？"

"改革是个循序渐进的过程。目前可以确定的是，我们是在朝着正确的方向走。"采访结束时，常振明特意补充道。

风险与回报：共识形成

中国建设银行去年10月在香港上市，至2006年7月21日收盘3.40港元，以市值计，已经进入全球前十大银行之列，与JP.摩根（JP.Morgan）和瑞银集团（UBS）等不相上下。

上市给建行带来的变化也体现在一些细节上，不仅包括建行开始派专人每天向新闻媒体发送短信，报告建行网站上的最新公司信息，也体现在更深一些的层次。从2005年开始，总行在分行的业绩考核指标中，增加了对关注类贷款的考核；直接原因是，去年招股说明书披露后，投资者对当时建行比例高达16.5%的关注类贷款表示高度“关注”，指出这一数据远远高于香港银行业的平均水平（4%~5%）。

今年以来，银行系统信贷规模的超常规发展，成为货币紧缩政策步步出台的最大诱因。新上市的建行信贷增速尤为突出。据媒体报道，一季度建行新增贷款高达2492亿元；在存款、个人消费贷款、票据贴现等多项经营指标上，亦遥遥领先于同业，被评价为“狂飙突进”。

对此，外界最为关注的，莫过于建行的风险管理能力是否同步匹配。

记者：建行上半年的业绩趋势如何？今年上半年宏观调控对建行会产生何种影响？

常振明：上半年的数据现在不能谈，关键是审计结束后要在香港发布中报，估计要到8月底左右。但是，去年底的数字和整个经营的趋势都是不错的。去年净利达到470亿元，当然由于财务重组，这里面包括了一些税收方面的优惠；扣除这一因素，建行的净盈利实际上是392亿元。尽管如此，建行的净利息收入（利息收入和利息支出之差）仍然是国内最高的。我们目前有信心做得更好一些，实际上无论成本还是收入还都有改善的空间。建行今年上半年贷款增长较快，今后将通过压缩票据业务等方法，为下半年拓展空间。今年的盈利会比较乐观。

我们可以从建设银行的历史来看整个改革的总成本。1998年以来，从国家注资到剥离坏账，成本大约是3400亿元。从今后盈利的情况看，最保守的算法是，按目前税率，建行每年缴税240亿元左右，这还不包括国家股每年的分红和应得权益。现在建设银行的股票在香港是全流通，国家持股的市值实际已经超过5500亿元。1998年的时候，建设银行不良贷款率为29.6%，当时税前利润16亿元；1999年是25%，税前利润74亿元；2000年是20.2%，税前利润 85 亿元。通过一系列重组，2005 年税前利润达 553 亿元，不良率 3.84%。2006 年会更好，包括不良率和覆盖率（指标），都会很理想。

所以从这一趋势看，整个中国的金融改革的成效是没有什么可争论的。

记者：国有银行规模庞大，发展与宏观经济状况息息相关。如果景气转淡，会不会造成不良贷款剧增？

常振明：去年建行上市的时候，很多投资者最关心的就是这个问题。我理解，这是关心建行如何经营风险与回报，如何提高我们经营风险与回报的管理能力。

关于国民经济的变化对银行业的影响，建行现在也在做相关的风险测试，测算如果国民经济增长或放缓时，我们的资产质量到底如何。这要对贷款进行一些量化的测试，需要大量的数据积累，主要通过几个工具来解决。

一个是 2003 年开始启动的信用风险预警系统，这从三个层面来监测，包括地域、行业、产品，根据历史上的违约率对此进行预警。当然这个系统还在完善当中，因为历史数据需要不断补充、行业还要细分。目前建行分了 108 个行业，但是不够，需要把产业再细分。比如水泥行业，水泥的产能是过剩的，但更高标号的水泥是不是也过剩？比如钢铁是过剩的，但是含钛钢、特种钢是不是过剩？

另一个是已经开始试运行的内部评级系统，即根据巴塞尔协议的一些条款，对客户信用进行评级，这个也是数量分析工具。实际上这些都是风险管理工具。

最关键的一点，就是要在银行建立风险管理文化。银行是经营风险的企业，目标是提高风险与回报管理的能力。这点共识，在建行内部已经建立起来了。我们 2002 年率先引进经济资本（EVA）管理的概念，经济资本的一个作用是风险管理工具，另一个作用是考核业绩的工具。2002 年建行开始启用 EVA 来考核业绩，现在范围是 38 个一级分行，以后要到二级分行，争取核算到人，并与收入挂钩。

但是经济资本有很多不足的地方，去年我们又加上了一个 KPI，即关键业绩指标，以共同评价 38 家一级分行的业绩。比如关注类贷款这一指标，原来 EVA 里面没有，现在关键业绩指标里就有。2005 年建行关注类贷款（在贷款风险五级分类中，风险仅次于正常类贷款）从年初的 16.5% 下降到年底的 11.8%，KPI 对关注类贷款的压缩起了很大的作用。

记者：有分析认为，几家大银行完成财务重组和上市后，不良资产下降速度大大降低了。去年不良资产净值下降的，目前只有中行。这是否说明，当前建行的风险控制水平提高的空间已经有限？

常振明：建行上市后到去年底的不良资产率是3.84%，在四大行中是最低的。但是刚才我谈到管理风险与回报的能力，从数字上来说不仅体现为不良贷款率，而是有一组关于风险的数字，包括拨备覆盖率等，都是反映银行对风险的控制程度。建行的拨备覆盖率从上市前两年的60%多到去年底的77%，未来我们还会进一步提高这个拨备覆盖率，更稳健、谨慎地发展。

这里所说的仅是现金拨备覆盖率，是一般准备金和特殊准备金两项加起来。我们的资产里面还有一部分抵押资产，如果把这部分抵押的价值也记入拨备的话，建行不良资产的拨备覆盖率就超过120%了。

"削藩"——流程再造

自2003年底中、建两行启动注资、剥离不良资产等一系列财务重组以来，国有大银行的账面焕然一新。但银行内部究竟发生了什么样的本质变化？从国际银行的先进经验看，垂直化条线管理是大趋势；与之伴随的，是整个银行的流程再造，是从行政色彩浓厚的官办企业向销售导向的现代银行转换的过程。

然而在中国银行业内，却存在着"垂直化管理是否符合中国国情"的争论，更有"垂直化管理改革可能带来机构动荡"的担忧。究其实质，均是对"削藩"带来的利益格局调整的抵制。这也反映了业界对当前管理手段是否能有效实现这一改革缺乏信心。

目前，一些股份制银行包括交通银行已经开始了垂直化管理的改革，建行则成为四大国有银行中的先锋：设置了首席风险官、首席财务官，任命38个一级分行风险总监；亦将原属会计部门管理的对私网点交给个人银行业务条线管理。

记者：去年引资前后，建行刚刚任命了四省市的风险总监。目前进展如何？

常振明：今年开始，建行全面推行了风险体制的垂直管理，5月任命了首席风险官，38个一级分行设风险总监，二级分行设风险主管；风险总监的工资、关系全都转移到总行。风险主管向风险总监汇报，风险总监向首席风险官汇报。当然还要向分行行长汇报，但是首先是垂直汇报。目前这些风险总监已经到位。我们是精心挑选了一批人做风险总监，都进行了培训。

同时，我们将实行的是风险经理和客户经理平行作业的制度。风险经理要和客户经理一起直接同客户见面，这样就把风险监控平台前移，争取在贷款申请到审批人审核时，客户经理和风险经理都要提出意见，以供审批人提出更加审慎的意见。

去年，审计的垂直管理已经实现，今年是风险的垂直管理，未来还要在资产保全部、计财部、科技信息部等逐步实现垂直管理。但是所有这些都不是一天两天就能完成的，整体上我们大概计划两三年内完成。

记者：银行垂直化管理改革，带来最大的变化是什么？会不会遭遇阻力？

常振明：这的确是比较大的改革尝试。原来整个银行运营的模式是，38个一级分行各有自己的资产负债表，他们的利润堆积起来就是总行的利润；那么总行的管理模式就是把所有的资源分解到下面 38 个一级分行。现在最主要的改革就是资源的分配。

未来总行的综合经营计划不再下发到 38 个一级分行，而是下发到各个业务条线，包括预算、成本、利润指标等，由总行的审计部、风险部等把这些资源和经营目标分解到下面 38 个一级分行相应的部门去，这是根本性的改革。一蹴而就不可能，需要一个渐进的过程。现在我们整个资源分配有 20% 分给条线，80% 分给分行，将来要逐渐向条线分配倾斜。这需要 IT 系统的支持，我们今年上线的 ERPF 系统，对整个分配将起很大的作用。

记者：外界较关注的另一个问题是，建行如何能从一家带有浓厚行政色彩的国有商业银行，转变成以销售为导向的现代商业银行？

常振明：我们正致力于建立“以客户为中心”的经营理念及风险与回报的文化。几个月前建行正式启动会计制度改革，标志着整个营运体制改革的开始。会计体系改革其实就是把前后台分离。建行最近做了一次调查，取了大概几千个样本，发现网点真正销售产品的时间只有 8%~10%，90% 的时间是在作后台处理。因此现在改革的目标是希望把前台处理的事情往后台挪，能够集中处理，让前台能够尽量体现销售和服务职能。只有这个体制完成后，个人银行部才能完全接手网点的销售，公司业务部才能再细分产品。这个改革至少需要两三年。

另外，比较重要的改革包括人力资源体制的改革，由行政体制向岗位描述的市场体制转化。以及个人银行部等部门变成事业部，实际上都在等条件成熟，包括IT系统的支持、会计体制改革的进度等，我希望能水到渠成。

记者：战略投资者美洲银行进入已经一年有余。与美洲银行的合作对推进建行改革究竟起到了什么作用？

常振明：现在许多人心态都比较急切，认为都变成上市银行了，怎么还没有出现期待的效果？其实，银行改革是一项复杂的系统工程，不是说引资上市了马上就脱胎换骨，要一步步来。

我们和美洲银行有20多个合作项目。我是和美洲银行合作的总协调人，美洲银行也有一个人常驻北京，负责协调。在这些合作项目中，比较重要的一个是零售网点转型，即如何把销售放在前台。另外还有个人贷款中心的建设、客户之声、直联汇款，包括ATM免费取现（美洲银行的借记卡和建行的理财卡可以互相在对方国家的ATM机上免费提现）、呼叫中心改进、风险度量的技术等。

美洲银行是应用所谓“六西格玛”流程管理的典范（编者注：6Sigma是一种商业流程，企业通过设计、监督其每天的经营活动而显著提高其基本收益，并将资源的浪费减少到最低程度，同时提高顾客满意度）。现在建行也在美洲银行的帮助下引入这套管理流程，所有业务流程的确定都经过五个环节，就是定义、测算、分析、改进、控制。要应用这一技术花费时间会比较长，因为要提取很多数据样本。

比如说零售网点的转型，光定义部分，仅前台人员做销售的时间是多少这一项，往往就需要采取几千个样本。再比如客户流失率，指一个客户的忍耐度，排队等待多长时间会让这个客户离开一家银行，这些数据都需要花时间搜集，但非常有效果。我们负责样本搜集的两个分行行长特别惊讶，说以前没有想到，让客户等10分钟的代价是要流失20%~30%的客户。

可以理解，大家都对中国的银行改革有个期待，但这不是一天两天的事情。我认为两三年内可能会看到阶段性的变化，四五年以后应该有很大的变化。

激励约束：仍在摸索

在2005年引资上市完成后，大股东中央汇金公司为主的董事会，把旗下各大银行高管的薪资收入定在100万元左右，远低于国内上市银行的标准，这在建行内外颇引起一番骚动。汇金有关人士认为，在当前体制下，对国有银行管理层的选择并未市场化，薪资收入定得低一些是合理的；如果银行管理层的能力在未来得到了证实，再实施市场水平的激励不迟。

从中信集团常务副总经理任上转至建行行长任上的常振明，收入比原来低，责任却更大了。常振明也是几大银行中唯一与董事会签订问责制的行长。建行因此在四大银行中率先建立起对下属分支行的行长问责制。2005年6月，建设银行山西省分行行长梁富成、湖南省分行行长孙建成因辖下银行金融案件问题较多而引咎辞职，在建行内部震动颇巨。

但是，今年4月发现的河南漯河票据案等，仍然令人对银行的操作性风险严重性不敢低估。河南漯河建行从2003年开始绕开国家相关政策规定，违规账外经营，累计涉及承兑汇票金额3.19亿元，形成的实际损失至今尚未公布。

记者：行长问责制是什么意思？如何执行？

常振明：建行的问责制首先是对高管层开始的。在建设银行的章程里面有行长问责制。董事会也通过了一个主要针对高管人员的问责具体办法。问责包含两个方面，一是对经营能力的问责，如果在经营、利润上不能完成目标，属于行长能力有问题，问责就等于惩罚，行长在工资、奖励、职位上会受影响；另一方面是指职业操守，有没有不尽职之处，有没有形成操作风险。根据这个办法，管理层也已完成了对全行问责的细化，形成对下的问责制度。

记者：谁应该对建行的财务数据真实性问题负责？

常振明：行长和首席财务官要对信息的真实性负责。对于提高数据的质量，建行是这样做的——要求IT系统从数据的源头进行管控。过去，建行内部各部门根据自己的需要，各自开发独立的IT系统，没有统一数据管控的要求，同一个数据可能在不同的系统输入，产生差异。现在准备通过数据管控来统一系统，将其嵌入工作流程。

记者：基层行账外经营问题屡禁不绝，去年河南漯河建行的事件再次敲响警钟，你对此是否担忧？

常振明：建行自20世纪90年代开始就连续清理“小金库”和账外经营，目前“小金库”已经取消，而账外经营属于犯罪问题。在这个方面，我们的想法是，通过改造，借助IT系统，消灭账外经营。比如，对票据业务，对签发的承兑汇票，以前贴现行是到承兑行确认，现在我们会规定要到上一级银行甚至到票据中心来确认。这样就可以有效防止这一风险，就不可能发出真的“假票”。

银监会提出建设流程银行，我们也要据此统一现有的柜台业务的流程，即14000个网点内的流程再造和流程统一。建行现在和美国银行的合作项目“零售网点转型”中也有这个内容。我们目前在做的会计体制改革、后台处理中心改革，所有这些都是在朝着这个方向努力。

记者：对于建行的激励机制改革，基层反映权益和压力越来越不对等，总行和基层的差距过大；上市后普涨工资，又有“平均主义”的倾向。对此你怎么看？

常振明：不是绝对的“平均主义”，有一定的差距，但不是过大，这样可能比较符合中国的国情。实际上，去年建行在全国各地没有达到平均工资水准的，现在都已经提到当地平均线以上了，基层员工薪酬去年差不多提高了10%以上，差距在缩小。现在的分配政策是要向一线倾斜，需要随着改革进程不断细化。前台销售很累，卖一个产品赚多少钱？目前的考核还没有到这么精细。等到能够考核到比较合理的时候，大家就更清楚每个人的价值了。

记者：建行的股权激励计划进展如何？

常振明：我们现在正在作的不是全员持股计划，而是增值权计划，其实相当于奖金。这也是平衡了各方面的大量意见，基本覆盖全员。以前是管理层激励在前、全员在后，现在已经调整为全员激励在前、管理层先放一放。董事会上次已经通过这个方案，还要等待上股东大会。

我的原则是更平均一点，差距小点，更适合中国国情。未来可能出现有些专业的员工收入比我高的情况，这没有什么新鲜的。我在香港（编者注：1997—1998年，常曾在香港中信嘉华银行任行长）时，行内比我收入高的有三四十人。

公司治理：没有固定模式

以2004年6月成立股份公司以来，建行董事会里发生的故事就一直不少。当时的董事长张恩照以党委会代替了董事会和行长办公会。直至2005年3月，张恩照因“个人原因”去职，郭树清从国家外汇管理局局长的位置“空降”至建行，担任董事长；此后专门成立了董事会办公室，厘清党委会、董事会、行长办公会三会的职责权限，使得建行董事会机制逐渐走向正轨。

随后，来自汇金的六位专职董事进入建行，董事会上开始有了争论，也有能力就建行发展战略做比较深入的讨论和研究。郭树清首先提出“以客户为中心”的战略，受到行内上下的普遍认同，并逐渐成为建行新文化的目标之一。最近，刚刚就职建行首席财务官的庞秀生在接受我们采访时介绍，当前，他的工作主要是以财务数据分析的方式为建行董事会、管理层提供战略上的决策依据。

记者：上市以后，建行的公司治理方面有何实质性的变化？

常振明：郭树清董事长带领大家制定了公司发展战略，比如发展个人银行业务，打造先进的零售银行，并明确提出战略愿景，即“为客户提供最佳服务，为股东创造最大价值，为员工提供最好发展机会的国际一流商业银行”。

在执行层，主要是按照董事会制定的战略去执行。比如发展个人银行业务，大家也是通过量化的指标得出结论，比如个人银行业务贷款5000多亿元，不良贷款率2%以下，公司银行业务的不良率4%以上，综合起来3.84%。以客户为中心的理念，也必须转化为量化的指标。比如现在建行的目标是贷款业务增长12%以上，公司业务增长和GDP速度类似，个人银行业务一年则要以20%的速度增长。现在个人贷款业务占全部贷款的19%，希望以后每年能提高1%~1.5%，中间业务每年能有30%的增长。

记者：请你评价一下，董事会究竟发挥了什么样的作用？

常振明：公司治理结构没有一个固定模式。每个公司不一样，公司治理结构并不是公司好坏的充分必要条件。公司治理结构完善了，搞不上去的也有很多，因此，如何确保公司始终朝向正确的方向发展，是最重要的。

对建设银行而言，我们认为采取目前这个形式整体运作比较正常。对战略和执行、监督约束、保证管理层朝着健康正确的方向走，董事会完成了应有的制约作用。长久以后的发展方向，还要在实践中继续摸索。

记者：对于董事会提出的海外战略研究，目前建行有没有形成统一的意见？前一段时间媒体报道建行与贝尔斯登讨论合作，这是不是选择之一？

常振明：对海外战略如何发展的问题，建行还在考虑之中。和贝尔斯登没有实质性的谈判。

以市值计，建行现在已经跨入世界前十大银行之列；从这个角度看，需要在国际上有更多的参与，更多的发展。但是要设立分行，还是参股、控股其他金融机构？如果是设立分行自行发展，执行层面要考虑的是“我怎么赚钱，分行的资金从哪里来？”如果总行给它钱，海外分行的成本会很高。风险控制也是一个问题，是当地控制还是总行控制？为什么建行在国内成为最赚钱的银行，这是因为我们的资金成本低，贷款质量好。离开这两个基本条件，建行不可能有很强的赢利能力。

至于参股和控股当地分支机构怎么操作，是做商业银行业务还是投资银行业务，还没有决定。如果像美洲银行投资建行一样，投资于海外银行，以期形成协同效应，这是一种方法。又或者，是比较大比例地收购海外机构比较大的股权，甚至控股，并且由我们来管理。

这方面建行到底怎么选择，要视具体情况而定。

国有银行改革中期报告之四

——专访中国银行行长李礼辉

采访人：凌华薇、历志钢

发表时间：2006-8-21

两地上市之后，中行行长李礼辉详述下一步的改革取向以及比较优势。

6—7月间刚刚在香港、上海两地成功上市的中国银行，正在从IPO初始时的欣喜中渐渐冷静下来。

近两个月来，中行的股价表现并不尽如人意：H股上市后价格较为稳定，但累计涨幅一直低于交通银行和建设银行；A股股价自上市日起进入微量阴跌的下降通道，7月19日与H股价格“并轨”后继续下落，已跌破H股价格，形成持续倒挂，且于8月7日最低探至3.22元，距A股发行价3.08元近在咫尺。

股价委靡的背后，是投资界对中行的种种疑虑：是此前IPO的热卖存在着高估成分，还是机构投资者对中行的增长和在同业中的地位过于悲观？

较之起伏不定的股价，基本面似乎更能说明问题。随着中行上市，相关的分析报告也相继出炉。人们发现，如果把中银香港的业绩从中银集团分离出来，中银内地部分竞争力羸弱之势正渐凸显；中行向来擅长的外汇业务，也因人民币升值预期以及需与外资银行竞争，被视做比较劣势。中金公司分析师甚至建议，鉴于中行在业内的地位和中银香港上市的现况，在香港买中行，不如买“建行＋中银香港”组合；在内地，不如持币等待即将上市的工商银行、兴业银行或中信银行。

上市显然不是改革的终点。曾经率先按照国际会计准则披露财务数据的中行，曾经积极推动中银香港上市，领银行改革风气之先的中行，下一步的改革方略将如何部署？

8月10日，午后的北京暴雨将至，矗立在长安街上的中银大厦灯火通明。

这座装饰了太多进口大理石的建筑曾被外界评价有奢华之风。在10层的一间圆桌会议室里，中国银行行长李礼辉自中行上市后，第一次接受了内地媒体的访问，并特意为我们预留了专访时间。

这也是我们第二次对李礼辉进行专访。上一次是在去年5月，中行刚刚完成股改，启动了人力资源和激励机制改革（参见《财经》2005年第11期《李礼辉细述中行重组》）。

有20多年银行工作经验的李礼辉谈吐儒雅，比预约时间提前了十分钟等候记者。

今年54岁的李礼辉此前曾在海南省副省长任上工作了两年。在此次采访中，他明确表示希望能在中行做到退休，以为中行建设多作一些贡献。

核心竞争力是人的因素

记者：中行在成功完成IPO后，股价走势一直比较疲弱，这反映出市场对中行的投资价值存在着一定怀疑，香港有人提出"买中行不如买建行与中银香港的组合"。对这个问题，中行如何理解？

李礼辉：股价变化会受很多因素影响，比如市场供求关系的变化，或者投资者的判断与选择的不一致，等等。中行的发行价无论市净率或市盈率都是可以接纳的水平，而且目前股价也仍然高于IPO的价格，在这种情况下有一定的波动也属正常。

我希望投资者能从"可持续发展"的角度来关注中行。换句话说，我们并不追求在很短的时间内把中行变成能赚大钱的商业银行，这需要一个过程。以中银香港为例，2002年上市时的不良贷款比例高达8%，ROE（净资产收益率）只有6%，股价有段时间也一直下跌。但经过这几年的努力，中银香港现在的不良贷款只有1%，ROE高达18%，股价较上市之初涨了80%，最高的时候差不多涨了一倍。资本市场最大的功能，是能够对一家上市公司进行比较客观的评价；但这种评价需要比较长的周期，而不是看短期的股价波动。

中行的经营业绩将保持一个稳定发展的态势。在上市时，我们对今年盈利的预测是，按照国际会计准则达到330亿元，按照中国的会计准则为322.67亿元。从目前的情况看，我们有信心达到这一盈利水平。

在过去的两年间，中行主动调整客户结构、信贷业务结构，同时加强了风险管理水平，贷款的复合增长率只有5%左右，在国有银行里是最低的；今年上半年的贷款增长要比去年同期快，但仍然低于全行业的平均水平。尽管现在还不能披露中行上半年业绩数字，但我可以说，这一数据要好于去年同期。

记者：股价波动也反映了投资者的一些困惑，比如中行的核心竞争力是什么？与其他商业银行相比，独特之处在哪里？

李礼辉：相对其他银行来说，第一，中国银行的国际化程度最具优势，这个竞争门槛比较高，因为在海外设机构需要很大的投入，有很强的管理经验，也有市场准入的门槛；第二，在多元化方面，中行已经有保险、投行等板块，也在发展其他可能增加贡献和回报的板块；第三，中行在国际结算业务、外汇资金业务等领域优势仍然很突出，在相关的市场定价方面也有一定的话语权。在中国利率、汇率管制日渐宽松的情况下，中行将面临更多的市场机遇。另外，中国银行的组织架构比较精干，共有 1.2 万个机构和 21 万员工，人员数量和机构平均产出都是几大国有银行中比较好的。

中行在某些方面也许弱于竞争对手，但这往往也是有弊有利的。比如中行的资产结构比较平衡，信贷资产比例略低于其他银行。由于当前信贷资产仍然是最赚钱的业务，短期看会对盈利有一定影响，从长远发展的角度看，这一资产结构更能够经受经济周期的波动。

记者：中银香港的成功重组，曾是中行上市时的一个重要卖点。若扣除利润占集团 40% 的中银香港，未来中行将如何提高中银内地部分的竞争力？

李礼辉：中银香港现在（在集团）所占的比重比较大，贡献度很高。但是香港市场已经非常成熟，而中国的发展速度特别快。从这个意义上说，我认为未来中行在内地的业务发展速度肯定会高于香港，在内地创造的价值肯定会高于在香港所创造的价值。

至于前面提到的核心竞争力问题，我相信大部分银行行长都会强调，要如何从市场寻找更多的机会去开辟业务、收入来源，挖掘更多的优质客户，跟随他们的成长进步，为他们提供更好的服务。我觉得这只是一个银行提高内部价值的结果，而不是根本的动因。根本的动因是银行如何去获得竞争力，来争取更多的业务机会和赢利机会。我们认为，决定中国银行发展的最重要因素是人的因素，因此希望通过在组织架构、信息科技、激励机制这几个方面的改革，使得我们在产品创新、服务客户的能力、员工的责任感和自觉性都能够明显提高，这样才会成为一家根基牢固、持续发展的银行。

记者：相对于其他银行，中行面临的外资银行挑战更为强劲。有分析认为，中行昔日的比较优势变成了现在的比较劣势，对此你怎么看？

李礼辉：在中国这一快速成长而开放的市场，外资银行作为新进入者，市场占有率肯定会有所提高；中国的银行包括中行在内，也许比重会降低一点，但是业务总量不会减少。

从经验来看，外资银行的战略主要是选择重点区域、重点城市以及他们认为的中高端客户群体来进行营销，他们不可能像我们这样设立大量分支机构。就中国的中高端客户而言，他们是随着经济的增长和全球化程度提高而形成的一些集团客户；他们需要的是一种既能覆盖国内、又能满足走向世界的需要的服务。外资银行有全球化优势，但是在中国内地未必有广泛的网络。对于中国银行来说，目前，我们在内地业务方面能够满足他们（中高端客户）的需求，比如集团化的现金管理等。

中行还希望通过股份制改造和引进战略投资者，改进我们的服务水平。比如说RBS（苏格兰皇家银行）的私人银行业务在欧洲是最好的，UBS的财富管理业务也是全球第一。我们希望通过合作，引进这些最先进的技术和经验。中行和RBS正在商讨合作经营信用卡，并在上海、北京与RBS旗下的子公司COUTS合作开展私人银行业务。这样，能够使我们的产品服务和技术在一定程度上接近国际一流银行的水平；再加上中行在本土的这些优势，我们还是有竞争力的。

记者：由于中行的资产特点，使得它在防范汇率风险方面更加受到市场关注。有分析师认为，人民币1%的升值便会造成中行5%的利润损失。对于这种冲击，中行的应对之策是什么？

李礼辉：（损失）不至于那么大。中国银行一直是外汇、外贸的专业银行，有专业的队伍和比较好的管理体制，董事会对这一风险管理非常重视。我们能够有效管理汇率风险。

第一，现在我们的外汇的资金敞口大部分是美元，美元资金在国际债券市场上的回报率要比人民币高2.3%~2.5%。只要人民币汇率的升值不超过这个比例，汇率损失会在利差收入方面得到弥补。只有当汇率的波动超过这两种货币的回报率的利差，才会形成真正的风险。

第二，我们已经意识到外汇风险的管理。中行在去年底有390亿左右美元的外汇资金敞口，我们在上市时已经披露，在2006年会把其中的150亿~200亿美元的外汇资金敞口结汇，现在结汇正处于按计划按进度进展的过程中。

第三，完成引资和IPO后，中行新得到150亿美元左右的资金。我们将其作为投资，投在像中银香港、中银国际等这样的附属机构。因此它的价值变动主要体现在股东权益的变化，而不是体现为当期的财务收益。

最重要的制度是激励机制

记者：中行自股改以来，激励机制方面的改革强调得比较多。你能否谈谈这方面的最新进展？

李礼辉：对于银行而言，最重要的制度就是建立有效的激励机制。过去国有银行问题重重有多方面原因，其中缺乏有效的激励约束机制可能最为根本。中国银行前几年可以说是先行一步，推进了人力资源管理制度的改革，内容包括职位管理制度、绩效考核制度和薪酬制度的改革。

过去中行的职位管理体系是行政化的，现在则是根据经营管理需要来重新梳理职位系统。当然这还不是最重要的，因为从名称上把“处长”改成“总经理”或者“主管”很容易，重要的改变在于职位获取的方式。过去是以行政任命、内部考察和提拔为主，现在绝大多数的职位是公开的、市场化的。当我们新产生一个职位空缺的时候，就会在内部公开招聘；如果内部没有合适的人选，会向国内、国际市场公开招聘。在招聘过程中，我们会对当事人进行测评，然后进行横向的比较；同时也会结合中国传统的遴选干部的方式对他们进行考察考核，比如说看看他的客户满意度、道德素质或者说政治品质等各方面怎么样。

中行的薪酬制度和绩效管理制度也在进行相应的改革。薪酬包括岗位工资和绩效工资，前者与岗位价值对应，后者跟绩效表现挂钩。绩效管理制度是按照平衡计分卡的原理考核四个维度，就是财务指标、工作进程、客户满意度以及员工的培养和成长。考核是个沟通和互动的过程。我认为，这种新的人力资源管理制度已经接近国外先进银行的最佳实践。

当然，这一工作还没有全部完成。薪酬和绩效管理体系在总行层级已经初步到位，现在处在后评价阶段。未来这些改革要贯彻到所有的分支机构，实际上是一个非常艰巨、全面、复杂的工程。我们希望今年底前后，全行上下能够初步调整到位。

记者：中行去年宣布将25个重要职位进行全球招聘，但听说结果并不是很理想，一些重要职位仍然空缺，而且刚刚上任不到一年的CRO（首席风险官）又离职了。目前情形如何？

李礼辉：事实上情况是不错的。中行最近对外招聘了一批主管高级经理、经理等中高级人才，一些分行行长也已经通过公开竞聘而上岗。分行一级的信贷风险总监也在挑选中，有2/3的分行选定了CCO（首席信用官），余下的正在继续招聘的过程中。

招聘是一个持续的过程。现在有些关键岗位还在继续寻找人选，比如合适的总稽核、首席风险总监（CRO）、首席财务总监（CFO）的人选。中行的策略是，如果最终找的人水准很高，相应给予的层级会比较高，比如可以直接向行长报告；如果一时找不到完全满足要求的，也可以退而求其次，但层级会相对较低，对某个主管副行长负责。这是一种相对灵活的组织架构，未来也有可能由副行长兼任CFO，需要根据架构的选择和候选人本身的条件来决定。

记者：中行的长期股权激励计划进展如何？建行目前是全员股票增值权计划先行，交行则主要针对高管进行激励。中行的方案是什么取向？

李礼辉：中行的激励计划在董事会和股东大会已经批准了，现在正在细化的过程中，还没有具体实施。中行的长期股权激励计划只针对高层管理人员，但不仅限于总行的行长和副行长，会有一个适当的放宽。至于全员激励方面，我们也在研究一个相应的机制，但目前还没有确定。

组织架构与IT蓝图

记者：除了激励机制，能否谈谈组织架构方面的改革？一年前在接受《财经》专访时，你曾谈到中行的流程再造和组织架构的扁平化和集约化目标，目前进展如何？

李礼辉：中行这几年在管理体制集约化、扁平化方面已经有了一定的提高，但与国际一流的银行相比还有很大差距，这会是我们未来改革的一大重点。我们的目标是，希望在年内确定组织架构进一步改革和提升的方案，然后开始实施——这个要与IT蓝图的实施同步，但有些方面会改得比较快。

组织架构的改革是一个非常敏感的话题，这是全行最大的一个变动，我们准备亲自做做看。我们倾向于建立一种优化的矩阵式的管理架构。在矩阵式的结构里，将业务战略单元和区域战略单元有机地结合在一起。

与此同时，中行IT蓝图希望能在两三年内基本完成。这包括核心银行系统的改造、新的总账系统、管理信息系统的重构，还包括对现有应用系统的升级和改造、建设更加集中的数据中心。我们会改变现在的架构，统一在北京建一个总的数据中心，另外在上海建设一个备份中心。目前数据中心建设正在进展之中，年底以前大楼就能建成。

记者：组织架构调整的敏感性，是不是因为涉及利益调整而比较艰难？

李礼辉：我没有觉得有太大的阻力。组织架构改组是为了流程更加合理，但并不意味着会削减很多现有的特别是中高层管理职务。我们会进一步明晰职位和职位之间的协调关系、负责报告的路线以及各自在整体联动方面所承担的责任。

另一方面，组织架构改革会提升银行的竞争力，这会创造和发掘一些新的市场机会，比如把资产管理、投资银行、租赁、保险业务做大，会有更多的岗位需求出现。我想强调的是，只要是一个银行的称职、优秀的经营管理人才，不愁找不到好的位置。

记者：改革至今，中行信用卡和网点的服务还不十分令人满意，有一种说法是中行的目标要做“贵族银行”。你能不能谈谈中行的战略定位，以及在综合经营方面的考虑？

李礼辉：所谓“贵族银行”的说法肯定是不规范的。中行的目标是未来几年内成为国际一流的全能银行。我们的客户战略是：第一，对于普通客户提供标准化、规范化的服务，未来会引导普通客户更多地使用自助服务，这对客户而言方便快捷，对银行来说成本最低；第二，对中高端的客户提供差别化的服务，提供一些特定、个性化、更高附加值的服务。

至于综合经营，在“十一五”规划里面已经确定要进行试点。如果国家选择一家做试点的话，我觉得中国银行的条件最好、基础最充足。但我相信这种综合经营的试点不会仅是一家。我们目前希望在符合法律规定的前提下，减少组织管理的层级，提高管理效率。但最重要的是要有足够的人力资源、产品和技术准备。这样，当市场对你开放的时候，才能够真正抓住机会。

中行进与退

——专访中国银行董事长肖钢

采访人：温秀

发表时间：2009-5-25

在经济下行周期，“扩规模，调结构”的战略，能否改变中行中外业务“腹背受敌”的局面？

现年51岁、不事张扬的中国银行（下称中行）董事长肖钢，被一场来势汹汹的金融危机推向了舆论的风口浪尖。

早在2006年上市之初，中行的“双保险”故事曾吸引了众多的投资者慷慨解囊——相对于外资银行，中行拥有令人羡慕的“中国概念”；相对于中资银行，中行有规模最大的海外业务。

然而，在金融危机的冲击下，这个故事展现出了硬币的另一面：海外业务受到人民币升值和次贷危机的双重冲击，国内业务相对较弱的劣势也随之凸显出来。

“一个工行的利润差不多相当于两个中行。”一位国内大型券商的银行分析员称，2008年中行的净利润为643.6亿元，同比增长14.4%；而工行的2008年同期净利润1112亿元，较2007年同期增长35.2%。

在经济下行周期，中行如何改变中外业务“腹背受敌”的局面，不啻是一个艰难的挑战。在“扩规模，调结构”的调整思路下，今年一季度，中行的新增贷款高达5694多亿元，其中相当多一部分投入到基础设施领域。对于这一战略调整，业界看法不尽相同：支持者认为，“大环境如此，应当顺势而为”，亦有建言称，中行更应在管理效率和机构整合方面多下工夫。

在熟悉肖钢的人士看来，这一战略调整多少与他的个人风格有关。与一些雷厉风行的改革派相比，肖钢更显勤勉、低调，通常会以平和的方式来为改革争取空间。

2003年，年仅45岁的肖钢出任中行董事长，成为中国银行业历史上最年轻的董事长。在其任上，中行完成了股改上市的历程，并于2006年成为第一家“A+H”上市的国内商业银行。

在加盟中行之前，肖钢在央行系统已经工作了近15年，曾任分管货币政策、外汇交易和计划资金等多个部门的副行长。在外界看来，肖钢在宏观政策方面的经验和判断，对于中行的战略调整起着重要作用。

5月19日，在华裔建筑师贝聿铭设计的中行北京总部大楼10层，肖钢与记者的谈话便从宏观形势开始。

信贷下一步

记者：对于去年11月以来连月的银行业信贷猛增，业界都比较困惑。在你看来，原因何在？能否持续？

肖钢：今年一季度的信贷投放多，但4—5月份已经出现了放缓的趋势。

一季度信贷投放多，原因是多方面的。

第一是“4万亿”刺激经济的作用，很多贷款都投放在中长期基础设施建设方面。

第二是转移性的或者压抑性的潜在需求得以释放。2008年9月以前，实施从紧的货币政策，对各商业银行严格实行贷款规模控制。这也就使得2007年及2008年上半年，企业的部分用款需求没有以贷款的形式出现，而是以理财产品等多种方式进行。到今年一季度，相当部分已陆续到期，恰好贷款规模限制取消，这部分资金自然而然地又重新回归到贷款的本来面目。

第三是商业银行赢利压力和竞争需求使然。2008年以前，国内各家银行都处于较高的盈利水平。2009年随着利差的明显缩小，各行竞争压力加大，在利差大幅度缩小的情况下要实现盈利，只能以量补差，而且早投放早收益，一季度信贷放量就不足为奇了。

此外，社会心理预期也对信贷增长起到了不可估量的促进作用。事实上，无论是地方政府、相关部门，还是企业、银行，都普遍存在着一种预期，担心放松贷款规模的时间不会太长，有朝一日又会从紧，又会实行“一刀切”的调控模式，所以，通过扩大票据贴现来预留贷款规模的做法便应运而生。

记者：近几个月来票据贴现居高不下，除了预留贷款规模，是否也有套利因素的驱使？

肖钢：票据贴现在一季度的贷款增幅中占比很大。这是因为当时市场上存在着利差倒挂的现象，对于企业来说，票据融资一方面可以通过较低的成本实现临时资金的周转需求，另一方面，暂时用不着的资金，可以再存入银行，赚取利差；对于银行来说，富余资金如果去买央行票据，只有 0.9% 左右的收益，如果做票据贴现，则可以得到 1.6%~1.8% 的收益。所以银行和企业通过票据融资，双方都有利可图。

这是票据融资占比高的一个重要原因。票据在统计上可能还存在着重复计算的问题，所以实际上并没有那么多资金流入实体经济。

记者：从前面的分析来看，未来政策的走向，很大程度上影响着银行和企业的贷款行为。但央行一直表示要坚持适度宽松的货币政策，这种取向似乎并未发生变化。

肖钢：尽管口头上没有变，但实际已经在收缩。央行 4 月就通过央行票据的发行收回了一定的流动性，而且考虑到 CPI 为负的事实，当前的利率水平还是处在一个比较高的水平，但央行并没有调整的迹象。这都说明，虽然大政方针没有变，但实际中的确在朝着更审慎的方向进行操作。

记者：最近两个月贷款投放似乎有较大幅度回落，你觉得全年贷款会呈现怎样的趋势？什么样的投放规模和节奏是合理的？

肖钢：4—5 月份贷款回落，是比较正常的。目前看来，进入实体经济的资金也在增加。此前企业贷了很多钱，但并没有那么多实际需求。进入二季度之后，企业开始将之前贷到的资金投入生产经营，所以新增借款在减少。总的来说，未来贷款高速增长的态势会趋缓。

不过，未来的政策走向仍然很大程度上决定着银行和企业的行为。因此，客观政策的调整不仅要考虑经济运行状况及趋势，还必须适时管理社会心理预期。所以，比较好的情况是维持银行贷款平稳增长，尽量避免导致贷款大起大落。

记者：如果今年未来几个月延续 4 月的势头，新增贷款将会接近 10 万亿元，这是否意味着明年还要大肆投放？

肖钢：不一定。今年较大规模的贷款投放有其特殊背景，在经济刺激政策之下，一些原计划在未来五到十年间开工的项目，都提前到今年了。所以未来的项目不会有那么多，贷款需求会回落。毕竟“4万亿”的刺激计划，不可能每年都有。

从现在的情况来看，全球经济有改善的迹象，比如美国的房价稳定下来了，不再继续下跌，企业的库存也在消化。但未来仍有很多不确定性因素，外部形势仍很严峻，所以不排除第二轮刺激，政府也表示准备好了“弹药”。

记者：大家担心投放过快会对银行的资产质量产生影响，银行监管部门表示今年银行业仍能继续保持“双降”，你认为这一目标能否实现？

肖钢：首先，银行业目前面临的资产质量的考验，不是新发放的贷款带来的，大都是2003年以后发放的贷款，受到危机的影响。而今年发放的贷款，一般不会在当年或者明年就表现为不良贷款，特别是当前不少都是中长期的基础设施贷款。

其次，经济下行周期对银行质量的影响已经在显现，一个重要的表现就是新增不良贷款在增加。中行一季度的新增不良贷款就超过了50亿元，而去年同期只有20多亿元。我们为什么还能做到不良余额的下降呢？这主要是在存量上下工夫。我们目前的不良贷款余额还有800多亿元，不良贷款余额的下降，很大程度上得益于加大不良贷款的收回和处置。这包括现金清收、损失核销，以及贷款重组等。所以，虽然新增不良贷款在上升，但只要对存量不良贷款的处置和回收得力，仍然有可能实现“双降”。

记者：有观点认为，宏观调控是逆周期而动，但商业银行则应该顺周期生存。因此，认为目前贷款投放的逆周期现象，可能导致中国银行业未来的风险集聚，你怎么看？

肖钢：经济过热的时候，往往贷款也比较多。从历次危机看，银行在上行周期往往充当了泡沫的助推器，最后又成为自食其果的受害者。

这种“羊群效应”有其制度根源，并不是哪一家银行想不想跟风的问题。如果各种制度安排等都要求银行顺潮流而动，那么银行只能无奈地跟风。所以银行最好还是有些逆周期的做法，这样能有助于熨平或拉长经济周期。

中行逆势之动

记者：去年中行人民币公司贷款新增量仅为工建两行增量的一半多，今年一季度中行新增人民币贷款余额就超过了去年全年，这其中有没有保持市场份额的考虑？今年到现在为止，中行的投放情况和全年的目标是什么？

肖钢：中行过去人民币贷款发放比较少，现在无疑是一个时机，因为有很多好的项目。我们要抓住机遇，抢占某些先机，多争取一些优质业务。虽然一季度贷款增加较多，但与全行业一样，4月和5月已经放缓了，我们要努力保持贷款的平稳增长。

记者：如此大规模的信贷投放，如何看待其中的风险？海外业务的坏账程度受金融危机的影响有多大？

肖钢：中行目前的新增不良贷款主要集中在国内，海外不良率很低。至于本轮投放会不会造成不良贷款大幅反弹，与项目和企业的经营情况有关，因此要作具体分析。

中行业务经营的方针是扩规模、调结构、做品牌。它们之间是内在联系的，要在扩规模中调结构，在调结构中扩规模。

比如，中行新增人民币贷款，一个重要的投向是基础设施建设，主要因为过去中行的中长期贷款占比较低，所以我们希望借这个机会适当增加这方面的比例。现在有不少基础设施项目，包括铁路、城市轨道交通、核电站等，未来有比较稳定的现金流。这对于改善中行的收入结构，对增强资产持续稳定性和赢利性都有好处。像港珠澳大桥，贷款期限虽长，但未来收费的现金流比较稳定，是有较好的经济效益的。

在支持中国企业"走出去"方面，我们也加大了力度，这部分信贷投入也是有还款保障的。在一些可能会存在产能过剩的行业，我们选择其中的排头兵或龙头企业。

我们的思路是，要抓住机遇，努力增加人民币贷款，但同时必须做到贷款的标准不降低，条件不放松，所有贷款审批程序不能违反。现行集中化的风险管理体制不变，风控不放松。

记者：目前各种上马的项目普遍缺乏资本金，特别是地方政府配套的部分，业界担心一些地方政府融资平台会过度利用银行贷款，导致风险积聚，你怎么看？

肖钢：我们对这个问题很重视，要求以政府为背景的项目融资，原则上只限于大中城市，严格控制县市级政府融资平台的贷款。由于省级政府手里有值钱的资源，而且财政收支也较有保障，所以风险相对可控。

记者：一季度中行的拨备水平环比有一定提高，但整体比例低于建行和工行。在你看来，什么样的拨备水平才是合理的？

肖钢：我们一季度末拨备覆盖率为126.47%，而且不包括抵押品，实际上，大部分不良贷款是有押品或担保的，所以我们的拨备率是很充足的。拨备水平并非越高越好，关键在于资产分类是否准确，计提拨备是否充足，只要资产划分准确、计提充分，就没有问题。

记者：从一季报看，各大银行普遍面临较大的赢利压力。业界预计，全年将出现零增长或负增长。中行今年一季度，净利润同比下降14%，能否谈谈今年的赢利设想？

肖钢：我们现在压力比较大，但力争业绩与去年持平。我们去年是一个季度不如一个季度，希望今年能够一个季度比一个季度好。不过现在宏观形势尚有变数，所以现在谈全年的赢利情况，恐怕仍言之过早。

记者：中行在亚洲的发展与中银香港之间会不会有重合？未来如何定位整合香港的业务？

肖钢：中银香港是中行海外业务的旗舰，未来依然会发挥龙头作用。中银香港未来立足香港，但要向亚洲地区扩展，力争在亚洲业务方面发挥龙头作用，比如中银香港的流动性充足，其他海外分行有时会面临资金短缺，就可以联合起来做银团贷款。

同时，我们也鼓励中银香港到内地发展。由于客户基础和经营重点不同，中行和中银香港可以在内地并行不悖，共同发展。事实上，这几年我们已在这方面取得进展，逐步尝到了协同效应的好处。

记者：除了海外业务，中行的另一个特点是较早地形成了综合经营的格局。危机之后，各界对全能银行的前景产生了分歧，中行在这方面的思路会有哪些变化？

肖钢：中行已经是多元化经营的银行，未来的基本框架不会改变。我们的思路是，以商业银行为核心，多元化服务，海内外一体化发展。

中行不是全能银行，商业银行业务仍然是我们的核心业务、重点业务。以存款、贷款、结算业务为主，服务于实体经济。同时我们还要根据客户的实际需求，提供多元化服务。还要充分利用海外优势，实现海内外一体化发展。

记者：中行正在积极备战人民币国际化，能否谈谈目前的进展，如何看待其中的风险和收益？

肖钢：人民币贸易结算政策上已经批准，只是实施细则还没有出台。我认为在贸易项下的人民币结算试点与资本项目可兑换的进程是并行不悖的，随着人民币结算的展开，人民币的使用范围扩大了，数量增多了，就必然推动与人民币相关的各种投资工具的发展，这是不可改变的趋势，中行有条件发挥更大的作用。

改革得与失

记者：随着境外战略投资者的陆续退出，这轮以财务重组、引入战略投资者、股改上市为基本要素的银行业改革，也面临较大争议。这是否意味着我们上一轮的改革中，有一些制度安排需要反思？

肖钢：我认为，从2003年开始的这轮银行业改革，与过去20年相比，是一次全新的探索，取得了很大成效，实践证明是成功的。

这次改革的一个重要特点就是进行了产权制度的变革。过去国有银行是100%国有独资的，通过引入战略投资者和股改上市，实现了在国家控股的前提下的股权多元化。

为什么要走这一步？意义何在？这主要是有利于公司治理机制的改革。过去国企长期存在“一言堂”的问题，在完成了产权改革之后，有了根本的改变，董事会不再是“橡皮图章”。

现在中行的任何重大决策，都要上董事会，董事们要负法律责任，每项决策都要实行票决制。可以说，从制度上解决了过去一个人说了算的问题，有利于银行规范经营、科学决策。

记者：引进战略投资者的一个初衷，是为了学习先进的管理理念和良好的风险控制体系，但金融危机之后，外资银行在风险控制上也出现了很大的问题。对此，你怎么看？

肖钢：我认为，此轮危机属于全局性、系统性的危机。危机之前，大家都认为高杠杆业务有风险，但过于相信风险可以分散。由于只关注到了局部风险转移，却没有考虑市场整体的风险已经集聚到了过高的程度。

所以，其中不只是银行的责任，监管部门和政府都责无旁贷，因为它们忽略了全局性的系统风险。

在和外资银行接触的过程中，我认为，它们在产品创新和风险管理方面，仍有很多值得我们借鉴的地方。我们对外资银行的内部管理既不必因发生危机而一味否定，也无须过度迷信。我们仍要抱着开放的态度，加强同他们的合作，取长补短，共同发展。

记者：中行的外币投资在此轮危机中也受到了一定的冲击，此后对相关风险控制和投资机制也进行了改革，并在不断收缩战线。能否谈谈你们进行了哪些调整和反思？

肖钢：我们从自身投资中得到的一个重要教训是，对复杂的金融产品的估值能力不足。

当时我们做的一些投资，其实并未看懂产品的结构和风险，也没有能力进行估值，买卖决策大多依赖评级机构。他们说是3A级的，我们就放心购买，后来才发现根本不是那回事。缺乏独立的估值能力，也是风险管理能力不强的表现。现在我们意识到，任何投资都要有独立判断，可借鉴第三方的评估，但自己首先要能看懂，看不懂的绝不投资。

记者：近一段时间以来，市场对于金融业的薪酬问题争议很大。我们知道，中行旗下的中银国际的薪酬安排是非常市场化的，能否谈谈中行在薪酬体制方面的思路？

肖钢：中银国际的薪酬的确已经朝市场化方向前进了一大步，比商业银行的薪酬要高，基本是比照国际惯例设计的。但我们在设计薪酬体制的时候，严格遵循了激励与约束并行的原则。比如去年投行的业绩比较差，中银国际的高管就没有拿到奖金。

我们的薪酬虽然与业绩挂钩，但都有封顶制度。这里有两个原因。一是，业绩过好，往往不是主观努力的结果，对这部分业绩，是不宜与管理者和员工个人的业绩挂钩的，所以要封顶。二是，不鼓励过度冒险。也就是说，你干得再好，也要封顶，所以大家就不会过度冒险，防止铤而走险。

工行应变

——专访中国工商银行董事长姜建清

采访人：胡舒立、凌华薇、冯哲

发表时间：2010-7-4

全球金融监管重定路线图之际，工行董事长姜建清接受本刊专访，谈这家全球最大市值、最多存款也最盈利银行的下一步。

全球最大市值、最多存款也是最赢利的银行——无论从哪个角度来看，中国工商银行（601398.SH，01398.HK）都处于有史以来的最佳时刻。

国有银行改革启动之初，外界颇多质疑。现在，作为全球市值最大的商业银行董事长，姜建清受邀多次参加了国际上重要的金融监管改革会议，“他们开始想听并重视中国商业银行业的想法”，姜建清说，“这和十年前确实有天壤之别。”

6月25日和7月2日，姜建清就此两度接受本刊记者共计三个多小时的专访。身着白衬衣的姜建清比几年前稍显清瘦，但越发自信，谈起美国金融监管改革最终草案，细节的变化亦不放过。不过，他称应客观看待国际金融监管的新趋势，既要积极参与规则的制定，也要注意辨别哪些适合中国及新兴市场，“不能别人生病，我们吃药”。

姜建清以工行掌门人的身份，经历了发端于20世纪90年代末的国有银行改革全过程。他在总部接受过我们多次独家专访，其中一次是2003年1月对外详解工行的改革计划，一次是畅谈工行改制上市，这次则是纵论国际金融监管改革，暗合着工行近年来的改革路线图。

金融危机甫定，国际社会痛定思痛，试图建立新的金融监管框架，焦点集中到资本金的定义和定量。对此，姜建清认为，这些改革对中国银行业的直接影响非常有限。“我们初步测算，对工行资本充足率的影响约在1个百分点。”

1个百分点，对工行意味着592亿元。

2010年3月底，工行资本充足率11.98%，核心资本充足率9.58%，在几大行里最高。工行未雨绸缪，目前启动了A股可转债加H股配股的再融资方案，外界预计规模在600亿元左右。

但姜建清也指出，从中长期看，这些监管规则的修改，使得包括中国在内的银行业都将面临更高资本的要求，而如果中国以间接融资为主的发展模式不变，银行业补充资本的压力长期存在。"转变整个社会经济发展过度依赖银行信贷的融资模式，也转变银行的赢利模式，是下一步金融改革的待解之题。"姜建清提出，应开始系统考虑推进中国银行业资产证券化的进程。

工行当前的总资产已经超过12万亿元，占中国银行业总资产的一成半，盈利则接近1300亿元。作为中国最大的金融机构，也是国际上最大银行之一，姜建清并不隐讳对如何处理"大而不倒"的不同看法，"机构之大并不和危机之间存在因果关系"，"关键是提高监管的有效性"，"建立大也能倒的机制"。

资本！资本！

记者：你参加了多次巴塞尔委员会、国际清算银行组织的国际会议，据你的观察，最重要的变革是什么？

姜建清：最重要的改变就是提高资本的质量，提升资本充足率。2004年发布的巴塞尔Ⅱ，本来被认为是非常好的规则。但是在金融危机中，很多银行不得不在危机最困难的时候补充资本，甚至需要政府注资，引发极大争议。

危机表明，不同质量的资本吸收损失的能力是有差异的。资本分为一级资本和二级资本，一级资本包括实收资本、留存收益等权益资本和其他一级资本，也称核心资本。这一次巴塞尔委员会提出了更严格的资本定义：第一，高度重视一级权益资本，创新型资本工具要从一级资本中予以剔除；过去一些创新型工具虽然降低了融资成本，但是牺牲了资本质量；第二，简化资本的分类，取消二级资本的子类；第三，提高资本的透明度。

记者：一些国家已经把银行的核心资本的要求从4%提高到8%，巴塞尔委员会对此是否认可并推广？

姜建清：未来的资本充足率标准现在正进行全球定量测算。银行的核心资本肯定要增加，总体资本充足率也要上升，但具体比例还待定。

确实这次改革对核心资本的内容调整较大：第一，无形资产要求从一级资本的普通权益中扣除；第二，递延税资产的实现有赖于银行未来的赢利能力，要求从一级资本的普通权益中扣除；第三是对外股权投资的处理。如果银行在一家金融机构持有普通股的比例超过10%，就要从本银行的普通权益中全额扣减。此外还包括对养老金资产、所持自己银行的股票、股本溢价等几十项的规定。

记者：这对中国银行业有什么直接影响？

姜建清：非常小。根据工行初步测算，若完全按照讨论中的新规则实施，对工行资本充足率的影响不会超过1个百分点。其中，对一级权益资本影响仅0.3个百分点，因为中国的银行一级资本里面没有创新型工具，基本上都是权益一级资本。

工行主要受两个方面影响，一是土地使用权作为无形资产要从资本项目中扣除，二是新增的递延税资产处理规则；至于工行少量持有其他银行的100多亿元次级债，将来要转让掉。

但扣除土地使用权是否合理值得商榷，因为在中国土地不是私有的，流通中转让的是土地使用权，可以得到现金和对价，这与无法单独转让的企业商誉相比，有本质区别，我觉得计算时不应扣除。

现在我们的资本充足率在监管要求的红线之上。但随着业务发展和金融监管改革对资本质量和数量标准的提高，还是有较大的资本压力。

记者：银行增加资本是抗击风险的需要，但这对实体经济会不会造成影响？

姜建清：欧美的大银行都提出，增加资本，需要在市场上大量融资，可能会导致信贷紧缩，特别是会影响到中小企业的融资，将会引起全球经济的进一步衰退等。

国际金融协会（IIF）对新规则若实施后对G3（美国、欧洲和日本）经济体未来5年到10年宏观经济的影响作过一个分析。到2015年，G3经济体总体的GDP与改革前比较，约下降3个百分点。这里面包括美国下降2.5个百分点，日本下降1.9个百分点，欧洲下降高达4个百分点。

我在许多国际会议上提出来，要重视全球经济金融发展的多样性。比如在非洲赤道地区谈论北欧如何抵御寒冷，难以感同身受。

随着这些年中国金融业的改革和经济的不断强大，情况还不错。但在另一些新兴市场国家，长期处在低发展阶段，有增长的爆发期，而财政积累较低，资本市场不发达，过高的监管要求将来可能会成为经济发展的一个障碍。

记者：去年因为信贷投放较猛，今年年初以来中国银行业纷纷再融资。而市场对未来银行业资本饥渴症仍有恐惧。你觉得应如何打消市场的疑虑？

姜建清：现在增加资本只有两条路，一是减少分红，二是市场增资。这几年中国银行业的分红都在 45% 左右，可否再降低一些来增加资本？问题是股东有即期回报的要求，实际上形成一对矛盾。今年几大银行在市场上先后推出融资计划，虽然在 A 股市场主要采取可转债等对市场冲击较小的办法，影响有所缓解，但市场仍然感到了银行再融资的压力。

按照工行目前的盈利状况和发展，每年的利润留存很可观。若能再略降一些分红，资本的增加也有保障。

过去西方的银行走第三条路，就是通过创新工具，既增加了分子、减少了分母又扩大了盈利，但因为金融创新过度等多种因素，酿下金融危机，现在看来这条路已经被断掉了。但对中国而言，金融创新比较不足，因此，适度资产证券化还是要坚持。

监管新工具

记者：这次危机中，西方的银行业都出现了“流动性黑洞”。这时候，巴塞尔委员会制定了新的流动性风险衡量指标，这对银行业的影响何在？

姜建清：主动负债为主的西方银行体系，一旦出现系统性风险，市场上的流动性会骤然消失，出现“悬崖效应”，流动性骤然消失。

流动性实际上就是银行在可接受损失的前提下，获得新增资产和偿还债务所需资金的能力。银行的一项功能就是“转换”，包括将短期分散的存款转换成长期贷款，即期限转换，这从本质上决定了单一的银行机构因期限不匹配风险，容易受到流动性冲击，并且流动性风险会传递。

巴塞尔委员会制定的新原则，防止银行在市场繁荣期过度依赖拆借等批发性融资，留下流动性的长期隐患。但也会造成一些负面影响。

首先，为了满足流动性监管的新标准，银行总体上会倾向于购买符合监管指标的流动性优质资产，但由于市场深度和广度的有限性，会导致银行购买成本增加，债券市场上发债主体的成本也会提高。其次，银行将调整资产负债表的结构，造成相当一部分资产沉淀下来；同时，银行会尽可能持有期限较长的负债和经营短期资产，这些都会造成银行效益的下降。而银行迫于盈利压力会把成本转移出去，可能提高实体经济的资金使用成本，产生了第二轮的挤出效应，影响经济复苏。

记者：金融危机后，去杠杆化成为趋势，这是否意味着从此银行业的效益要大打折扣？

姜建清：杠杆率（总资产和权益资本的比率）过高被列为本次金融危机的罪魁祸首，杠杆率所反映的风险信息应受到高度重视。

危机之前，西方杠杆率放得过松。但在杠杆率面前，商业银行和投行是不同表情的。商业银行的杠杆率在金融危机前后并没有明显变化。投资银行则要去杠杆化，意味着抛弃过去的业务模式去寻找新业务支撑点，这是非常痛苦的。

就国家和地区来看，欧洲所面临的形势更加严峻，至今大部分欧洲银行的杠杆率都在30倍以上，这可能与欧洲银行业内投行比例较高有关。

记者：银行的顺周期性是不是一个“自然规律”，提出反周期资本监管措施，你认为能做到吗？

姜建清：银行的顺周期问题确实引起了比较大的争论，因为银行在繁荣的时期往往是多放贷款，资本要求也比较低；衰退时期资本要求比较高，银行也相应削减信贷规模。由此，金融业在危机时出现了对实体经济进一步的破坏性作用。

最近巴塞尔委员会提出了四种思路。一是降低最低资本要求的过度亲周期性；二是提高拨备制度的前瞻性；三是通过建立超额资本，保证在全行业严重衰退的时候，也有足够资本支持持续的营运；四是抑制信贷的过度增长。

顺周期这个理论，实际上由于自由市场经济中更多由“无形的手”来推动，所以形成了经济周期波动。中国则更多依赖“有形的手”，这似乎对顺周期有一定对冲作用。我认为应该以市场调节为主，政府调节有效调节为辅，还特别要注意宏观调控政策能否有效传递。

记者：对争议更甚的沃尔克法则，比如限制银行自营、限制银行投资对冲基金，你持什么观点？

姜建清：我认为，银行至少不能大比例、大规模地从事自营交易业务。因为银行是受托者。银行对自身的资产实际上履行的是一种受托责任，客户把资产交给银行，银行怎么能把资产大规模去用于高风险、高盈利的投资？

目前应当根据全球金融业的状况、各国金融监管的状况，制定出一些“共同有区别”的原则。比如不能过度从事这些高风险的自营投资，不能过度从事对冲基金、私募基金的业务，金额比例上有所限制。银行可以受客户委托而去做这种交易，但不能为了自营投机的目的去无节制地做。

记者：从去年以来，银监会在提升资本质量、流动性、杠杆率、拨备等方面也对银行业提出了更高要求。你分析这些顺应监管改革趋势的变革，是否也会降低中国银行业的效益？

姜建清：中国银行业目前仍以被动负债为主，存款占资产的平均值在80%左右，工行近90%。而西方大银行除日本的银行普遍在50%，甚至更低，他们追求大量的主动负债，比如进行大量的同业拆借、发行大额存单、进行证券回购、发行债券。当然，这与中国银行业所处的发展阶段有关。中国的债券市场不发达，银行无法通过债券市场大量融资。这使得中国的流动性充裕，杠杆率不高。比如，工行的杠杆率是16.43倍。

但是我认为中国银行业杠杆率的趋势是要攀升的。因为未来债券市场发展、金融产品丰富、融资渠道扩大，发行各种可流通的债券来进行资产活动的这种业务模式，会逐渐为银行所接受。

需要注意的是，未来应密切关注表外风险敞口的发展，但何为表外资产，是否在杠杆率中的反映充分，这些都值得关注。

记者：谈到表外资产，事实上中国的理财市场发展近年来发展很快，值不值得担心？

姜建清：如果资产证券化能稳健推进，理财市场会得到很好的发展，也能降低银行的资本需求。

在这个过程中，应制定更加明确的法规，以降低交易成本。资产证券化产品的设计，要简单、单层、易懂，必须要能明确看到原始的支持资产，以避免投资者信息不对称而导致风险。金融机构对基础资产需加强管理，及时披露。可以参考美国金融监管改革草案中提出的，银行要把5%的资产证券化产品留在表内，以利于监控表外形成的“影子银行”，也能一定程度上解决投资者担心的道德风险问题。

大而不倒悖论

记者：这次金融危机后的讨论，最热烈的话题之一，莫过于“大而不倒”。你作为中国最大金融机构，甚至也是世界市值最大的银行，怎么看？

姜建清：前不久，花旗的董事长也问及我的看法。我开玩笑说，现在没有数据可以证明，300座、500座的大型飞机的风险一定比20座的飞机大。固然大型飞机一旦出现问题，会造成更严重的后果，但是世界上并没有因此取消大型飞机，主要是因为其效率、成本优势。当然，要使用大型飞机，就要有更好的飞机场，符合条件的驾驶员、导航设备、飞机空中管制等，实际上就是要监管有效。

同样的道理也适用于大型银行。其实即便是中型银行、小型银行集体发生危机，也会给一个国家造成巨大危机。

记者：难道“大而不能倒”是一个伪问题？

姜建清：我并无此意。实际上，“大的银行”和“系统性风险”之间，两者不是对等的关系，防范系统性风险关键是针对大银行相对复杂的业务结构，要有相适应的有效监管。

即使限制了大型银行的发展，也不会杜绝金融危机的再次产生。重要的是建立合理的退出机制，无论是大中小，都要有妥善安全的破产清算机制。实施严厉的资本和杠杆率的要求，控制扩张冲动，不管什么银行都是一样的。我的观点是，大银行，该倒也要倒。

记者：现在有讨论说，认为应当从限制机构规模入手，确保“大也能倒”？

姜建清：所谓“大银行”，仍是个模糊概念，简单以规模来衡量并不确切。现在的银行比过去的银行规模大得多；大国和小国相应的标准也不同。如果用限制规模的方法，20年以后变成一堆一样大的机构，又该怎么办？

通过一些不公平的方式并不能达到降低系统性风险的目的，客观上可能也会破坏一个国家的金融竞争力，如大型银行在稳定市场中的作用。不是因为我今天在一个中国大银行工作我就持这个观点。而是我怀疑，把洗澡水倒出去的同时，是不是也要把孩子一起倒出去？

记者：中国银监会去年底要求大银行比其他银行的资本充足率高1%，这被认为是征“大而不倒税”；最近英国、德国、瑞士等欧洲国家都开征了银行税，美国也对此争议不休。你怎么看？

姜建清：对大型银行最近提出要加强监管、防止系统性风险，一个主张就是让大型银行承担一定的超额资本。中国银监会的做法是从审慎监管和大银行的特点方面出发提出的。但要防止的后果是，有些银行也许会因此从事更高收益的一些业务或过度放贷来弥补增加的成本，但代价是承担更高风险。

现在英美国家征收银行税的讨论，在世界上反响也较大，日本、加拿大、巴西等带头反对，英国、德国、瑞士则希望实行，但规模有限，英国估计是20亿英镑。

不过，若对交易收税，中国的银行业所受影响也较小，因为我们交易性资产非常少，而且投资比较传统，大部分都是买进债券持有到期，完全自营交易的比例非常低。

需要说明的是，和西方银行业不同，中国的银行一直税赋不低，如我们要缴营业税，目前的税率是5%。去年工行的营业税和教育税附加是180亿元，占净利润14%。

记者：去年底以来，国际上出现了新一轮中国泡沫论，你怎么分析中国的系统性风险？

姜建清：我在很多场合都和外资机构说过，你们看空中国，没有一次是看对的。比如现在外界对中国的地方融资平台风险有担忧。从工行的情况来看，地方融资平台的不良率只有万分之三。大量信贷投入地方建设而非消费，而且在今年以来的监管和整改下，地方融资平台快速增长的势头已经控制住。对存在的问题，在银监会和商业银行的共同努力下，正在逐步解决。

这次金融监管改革着力点在于提高资本质量、数量，对信贷扩张能力会有约束。那么今后信贷增长的合理外延到底在哪里？中国资本市场不发达，在今后相当长的时间内还会以间接融资为主，银行如何既要为实体经济发展提供充足的资金支持，又要满足银行资本约束的要求，同时要控制风险，这三者如何平衡，是个挑战。

因此，我认为中国的系统性风险是整个社会的融资模式失衡，就好比头上顶着的这一大缸水，风险几乎全部集中在银行。解决办法堵不如疏。应尽快推进加快资本市场特别是债券市场发展、提高直接融资比重的改革，以化解失衡模式累计导致的风险。

记者：近日《华尔街日报》报道，因外资银行受到危机重创和严格的金融监管后，大额贷款受限，工行因此在美国进军商业房地产？

姜建清：其实这是我们美国分行做的单笔业务而已，谈不上工行进入美国商业房地产。今天早上还有人询问我。这笔交易的缘由是凯雷集团以纽约一栋大楼作抵押，贷款3.5亿美元，抵押率65%。富国银行提供2亿美元，工行提供1.5亿美元。我们在美国的工作人员认为美国房地产已经跌到历史低谷，又有大楼抵押，认为没什么风险，就投了这个项目。工行美国分行总共资金才几亿美金，也要接受美国当地的严格监管，谈不上有激进的扩张。

境外投资需要特别谨慎。工行至今做了大约十起国际收购，还没有一起是失败的。如果愿意再多冒一点风险，也许收购的效果会更好，但是可能使利益相关者产生担忧。利益相关者包括股东、监管当局、政府、消费者，甚至媒体、公众。在境外投资方面，我宁愿牺牲一点收益，也要求稳。

记者：英国负责金融综合监管的机构金融服务局（FSA）被拆分，这是否意味着综合经营也受到质疑？这正是工行近年来着力布局的一项战略？

姜建清：这次全球次贷危机对银行业造成了巨大伤害，很多人对银行综合经营产生疑惑。但综合经营和次贷危机也并无因果关系。造成金融危机的真正原因是宏观经济政策失误，而银行业过度风险偏好，过高杠杆率，过度复杂和不透明的金融衍生化过程和监管漏洞。陷入危机最深的是独立投行，而如华盛顿Mutual（华盛顿互助银行）——美国最大的储蓄银行，最终破产。有些欧洲银行的复苏则得益于全能银行的架构。

这次欧美在2009年以来发布了一系列金融监管改革方案，从内容看，并没有一条是具体针对综合经营的，更多是要建立一个稳定、有效、富有弹性的监管机制。

中国的商业银行现在仍以银行传统服务为主，为了适应未来金融市场化改革趋势，迎接在利率市场化、资本市场化发展后，商业银行赢利模式受到的巨大挑战，商业银行在信托、投资、租赁、保险等相关领域，在监管政策许可下作了初步的综合经营的探索，还处于起步阶段。

我认为，综合化经营应该分类、渐进、适度开放，不能脱离实体经济，要与金融发展阶段、客户市场需求、监管水平相一致。不浮躁，不过急，关键是把握好“度”。

项俊波谈农行

——专访中国农业银行行长项俊波

采访人：胡舒立、凌华薇、张宇哲

发表时间：2010-7-19

“后进生”农行三年来内部改革，改制，上市，想后发制人。项俊波说，“大象跳起舞来真是不容易”。

7月14日周三晚10点半，上海浦东的地标性建筑金茂凯悦酒店，53岁的农行董事长项俊波接受我们近两小时的专访。

采访在项俊波下榻的酒店顶层进行。时值深夜，项俊波本已睡下又起身，身着夹克便装匆匆走进小会议室与我们交谈。经历了紧张的上市路演之旅的项俊波并无疲态，且越谈越兴奋。采访结束之时，已是凌晨。几小时后，他即要赶赴上海交易所，为农行A股上市敲锣，而后飞赴香港，出席第二天农行H股的上市仪式。

在困难的市况中，农行在最短时间内完成了全球最大的IPO。作为最后一家上市的国有大行，农行曾经拥有最多不良资产，一直饱受诟病，于2008年才进行财务重组，上市时间表曾因金融危机搁置了两年，今年4月火线启动，直至7月15日在上海、7月16日在香港，正式登陆资本市场。虽然最晚改制上市，但“后进生”农行意图后发制人，紧扣中国城镇化进程，锁定县域经济，希望实现“弯道超车”。这个故事在农行IPO中被反复宣讲，最终得到了投资人的一定认可。

较之此前接触过的金融家，身为农行董事长的项俊波更像是性情中人。这位2007年从央行副行长任上空降农行的银行家过去并无商业银行经历。他早年当兵，上过前线，大学毕业后从事审计工作，也做过南京审计学院的副院长，后来进审计署，官至副审计长，又从审计署任上调入人民银行。至少在加入央行之前，项俊波的业余爱好是文学，不仅写诗，还写剧本，其作品1999年得过电视剧“飞天奖”。不过在采访后问及创作兴趣，他并未多谈。

或许是商业银行改制的艰辛经历带来的某种改变——“你在农行不脱三层皮，是干不下来的。”项俊波说，来农行之前，就有领导给他打过预防针。来农行这三年，他常常周一到周四在京处理行务，周五到周日去农村调研。农行内部员工称，项是个“拼命三郎”，周末常常加班，他提倡“5+2”（五天工作日加双休日）、“白加黑”（八小时以外晚上加班）。

问及一生转行，哪项工作最难干，项俊波坦言是农行，说“这是我做过的最辛苦的工作”，“大象跳起舞来真是不容易”。

上还是不上？

记者：最近的市况如此惨淡，作为农行掌门人，你选择在这个时期上市，遇到的最大困难是什么？

项俊波：工行、建行、中行上市的时候，国内外资本市场和经济形势都比现在要好些，上市筹备期也都在半年以上。农行上市筹备时间最短，只有两三个月，也就是说，农行在经济环境最复杂、市况最困难的情况下，用最短的时间做了全球最大的IPO。

最大困难就是如何权衡，做还是不做？我心目中的理想市场状态是A股市场稳定在2500点左右，但6月29日那天，我还在英国爱丁堡路演，上证指数一天下跌了4.27%，确实感到压力很大。在这个时候逆市而上，风险很大，风险不仅是农行的，也关乎国有商业银行改革，这不是我个人的问题，关乎全球资本市场对整个中国政府的信心及未来经济发展的影响，关系到对农行基本面的判断。

我当时沉静下来想一想，这个事情不能退，就给有关领导和上级部门写报告表达了个人的看法，得到了他们的全力支持和鼎力帮助。我自己的性格是：凡是正确的决定，既然做了就要做下去。“开弓没有回头箭”，我们终于还是走过来了。但我在这里必须强调的是：农行这次IPO逆市而上取得了成功，没有党中央、国务院的正确领导，没有农行改革领导小组的综合协调，没有股东单位和监管部门的全力支持，没有农行44万职工三年来1000多个日日夜夜的辛勤工作全力以赴打下的扎实基础，是根本不可能的。如果说有点成绩，这个成绩不能算在哪一个人身上，更不能算在我项俊波头上。

记者：接受国际资本市场的检验是什么滋味？听说有不少尖锐问题？

项俊波：刚去国际路演的时候压力非常大。当时《金融时报》和《华盛顿邮报》写得很刻薄，说世界上最差的银行去做世界上最大的IPO。

前期非交易路演阶段，我们去了美国的洛杉矶、丹佛、奥马哈、纽约，正式路演开始后，我又带队去了中国香港地区、中东、伦敦、爱丁堡、法兰克福、澳大利亚。机构投资者的反应大多非常正面。在和国际投资者一对一交谈之后，下单比例超过了80%，这是相当高的。国际资本市场上一些比较大的长线基金，路演完以后对农行的投资故事都非常感兴趣，下的都是大单子。这是对农行投资价值的认可，对农行管理层的认可，我觉得很安慰。募集一二百亿美元还是很不容易的，别人凭什么把口袋里的真金白银掏出来投资你？

他们的问题是很尖锐，有些并不好回答。比如，国有商业银行股改后几年都有红利释放，增长不成问题，但要我解释农行未来三年到十年如何能保持持续增长。95%的人提出的问题都和政府投融资平台、房地产调控有关。最终，我们用数据解除他们的顾虑，使他们认可农行。应该说，农行股票在基石投资者和大型基金的长线配售还是非常成功的。

记者：最大的转折是从什么时候开始的，觉得这个事特别有把握了？

项俊波：凡事都没有绝对的把握。不过，信心的确立有三方面的因素：一是市场的因素，二是上级领导和监管部门支持的力度和对管理团队的信心，三是投资者的投资决策给予我们的支持和理解。部分国际投资者也是有怀疑态度的，比如我和一个国际投资者谈了三次，在听完了农行的投资故事以后，他觉得农行未来的发展和成长空间是很大的，觉得很有信心，跟我说你放心，价格无限制，一单十几亿美元。他的投资行为也感染了其他投资者。渣打银行和荷兰拉博银行与我们有战略合作协议，而且还分别投资5亿美元和2.5亿美元作为基石投资者。

经营这么稳健的国际银行都主动与我们签署基石和战略业务的安排，说明对我们高度认可，也对其他投资者起到了示范效应。

记者：你对农行的定价怎么评价？现在这个价格，到底是高还是低？

项俊波：我们定价是合理的，充分考虑了农行的内在价值、未来成长性、可比银行的水平和供求关系。我们认为是实现发行人和投资人双赢的价格。

县域包围城市

记者：你刚才讲到投资者问你未来三年到十年如何保持增长。作为农行的董事长，你对农行未来的发展战略是怎样一个定位？

项俊波：这个问题也是国际上投资者问得比较多的问题。我们在2007年制定了一个农行的三年、五年、十年发展规划，称为“3510”发展战略，基本目标是从2008年起用三年时间使农行发生显著变化，五年发生根本性变化，十年即2017年把农行打造成国内领先的、世界一流的商业银行。这一战略主要得益于中国经济未来发展的机会。城镇化进程是中国未来最大的发展机会。英国、德国等欧洲国家的城市化进程，基本上花了30年，中国还要奋斗三五十年的时间，才能达到欧洲水平。纽约这种城市是80年到100年前才开始定型的，北京、上海这些大型城市的基础设施建设也才刚刚完成十年左右。

历史上由于专业分工的原因，农行在客户群体和网点布局方面与其他几家同业有所不同，分布在大中城市中的网点相对少一些，传统大客户基础相对弱一些。这些年我们一直在大中城市中追赶同业，扩大网点规模和布局，挖掘新的客户资源，并已成为了一家在大中城市处于主流地位的商业银行。但同时，在地市级城市尤其是在县域地区我们是有明显优势的。三年前，我提出抓住县域地区经济发展的机会，抓住未来中国城市化特别是小城镇化的机遇，大力开拓县域“蓝海市场”，就是基于这种考虑。未来三到十年，农行的发展很大一部分靠这块经济体。这就是农行的发展定位。到那时，谁将是中国和世界上最富有竞争力的银行还需拭目以待。

记者：由于成本高、利润低，工行、建行、中行历史上曾大举从县域退出，而农行的退出是被强行叫停的，某种程度上可说是被迫留在县域的。这块如何劣势变优势？

项俊波：这一问题要从发展的角度去看待。我刚才提到，城镇化是中国未来最大的发展机会，并且重点是在县域。目前，中国有县城2000多个，乡镇有3.4万个，在未来的城镇化过程中，今后每年差不多有上千万农村人口转为城市人口，包括农村青壮年、大学生的就业。这些县城和城镇需要吸纳这些就业人口，也是下一步发展的重点。在这些县城和小城镇中最主要的大型商业银行是农行。城镇化过程中会产生各种金融需求，这时农行的优势就体现出来了。

这几年农行加大了对县市行网点的改造，加大了科技的投入，对网点的功能定位进行了调整和完善，对业务流程进行了系统梳理，明年基本上能全部到位。

目前农行的利润贡献主要还是来源于城市业务，并主要集中在环渤海、珠三角和长三角地区，但未来三到十年，县域地区和中西部地区对农行的利润贡献将会有一个比较快的提升。事实上，这两年这种趋势已显现出来。经过多年的发展，农行在县域和中西部地区的大规模投入早已结束，随着国家经济发展战略的调整，农行收获的季节到了。

记者：这是你这次最终决定逆势而上的根本原因？听说有人建议你们改名，叫“城镇化银行”？

项俊波：主要因素，第一是整个中国经济增长的基本面没有改变，像中国这样高速增长的经济体一直在吸引全球的目光。第二，正如刚才所说，未来中国经济最大的亮点在于城镇化，而农行的市场定位与中国经济未来发展的模式高度契合，将从中最大受益。这次IPO的成功之处之一，在于消除了市场上对农行这个“农”字给外界带来的低增长、高成本、高风险的传统印象。农行的内在价值和未来的成长性，以及与中国经济未来发展的高度契合性，被投资者接受了。

风险控制之战

记者：农行基层网点多、管理链条长，你们是怎么解决基本的风险控制的？

项俊波：我到农行报到的第二天就因为邯郸5000万元金库盗窃案代表农行去银监会做检查。由于农行网络机构比较多，风险管理的任务一直很艰巨，所以只能下更多的工夫。

近几年，我们一直在全力推动全面风险管理体系的建设。上任后，在强化风险管理方面的第一件大事是成立了专门的风险管理部，集中管理全行的风险，随后对信贷审批流程进行了完善，在调整各级行信贷审批权限的同时，建立了独立审批人制度，加强了对贷后的管理。为防范各类操作风险，专门设立了内控合规部门和运营管理部门，并利用先进的IT系统来强化对各项业务流程的硬约束。在省分行以下机构还派驻了风险总监或风险经理。应该说，目前农行的风险管理状况已得到根本好转。

记者：以你一个人的力量，如何推动几十万人的农行改变既有的行为方式？

项俊波：路演中也有投资者提出这个问题，说你们农行的董事长和个别高管是空降的，但主要的管理团队和员工都并没有改变，管事的、放款的还是那些人，我怎么相信你们干得好？

我的回答是，一个国家、一个企业或者是一个系统，最关键的不是要用人来治理，而是要用好的制度来规范治理。以信贷审批为例，早期各家银行基层行放贷，好坏都是放贷员说了算；后来实行了前后台的分离；再后来实行了授权、授信体系；现在又建立了独立审批人制度。

目前农行的信贷审批制度和流程非常的严格和严密，70%的公司类贷款审批权限都集中在省分行和总行，零售类贷款主要集中在地市分行，采取集中审批的方式，通过网上集中作业，流程非常严格。对部分小额贷款还采取了“三包一挂”的方式，即包放（贷）、包管（理）、包收回、和效益工资挂钩。农行现在考核各级管理层有三个指标：利润指标、风险指标、可持续发展指标。把企业利益、管理水平和干部本身的利益紧密结合，三年以后没有出现坏账的才能兑现效益工资，出现坏账就终身承担责任，包括我自己。这就是农行的监督体制和激励机制。因此，虽然还是这些人，还是这个管理层，但是制度变了，管理方式变了，风控意识也会发生根本性的改变，风险是可以控制住的。

记者：2008年你上任一年之后，曾经把农行山西分行的整个管理班子连锅端，这在中国金融史上很罕见。为什么出手这么重？是不是令出不行？

项俊波：虽然山西的案子不是什么大案子，但是当地分行官气很重，管理不深入。总行通过地毯式审计发现了很多问题，实际情况和原来管理班子说的完全不一样。所以我们按照监管部门的要求把整个管理班子全部换掉。再如辽宁省的葫芦岛案子涉及骗贷，很受关注，农行也基本上是把管理层全部换掉了。不换不足以震慑全行，不足以改变风气。

记者：听说过去几年农行内部的审计力度很大，“飞行检查”、半夜入库之类，内部震动也很大？

项俊波：正如你刚才提到，农行网点比较多、管理链条也相对比较长，面对的风险压力特别是操作风险的压力比较大，合规文化建设的任务比较重。我到农行之初，针对“邯郸金库”案件折射出来的问题，采取了一些非常之举来控制风险，设立了几道防线来控制风险，并由此来推动全面风险管理体系的建设和合规文化的培育，应该说效果非常的明显。

第一道防线是前面提到的成立了风险管理部，统一负责全行的风险规划、政策制定和监督、监测及评估工作。第二道防线是审计。我干了22年的审计工作，从一般干部干到副部长，这方面还有一定的发言权。农行在全国设立了十个审计局，组成了2000多人的专业审计队伍，对董事会负责，不定期地进行审计，随时对风险进行监测评估。第三道防线是内控合规部门，向管理层负责，负责日常经营活动中合规风险的管理和控制。第四道防线是风险经理派驻制度，总行向省行、省行向地市行、地市行向县支行逐级派驻风险经理，独立监测和评估所在行的风险。第五道防线是整体移位检查制度，省分行临时组成一个15~20人的专业检查队伍，突击到某一个网点进行强制性换岗七天，检查可能存在的风险。第六道防线是专项检查制度，总行有专门的小组，对某项重点业务，如金库等突击检查。我曾经凌晨两点，冒着倾盆大雨到兰考县突击检查金库。后两道防线是因为农行网点比较多、管理半径长比较特殊的情况下所特有的，当然管理操作性风险的最好办法还是靠完善的IT系统，靠员工长期形成的合规意识。但后两道防线会带来比较好的示范效应，教育和引导员工依法合规开展业务。另外，我们还聘请了中介机构对我们的网点服务进行独立的评估，目的是帮助我们提高服务的质量。

“三农”争议

记者：我记得在你到农行前后，监管部门曾对农行有分拆方案的争议，以真正服务“三农”。为什么农行最终并没有走向分拆？而分拆方案是否有可取之处？

项俊波：全国金融工作会议认可的农行改革方针是十六个字：服务“三农”、整体改制、商业运作、择机上市。当时国家要求服务“三农”和商业性运作一定要实现有机结合，要强化自身的造血功能，控制风险。如果把农行分拆掉，不仅经过近60年积累的农业银行的品牌、横跨城乡的优势分拆掉，而且内部员工的反响也会很强烈，分拆令他们有被抛弃之感，涉及职工队伍的稳定。另外，分拆的管理成本、监管成本都非常高，内部的关联交易也会非常复杂，综合考虑，还是整体上市比较好。

记者：实际上农行75%的业务是城市业务，只有1/4的业务是涉农的。

即使是这样，“三农”业务是否也和城市业务的性质不同？因此没人愿意去做？这是不是一个管理上的难点？

项俊波：按资产计算，目前农行约37%的资产分布在县域。农行在县域地区的各项业务活动对农业的发展、农村经济的繁荣和农民的富裕起到了带动作用、辐射作用和直接服务的作用。现在的农户贷款风险并不可怕。县域地区的金融生态环境发生了很大变化，农民的还款自觉性很高。农户贷款的利息比城市高几十个基点，也就是说农村贷款的综合利润率其实高于城市。

黑龙江是我们发放农户贷款比较多的分行，放款100亿元，相当于在北京放款160亿元带来的利润，做得好是可以赚钱的。

大家对“三农”谈虎色变是一种偏见。在城镇化的进程中，很多农民非常富裕，以浙江和江苏这些地方农村的客户为例，农行从他们身上获取的收益超过在城市的客户。

记者：农行向农户推行的惠农卡在初期获得很高评价，被认为是一项很好的金融创新。但现在也带来一些担忧，认为有流于形式的嫌疑。目前惠农卡的发展情况怎么样？

项俊波：惠农卡是通过高科技手段来提高对农民的金融服务覆盖程度，同时保证市场化运作。惠农卡今年底发行要达到5000万张，意味着可以向全中国近1/4的农户提供金融服务。财政拨款、医药、日常消费、汇兑等都可以这个卡为载体。这个卡通过联保，一些地区符合条件的农户可以贷2万元，上海崇明岛最多可以贷50万元，浙江一些地区可以贷100万元。

目前惠农卡在各个省市的发展进度不一，比如在吉林、西藏，惠农卡对农牧民的覆盖达到了97.6%。

惠农卡的发展在初期是有一个投入问题，但要看其长期发展远景，看到它与新的服务功能和方式的结合，比如农村养老、医疗保险的结合，现在国家在县域地区涉农业务方面也给了一些优惠政策，推进惠农卡是我们县域地区的一项战略目标。

记者：为了推进“三农”，农行设立了“三农”金融事业部，但其实就是县域事业部，这是按地区分类，并非按业务分类？

项俊波：设立“三农”金融事业部是一种体现商业性服务“三农”意图的内部组织架构形式，其目的是把各项业务的成本效益核算清楚，从总行到省行，到每一个县、每一个人，应占用多少成本算得很清楚。所以说，“三农”

金融事业部制度是一种管理架构，关键还是思想观念的转变。

记者：在三年来这么多改革举措中，你觉得哪些最关键、最根本？

项俊波：最重要的还是按照现代商业银行的模式、架构、思维来改造农行，最核心的是企业文化的建设和思想观念的转变。思想不过关，怎么改都没用。没有好的企业文化，有好的制度也实行不了多久。只有把风险文化贯彻到员工的血液中才能变成自觉行动，不然就是假的。如果制度规范都是贴在墙上的，实际操作的是另一套，错了还不知道，这就是企业文化的问题。

详解进出口银行之路

——专访进出口银行董事长、行长李若谷

采访人：张宇哲
发表时间：2010-6-7

“只要商业银行真正按商业原则办，就不会有恶性竞争。”

在过去的一年，中国进出口银行（下称进出口银行）因两大变化而深受瞩目。

一是财务数据全面向好，当年实际发放贷款3684亿元，约是上年的1.2倍，并连续两年结束了亏损的历史，税后利润显著增长。

二是自去年3月即开始讨论的注资事宜即将成功。进出口银行和中国出口信用保险公司（下称中信保）作为两大政策性金融机构，即将接受来自中央汇金公司注资，金额则几经调整。最新消息显示，进出口银行和中信保将分别获得注资300亿元、200亿元。来自财政部的消息称，进出口银行的资本充足率参照银行业的平均水平，注资之后，进出口银行的资本充足率将从目前的2%提高到8%左右。

同为政策性银行，国家开发银行（下称国开行）于2007年转型为商业银行，由于种种原因，走得难言顺畅。进出口银行董事长、行长李若谷曾在多个公开场合明确表示，该行不会走同样的道路。

今年59岁的李若谷是名门之后，父亲是曾任中央顾问委员的李卓然，岳父则为开国上将肖华。李若谷1981年获北京大学法学硕士学位，1983年获美国普林斯顿大学公共管理硕士学位。他从中国人民银行的基层做起，历任中国人民银行国际司处长、司长、副行长，2003—2005年间亦兼任中国人民银行货币政策委员会委员。

在2005年到任进出口银行之前，李若谷与国际开发性金融机构打交道已

有 20 年。他曾以中国副理事的身份，在国际货币基金组织、非洲开发银行、加勒比开发银行、东南非开发银行等任职多年，对国际开发性金融机构的运作颇为熟悉。

近日，李若谷接受了本刊记者的专访，阐述他对进出口银行改革的诸多思考，包括如何解决政策性金融机构和商业性金融机构之间的潜在冲突，探讨了政策金融和商业金融的边界等业界争议颇多的话题。

在专访中，李若谷不时穿插英文，观点务实。面对目前对政策性金融的种种争议，他呼吁："应为政策性金融立法"，"补上这一课"。

两年巨变

"进出口银行从成立起就开展各类支持企业出口业务，与国内其他银行相比，我们积累了相对多的海外市场业务经验。"谈起这一点，李若谷颇为自信。

作为中国三大政策性银行之一，1994 年成立的进出口银行是中国进出口和对外承包工程、高新技术产品出口及各类境外投资的政策性融资主渠道。不过，和同期成立的国开行相比，进出口银行扩张较慢，目前资产规模是国开行的 1/4。在 2008 年以前，进出口银行十几年来一直属于净亏损状态，不良贷款率亦曾达 6% 左右。

2006 年，即上任后第二年，李若谷首次提出进出口银行向国际经济合作银行转型的战略构想。2007 年，该行突破了单纯的政策性业务模式，开创自营性业务，当年大幅扭亏。进出口银行开展的自营性业务，是指自主开发、自担风险、自负盈亏的业务。

进出口银行的业务重点，也逐渐由单纯支持出口和提供发展援助，同时支持进口和国际经济合作，着重发展境外投资贷款、境外承包工程贷款等"走出去"业务和一揽子合作，全面转向促进中外经济合作。

临界点似乎出现在 2008 年，进出口银行首次实现税后盈利 1.996 亿元，取得历史性突破。在金融危机的激发下，在国内信贷狂飙的 2009 年，加之中国政府的一系列"保外需"的政策推动，进出口银行的业务扩张颇为迅猛。来自进出口银行的数据显示，2009 年该行全年批准表内贷款 8011 亿元，比上年翻番；实际发放贷款 3684 亿元，约是上年的 1.2 倍。资产总额 9533 亿元；不良贷款连续 11 年保持了"双降"，不良贷款比率为 1.11%，不良贷款的拨备率达到 134.6%。同期，商业银行的平均不良贷款率约为 4%。

继2008年首度扭亏后，同时受益于新会计准则，进出口银行2009年的税后利润达25.39亿元，比上年增长近12倍。

不过，业内也有意见认为，进出口银行发放的主要是中长期贷款，因此风险短期内很难显现。并且，进出口银行的年报仅经国内审计所审计，过去年度经常更换审计师事务所，这和国开行年报连续多年都由四大国际会计师事务所之一的普华永道审计相比，公信力仍有限。

“和商业银行以利润最大化目标不同，我们自营业务的经营原则是保本微利。商业银行平均利差高于进出口银行0.5%以上。”李若谷表示，进出口银行连续多年处于亏损的主要原因，是由于支持政策性业务的优惠贷款利率低于进出口银行发债利率。政策性贷款的利率在3%上下，略低于进出口行发债的融资成本。

进出口银行的资金来源，主要为在银行间市场发行金融债券、央行再贷款及财政直接拨款。进出口银行成立以来，国家仅累计拨付50亿元资本金，其余资金均靠发债募集。

李若谷称，自2006年开始的以自营业务盈利弥补政策性业务亏损的做法，使得进出口银行开始能够做到“保本微利”。因为自营业务以市场利率给贷款定价，这就使得政策性银行的前述劣势能转化为优势。但是，这也对主张将政策性机构和商业性业务分账管理的主流改革意见，提出了新的挑战。

分账之难

李若谷向本刊记者坦承，真正的分账经营很难操作。因为进出口银行目前的自营性业务主要是和政策性业务搭配延伸而来。“从严格意义上说，二者都应属于政策性贷款。”李若谷强调。

他举例说，向境外某国电站提供的贸易融资贷款共6亿元，其中3亿元是含优惠利率的政策性贷款，另外3亿元是自营业务贷款，期限是20年，宽限期是五年。“如果说这是商业性贷款，哪有20年期限的商业性贷款？商业银行做得了吗？这能如何分账？”

再比如生产平板电视的ST厦华（600870.SH），曾连续三年亏损，到2008年末已资不抵债11.04亿元，不得不停牌，内外交困，濒于破产，没有一家商业银行愿意向其提供贷款。经过进出口银行调研发现，厦华在研发、生产制造以及海外市场拓展方面具有一定优势，并且该企业不缺技术、不缺海外订单，就缺资金。进出口银行最终决定为其提供6000万美元贷款，大大缓解了厦华的资金压力。在其带动下，中信银行、兴业银行、光大银行等其他银行逐步恢复了厦华的授信额度。2009年，该企业一年就翻身，利润创下历史纪录，已经要求复牌。

但这个案例在业内引起颇多争议。从ST厦华的行业来看，显然并非政策性金融机构涉足的领域。

“如果是政策性业务，这笔业务的利率不需要补贴，是按照市场利率定价的；如果是商业性业务，为何其他商业银行都不愿意做？”李若谷反问。

李若谷认为，进出口银行对非洲的很多项目贷款，既非优惠的政策性贷款，也非商业性贷款。如有的非洲国家，进出口银行给其提供的贷款并非优惠贷款，是按照保本微利原则，在伦敦银行间拆借利率（libor）基础上上浮200个基点、300个基点，“这算不算商业性业务？当然不算！因为外国商业银行根本不给它贷款。如果它自己发债，可能需要在libor基础上上浮1500个基点。而且这种项目往往没有进入市场的资格，根本发不了债”。

“从这个角度看，进出口银行基本没有非政策性业务。因为我们做的都是商业银行不愿意做或做不了的业务。”李若谷表示。

“政策性金融的作用就是弥补市场不足，或先进入某个领域、行业发挥其示范作用，以一种创新机制成功促进融资。政策性金融的主要目的不在于放贷，而在于市场催化作用，证明它确实能带来一套新的方法，能够解决传统上不能解决的问题。”有关专家表示。

李若谷认为，政策性业务和商业性业务只是一个相对和不断变动的概念，很难进行绝对化的区分。今天是商业性的业务，明天就有可能变为政策性业务，反之亦然。由于风险大、贷款额巨大、期限长等因素，一般商业银行无力承担的业务，先由政策性金融机构承担，然后带动更多商业性金融进入，应强调二者的互补和合作。

立法缺失

政策金融和商业金融的边界之争，一个易被忽视的关键在于政策性银行带动其他商业银行进入之后，是否应主动退出这一竞争领域，避免和商业银行争利。

政策性金融机构有国家信用兜底、资金成本低等特点，也使得其在进入一些商业领域后，对商业银行有挤出效应。比如广为商业银行诟病的国开行在基础设施方面的贷款，初期不被看好，但后期成为商业银行争抢的好项目。“关键是没有退出标准和策略。”一位金融专家称。

只进不退，表面看是出于做大做强的机构利益，但根本原因，仍是中国政策金融的立法缺失，政策性金融的定位不明确。

反观国际上的有关机构，成立之初就专门立法，制定政策性金融资产规模增长比例和幅度，以避免越位和商业性金融的不公平竞争。这些开发性金融机构也兼营与其政策性业务相关或延伸的商业性业务，但在规模和数量上是有限的。比如，美国进出口银行的业务规模不得超过400亿美元的综合限额，又有议会批准的年度限额；英国出口信贷担保局，在其经营原则中明确，不与商业性金融机构竞争，只是对商业性金融的市场“缺口”进行弥补。

同为服务于进出口贸易的政策性金融机构，进出口银行和中信保并存的情况属于世界范围内的特例。但出口信贷机制和出口保险实际密不可分。

从完善出口信贷机制出发，李若谷希望进出口银行以后可以增加保险业务，并称早已向国务院提出这个建议，即通过保险担保的信用增级作用，来撬动更多的商业银行资金来推动出口。中长期保险因为风险大、期限长，一般都属于政策性业务，进出口银行希望能开拓；短期保险是商业性业务，则继续由中信保承接。

虽然从业务上来看，中信保和进出口银行有天然的血缘关系，中信保即脱胎于进出口银行的一个部门，但要重新整合，则缺乏改革动力。

为保证可持续发展，国际上的开发性金融机构的资金补充机制一般也以法律形式规范下来，有一个长期稳定、自动补偿机制，与资金或财务缺口相匹配，包括减免税、定期或不定期注资、利润转入准备金等措施。近年来，日本开发银行、韩国产业银行、德国复兴开发银行，资本充足率都在10%以上。

而前述基本制度，在中国的政策性金融机构运行过程中均没有机制保障。“自成立至今，进出口银行包括上缴税收、利润返还给财政部的钱大约200多亿元，基本和财政的投入相当。”李若谷称。

“政策性银行应以不低于商业银行或私人银行的标准来进行监管，因为如果让其资本充足率为零，在和商业银行竞争时会处于‘空手套白狼’的领先地位。”前述金融专家表示。

“中国尚未形成政策性金融和商业性金融如何协调的机制，也一直没有国际上通行的政策性金融立法，这是我们一直呼吁解决的。”李若谷说。

进入口银行如何“走出去”

对于近年来中国企业轰轰烈烈的“走出去”战略，银行业竞相支持，进出口银行无疑为其中重要角色。专访中，李若谷对有关话题直率回应。

记者：进出口银行一般如何选择海外投资项目？

李若谷：进出口银行的评估标准是有关项目是否符合中国的发展战略，也要看企业是否能够真正驾驭得了。如果看好的话就会提建议，不看好，就撤。

中国企业在敏感的海外资源收购上，不宜控股，不宜大张旗鼓，也不宜让国有企业去做。金融危机时期是最好的并购时机，但是中国企业决策慢，导致交易有限。现在随着经济复苏，卖方姿态将会强硬，2010年中国企业“走出去”会遇到更强劲的对手。

记者：在开拓非洲市场方面，国内有一些不同的声音。如何理解你说的“绝不能只算经济账，要算综合账”？

李若谷：此话的意思不是说不算经济账，而是不能局限于经济账，要从国家利益出发，以综合收益最大化为目标。

和其他国际经济组织不同，在与非洲国家的合作中，进出口银行优惠贷款以近80%的高比例，用于借款国发展急需的基础设施和有经济效益的生产型项目，进而扩大就业、改善民生，解决长期以来困扰非洲的贫困问题，也扩大中国所面对的市场容量。2010年，进出口银行在非洲的贷款目标是100亿美元。

记者：西方对中国援助非洲有一些指责，主要是说中国不附加人权等政治条件。中国对非洲支持的贷款项目，主要评估标准是什么？

李若谷：西方国家对非洲的援助主要出于政治变革目的，促进这些国家良政，比如在人权、廉洁、反腐败等方面提出一些附加条件。但我们不主张干预其他国家内政。腐败会影响非洲发展，但靠外部力量很难消除。我们认为，这些问题会在经济发展中逐步解决，每个国家都会经历这个阶段。美国历史上也曾经历过腐败，但最终发展成为世界头号强国。

中国对非洲支持的贷款项目，不像西方援助国那样附带政治、人权等条件，我们主要评估这个项目经济性和社会性是否可行，对当地的经济发展是否有推动作用。

记者：支持“走出去”，应如何避免出现中资银行间可能的恶性竞争？

李若谷：只要商业银行真正按商业原则办，就不会有恶性竞争。进出口银行在非洲的现有业务里，很少碰到外国商业银行和我们竞争。但中国的商业银行是国家控股的，其风险判断标准可能和国外的私人银行标准不一样。

目前发展中国家的偿债能力有限，因此在发展中国家不能推动商业贷款，那样不利于双方的互利合作。所以我并不主张中国的商业银行大规模向国外发展，更不主张商业银行过早盲目介入发展中国家项目，应该首先做好国内，然后有选择性地去一些国家，好好积累经验。

中国的商业银行在海外信贷方面，资金可以委托进出口银行，或者做银团贷款，因为海外投资贷款风险大，期限往往十年以上，规模往往数百亿美元，开展这类业务有期限错配的风险，并不适合商业银行。

记者：你如何看待近年来愈演愈烈的中美贸易战？

李若谷：这主要是政治上的原因，同时，中美贸易不平衡也反映了中国的贸易结构与增长方式需要改善的问题。从2005年至2009年，进出口银行共支持了1700多亿美元的资源类和技术装备类产品进口，2009年进口信贷业务增幅达到106%，其中对美国的进口信贷业务增长了62.6%。

要解决这一摩擦，必须从为美国创造就业机会入手，加大对美直接投资也恰逢其时。美国的公路、铁路、桥梁等基础设施普遍落后老化，亟待更新和提高技术含量，但美国国内资金缺乏。中国外汇储备充裕，基础设施建设能力较强。如果能加大对美投资力度，帮助其建设和更新基础设施，可以极大地缓解中美贸易摩擦。

记者：中国正在推进人民币国际区域化、国际化，跨境贸易人民币结算试点已经启动，目前进展如何？

李若谷：随着中国经济在国际经济中地位的上升，人民币国际化已成为大势所趋，我们应顺势而为。

但跨境贸易人民币结算目前还很难推动，因为缺少对冲机制。比如，越南盾和人民币之间没有直接的汇率报价，通常是通过兑美元来折算，当贸易金额较大时，和对手的谈判成本很大。那么，越南企业借人民币怎么还？用越南盾还吗？肯定不合适。需要和有兴趣以人民币为贸易结算单位的企业谈判协商，进出口银行目前谈成了一二百亿元的总规模。

第六辑
激荡中的民营资本

王志东沉没上篇：去职风波

——专访前新浪 CEO 王志东

采访人：胡舒立、王志东

发表时间：2009-5-25

姜丰年很难强使情绪未平的王志东在辞职文件上当场签字。但他确信而且告知董事会，共识已然达成。

1. "游戏规则"

6 月 22 日星期五，距离新浪（SINA）董事会宣布王志东辞去总裁兼 CEO、董事职位 20 天以后，新浪董事长姜丰年拜访了位于北京市亚运村华侨公寓的王宅。

姜丰年是与妻子一同从台湾过来的，据称主要想看望王志东的双胞胎儿女小龙小凤。会面亲切而自然，两家人甚至说好了，几年之后，要请王志东夫妇携儿女到姜丰年在美国的家里去玩儿。

会面之后，姜丰年依约于 24 日周日飞赴上海，等待与王志东在 25 日周一进行的一次商谈。商谈将由王志东的律师具体安排，参加者除了姜丰年，还有新浪最重要的董事之一、远在美国的华登国际投资集团董事长陈立武。新浪新上任的 CEO 茅道林也为此次会谈专往上海。据称，这将是一次电话会议。

茅道林和姜丰年事后都说，这次商谈多日来一直在酝酿中，但双方并未议定商谈内容。据说是王志东有话要讲，而始终未拿出拟议中的纲要。

王志东事后不愿告诉记者他曾准备谈什么，甚至不愿谈及筹划中的商谈本身。无论如何，这次商谈根本未能进行。周日晚，茅道林、姜丰年在上海接获通知，王志东将不来上海，因为无法与陈立武进行"图像电视会议"。

24 日晚间 11 点左右，刚刚结束了 4 个多小时马拉松会议的王志东在电话中告诉我们，他将“按游戏规则行事”。

王志东在“游戏规则”指导下的行动很快就见分晓：第二天早上 9 时 12 分，王志东身着带有新浪标志的蓝色衬衫，挂着新浪员工胸卡，笑容满面地走下红色的马自达私车，来到位于北京市海淀区万泉小学的新浪北京办公室“上班”。他的身后，是一群听到消息蜂拥而至的记者。

当天下午，王志东在北京召开新闻发布会，直接否认“从新浪辞职”一说，并指称怀疑董事会之决定在法律上具有“不正当性”。

至此，王志东终于迈出了公开决裂的一步。对手是他亲手创办的新浪。

对于正从上海经香港飞返台北的姜丰年来说，王志东此举实在是出乎预料！

2. “公私分明”

姜丰年与王志东相差 11 岁，但两人有很深的交情。他们的关系可以追溯到 1998 年 9 月最初相识之时。两人都说，他们是一见如故，“在半小时内就奠定了友谊”。3 个月后，他们各自领导的四通利方和华渊网合并而成新浪，其后发展为最负盛名的中文门户网站。

6 月 25 日晚在台北，姜丰年通过长途电话接受我刊采访，语调沉重而伤感。他仍在强调没有他和志东便没有今天的新浪，而且说：王志东的行为于私他可以理解；而于公，他就只能站在公司利益一边。“今后只能对簿公堂了”。

王志东直到今天仍承认他与姜丰年的深情厚谊，而且认为姜丰年说话句句是实。25 日在公开的场合，他专门引用了姜丰年十几天前的话，“志东受委屈了”，以示自己所遇之不公。

不过，如果王志东真的尊重事实而且愿意对姜丰年有更深刻的理解，他就可以明白对新浪董事长兼挚友的姜丰年来说，“公私分明”有多么困难又多么重要。

2001 年 6 月 1 日，新浪董事会在美国加州帕洛阿图的威斯汀酒店举行，距新浪总部所在地桑尼维尔仅一箭之遥。当姜丰年抵达酒店时，新浪除王志东外的其余四名董事已经到齐，新浪管理团队的主要高层人员也已经到齐。

从四名董事，也从新浪高层骨干口中，姜丰年听到了人们众口一词的对于现任 CEO 的失望，获知了董事们撤换 CEO 的强烈决心。这种看法，这种失望，姜丰年过去从新浪台湾、香港两地分公司的高层口中也早有耳闻。而此时此刻，他明白自己只能尊重多数人的意见。

董事会的正式投票后来是当着王志东的面进行的。姜丰年选择了弃权。在谈到这一做法时，他告诉记者“在当时的情形下，所有董事、经营团队高级主管态度一致，我不可能只为了支持王志东，不顾其他人的意见。在这种情形下，我无法再用私谊来支持王，能为他做的就是不表态”，否则，“我就不配做董事长了”。

可能正因为心里有这种“公私分明”的界限，姜丰年在以后的关键时刻，还是将自己的弃权票改成了赞成免除王志东职务的一票。这是后话。

3. 辞职口径

6月1日，王志东最后一个抵达威斯汀酒店。他对即将到来的风暴一无所知。

在后来的回忆中，王志东把那一天的感受概括为“震惊、出卖、回家”，就其个人而言，应当是毫不夸张的。因为他从来没有想到，当年亲自选择由他出任CEO、代替前任CEO沙正治的那个董事会多数，会再次选择抛弃他。他也难以预料，包括运营长茅道林、中国公司总经理汪延、财务长曹国伟以及另外两名法律事务主管和美国市场主管的高级经营层的新浪一班人——他身为CEO统辖的管理团队——已经在心中对他投了最后的不信任票。

新浪的其他董事们当然意识到，让长期大权在握而又毫无心理准备的王志东接受去职决定会有困难。在初步达成一致后，他们最初委派姜丰年单独向王志东转达董事会意见。结果是王的巨大反弹。据说，王走进董事们的会场，直接提到：“你们不让我干让谁干？全中国再没有一个人干得了！”

然而，这是一个既定的决议，没有人打算改变。一位董事冷静地告诉王志东，董事们决心已定，“让谁干”已经不用他再考虑。董事们在王志东面前正式投票，虽然姜丰年选择弃权，其余四名董事仍然决定投票免职王志东。

董事会的决定是相当严厉的，王志东不但不再担任CEO，而且被免去董事一职。事先讨论的理由很简单，董事们担心如果他仍在董事会，新班子不好工作。

此次免职在后来被说成“辞职”，是董事会在作出决定后又再行商定的一个对外口径。姜丰年事后说：“我们觉得这样的说法是保护志东，维护他的名声。”正所谓“用心良苦”。

在当时，董事会在商定以“辞职”为对外口径时，同时确定了给予王志东的据认为是相当宽厚的待遇：豁免其对公司欠下的债务（用于购买新浪股票）连本带息47万美元左右，继续付其一年CEO标准的薪资，数额为30万美元。在债务免除后，离开CEO职位的王志东仍然握有新浪6.22%的股份，价值在几百万美元。他绝不会贫寒。

公司给王志东确定的头衔，是首席顾问。

这些决定，当时都形成了文字合约，由姜丰年向王志东逐条解释说明。姜丰年很难强使情绪未平的王志东在辞职文件上当场签字。但他确信而且告知董事会，共识已然达成。

王志东是在次日离开美国返京的。至少在此前后，他的确接受了“辞职说”。因为在6月4日新浪正式公布王志东辞职消息前，他曾经给人打过电话，告之“我辞职了”，原因是与董事会在公司购并意向上发生分歧。

王志东是个性格内向的人，平时话不多。在6月4日新浪正式发布王辞职而茅道林接任CEO的消息后，舆论哗然，惊诧中包含着诸多失望。此后相当时间内，他坚持不再对外说话。

4. 无为有为

王志东在私下里更倾向于将自己被迫离开CEO一职的原因解释为收购，而收购主体是中华网。外界的猜测将这类说法进行大规模演义，有一种版本几乎将此事件夸张成“民族网络业”之争。

简单化当然是诠释突发事件的最佳办法，但实际情形显然要复杂得多。我刊在与新浪公司内外大量当事人、知情人和观察家交谈后确信，新浪解聘王志东其实并不是一起偶然突发事件，而与中华网曾在洽商中的购并也绝非此次解聘的主要原因。同样，与中华网的洽谈也不是简单的“被收购案”。

问题的根本，还在于新浪的股价一年来不可遏制的跌势，以及身为CEO的王志东在这种跌势面前无所作为，甚至并未表现得打算有所作为。

王志东毕竟只有33岁，而且过去并未有过国际商业舞台的历练。

新浪是去年4月13日上市的。上市当天，股价升至20美元左右一股，此后曾短暂地摸至55美元一线。然而从5月起，便开始了漫长的从未逆转过的跌势。到今年6月1日董事会会议的前一天，股价已跌至1.60美元一股。打开新浪股价走势图，看到的是一幅悲惨图景。在今年的许多时候，新浪的股价甚至已跌至网易以下。

股东已经付出了巨额的投资：新浪及其前身四通利方总共进行三轮私募，第一轮是1997年8月，融资额650万美元，每股作价1.6667美元；第二轮是1999年4月，融资额2500万美元，每股作价2.8美元；第三轮是1999年11月，融资额6000万美元，每股作价8.32美元。新浪的IPO融资额是6800万美元，每股作价17美元。投资者们前后所投资金总额1.6亿美元左右，以均价计，相当于每股4美元，投资时间越晚，亏损越剧。

股价下跌，回天乏力，这是一个非常严峻的局面。然而，王志东似乎并未意识到现实的严峻程度。他很冷静，很坚持，但一直无计可施。

在新浪管理高层，有些人是一直跟随王志东，从心中对他充满崇敬与信赖的。他们在等待王志东做些什么，王志东越是不说话，越是相信他哪一天会有出人意料之想。并购？裁员？转进平面媒体？卸掉明显已成为包袱的海外门户？放弃"新浪还是家软件公司"的想法？等了年余，"但是，他在想什么还是没有说出来"！追随者终于失望了。

管理高层还有一些人很有国际经验，因而对现实深为担忧。两位新浪高层管理人员告诉我们，新浪的总市值为8000万美元左右，而公司的现金值超过1亿美元。这说明投资人对公司的预期已经成了负数。"在美国，有了这种情况，CEO不出半年肯定要下台。这个局面在去年12月就已经看得很清楚了。"

王志东或许想不到那么多，他的策略只是以不变应万变。在董事们不止一次的质疑面前，他神凝气定：新浪还有1.1亿美元现金，以现在的亏损速度，至少还能支持5年。没有什么"互联网的冬天"会长到5年，而新浪则很有可能在这期间实现盈利，特别是如果只算北京新浪的话。

但是，新浪终究不是王志东自己的公司，而CEO无所作为、坐等转机不是投资者们能接受的逻辑。华尔街的逻辑是这样的：思科公司一个季度的盈利比预测少1美分，股价就在一天之内跌15%。在竞争者环伺，AOL、雅虎等大兵压境，网易、搜狐动作频仍努力自救的情况下，没有人愿意陪你坐等5年。

新浪董事段永基后来说："我们愿意换一个烧钱慢点的。"这话已经说到了头。

5. 投票责权

新浪的董事们从今年初起，已经在开始考虑是否需要对管理层，当然主要是对王志东进行调换。

资本市场的原则从来都是股价第一。没有什么比专注于股价表现更能准确地体现目前已成为美国乃至全球资本市场铁律的“股东价值至上”。从这个意义上说，董事们如此行事可能并不算早，如果还不算太晚。

消息人士称，陈立武作为第一大股东华登投资的法定代表人和新浪董事，今年来曾频频到北京出差，秘密找王志东的所有主要助手谈话，谈话是一个一个单独进行的。所有的人都觉得在王志东领导下看不到新浪的模式和方向——在团队中，王志东没有得到强有力支持，这可能是他从未察觉，也不打算察觉的。除了陈立武，新浪其他所有的董事，也曾独立地、分别地与王志东之外的新浪管理层进行谈话调查。谈话对象除了新浪的北京班子，还包括新浪在中国台、港地区与北美的管理团队高层人员。

新发生的具体事件，当然会增强董事们的决心。这就包括新浪所面临的购并机会和其他发展机会。毫无疑问，王志东在各种机会面前不积极或不动心，只能加深董事们的反感。

AOL 与雅虎都曾向新浪显示出兴趣，不过意向并不很具体化，谈判未能正式进行。至今年 3 月底，中华网正式提出与新浪合并的方案。因为中华网现金更多而且规模更大，对方必是相对大股东；但中华网的提议中包括在合并中使新浪升值，一说是升值 7 倍，而且由王志东担任未来公司的 CEO。后来，中华网又提出另一方案，主张旗下的 hongkong.com 与新浪合并，双方各占 50%——这仍然是一个被认为可使新浪股价升值的方案，至少董事们很有兴趣，董事会也确定由王志东率人进行谈判。

其实，从这时候进行购并或许已经太晚。新浪开展收购活动的最佳时期是去年股价摸到 40 美元上方之时。当时，新浪的财务顾问摩根士丹利的银行家们曾经提出开展收购行动的建议，而王志东不为所动。时至今日，既然由王志东掌舵，他对条件更差的购并自然无法增加兴趣。5 月 20 日左右，谈判不欢而散。

董事们并没有坚持这回一定要谈判成功，但他们对王志东终于失去了最后一点耐心。

至少在可见的未来，按现有模式经营的新浪看不到股价上的好前景。在门户网站绝对龙头雅虎的收入增长放缓，股价在今年春天崩溃从而导致基于广告的门户策略受到广泛怀疑后，写在新浪招股说明书风险提示部分并在历次季报中重复的警示看来已是现实：“在大中华地区，互联网还未被证明是重要的广告收入来源。”一个侧证是，年初美林证券的一份研究报告将中国内地网络广告市场总额的估计从 1.2 亿美元下调至 8000 万美元。没有什么人还在相信网络广告可能带来公司所需要的高增长了。

相当一部分投资者们已经开始用脚投票。查阅新浪在纳斯达克市场登记的内部人交易记录，可以看到，半年的全部记录都是抛出。第五大股东戴尔电脑已登记准备出售 100 万股新浪股票。第一大股东华登投资集团——新浪历次私募的主要出资人及牵头人——也在持续不断地抛出新浪股票，并在 5 月达到高峰。从新浪股票交易量变化图上看，5 月是上市以来的第三个大交易量时期，平均交易量达到每日 40 万股左右。是此前数月平均值的 1 倍以上。前两个大交易量时期是去年 4 月和 10 月，分别是 IPO 和冻结期结束之后。这是一个不寻常的现象，意味着投资者在集体出逃。

大股东们也在用脚行动。截至 5 月 31 日，陈立武代表的华登投资所持新浪股票只剩下 249 万股，与其最高峰时所持的 525 万股相比，套现已超过一半。当然，身为董事不能只是卖掉股票了事，陈立武同样要尽举手投票之责。“到这种情况董事会还无所作为，股东会兴讼的。”来自硅谷的新浪 CFO 曹国伟这样解释市场规则。

王志东可能没有时间观察了解新浪股票 5 月间大抛售的情况。作为充满英雄气概、成功自信，而且大权在握的年轻创业者，他也很难体会自己的创业战友、同事和下属以高昂机会成本换取贬值新浪股票后的沮丧心情。

段永基说：“他总说公司还有 1.1 亿美元，可股东们有什么呢？”

段永基执掌的四通集团是新浪前身四通利方的原始出资人，至今在新浪的股本占到 9.29%。四通并未如华登一样选择在纳斯达克登记抛售新浪股票。不过，四通集团在北京专门开了董事会，一致同意段永基在罢免王志东的董事会上投一票。

5 月 31 日，新浪的多数董事和管理高层已经齐聚加州威斯汀酒店。原定讨论中华网购并问题的董事会，成为讨论撤换 CEO 的董事会。

6 月 4 日，新浪新闻主页上登出了王志东辞职的消息。

“不可想象的事情竟然发生了。”在新闻发布之前得知这个消息的新浪某高级职员告诉我们，“（这说明）教科书里说的市场无形的手是有效的是真的”。

无论对新浪还是对王志东，创业人的去职都是一件感情痛苦的事情。但如果故事到此结束的话，人们本来有机会在痛苦之外感悟许多积极的东西。它将证明，在互联网浪潮中引进中国的，不仅有外国的资金与技术，还有与之相伴的成熟市场规则；它将毫无疑问地成为一个经典案例，证明资本的权力，亦证明企业家的理性。

可惜，故事根本无法结束。

王志东沉没下篇：英雄沉浮

——专访前新浪 CEO 王志东

采访人：胡舒立、王志东

发表时间：2009-5-25

“造神是 marketing（营销）的一种手法。（网络公司）最简单的就是做公关了。媒体本身需要追泡沫的时候最容易追的也是人。以这个情形讲，志东绝对是 IT 界的一个好手及一个标志。”——茅道林

1. 创业天才

在刚刚飞返北京之初，王志东本人一定没有料到，他的去职（对外是“辞职”）会在媒体引起那样的轩然大波。

这是 6 月间最重要的新闻。在内地大小媒体上，关于王志东的照片随处可见，许多文章充满了对神话破灭的惊疑、悲伤与惋惜之情——主题是“冷酷无情”的资本家赶走了“知本”起家的创业者。

王本人获得了最大的同情，这实在是不无原因的：王志东一手缔造了四通利方以及新浪并把它带到纳斯达克，已经成为难以动摇的中关村知识英雄神话。

在中国互联网三大“英雄人物”王志东、张朝阳和丁磊中，王志东是唯一的“中关村宠儿”（张朝阳是“海归”，丁磊来自南方），虽然有许多报道把他早年的经历描绘得相当艰难，但客观看来，王志东是中关村年少得志的典范。

他 80 年代末从北京大学无线电系毕业未久，即在 24 岁之时参与创办新天地公司，担任副总经理和总工程师。其间，他发明了中文之星（一种基于 Windows 操作系统的中文平台软件），一举成为国内顶级程序设计员。1993 年，在四通集团的约请下，他离开新天地创建四通利方并担任总经理。在搬出新天

地的四居室之后，四通给王志东的住房，是公司在亚运村购置的高标准公寓。

至迟从此时起，王志东表现出远超单纯程序员的商业才能和谈判能力，成功地从四通集团获得技术人员的持股机会。当时国内还没有技术人员持干股的安排，四通集团特地让其香港上市公司四通电子出资350万元在香港成立利方投资，约定王志东、严援朝及其他技术人员持股30%，然后再由利方投资在国内与四通集团合资成立四通利方，四通集团再追加投资150万元，持股30%。如此一折，四通利方的技术股达到21%。

四通利方成立后，王志东借中文平台的市场契机推出Richwin，市场占有率很快超过了当年的“中文之星”。后来1995年微软Windows95中文版一出，一些中文处理软件企业陷于困境，四通利方也开始寻求突破。发展资金再度成为“瓶颈”。四通集团想继续投资，但一则力不从心，二则内部争议颇大，有意支持王志东的段永基与四通另一名董事刘菊芬于是协助安排四通利方外部融资。

刘菊芬安排王志东见到了美国硅谷的投资银行家山迪·罗伯逊及其年轻的中国助手冯波。1996年1月，四通利方与冯波服务的罗伯逊·斯蒂文斯（RSC）公司签订了国际融资服务合同。从此，王志东走上了与国际资本交往之路。

1996年4月，四通利方组建国际网络事业部，并推出利方在线网站。1997年10月，四通利方的第一次国际融资完成，以美国华登投资集团（WIIG）牵头的三家公司共投入风险资本650万美元。当时还是华登副总裁、后加入四通利方的茅道林称，这批资本后来主要投向了属于网络业的利方在线。此次融资后，公司总价值达1500万美元，升值23倍。

在此次融资完成之前，王志东将四通利方原21%的技术股全数划入自己名下，严援朝等人不得不接受了这一现实。以融资结束时公司的估值，这笔股权相当于近180万美元，其时，王志东28岁。这亦从侧面说明，王志东在四通利方贡献巨大，为其他人所远不能及。这部分股权，是王志东后来在新浪持股的主要来源。

2. 英雄需求

北京传媒界的“王志东英雄曲”是从那时候高亢起来的。王志东或许受之无愧，不过从彼时起，四通利方已经成了创业者、风险资本和投资银行家们共同运筹的舞台。

舞台扩大，利益相关者增多，前景更为广阔，四通利方不再是one man

show（独角戏）。管理理论最常提及的企业家管理团队，在这之后渐次形成了。

在1997年首次融资完成后，原就职于RSC的美国人马克（Mark Fagan）加入四通利方，担任了财务总监（CFO）；到1999年初，华登副总裁、持有斯坦福大学硕士学位的大陆留学生茅道林又离开华登，出任四通利方运营长（COO）；王志东在1998年9月与华渊公司CEO、台湾商人姜丰年相识相交，进而两公司合并合作，新公司易名新浪，由姜丰年担任主席兼CEO；1999年3月间王志东、姜丰年共同出面，请来硅谷著名的网络企业家沙正治担任掌门人。1999年4月，新浪完成第二次国际融资2500万美元，这回的牵头人还是美国华登投资。第二次购并和融资完成后，公司总价值达到8380万美元，升值5.6倍。

1999年春，中国开始进入网络炽热期。网络热需要超级明星，在网络业先走一步、成就卓著的新浪必然地成了明星首选之地。于是，事情显得有些变形，一方面是王志东在传媒笔下独闯天下、所向披靡的英雄神话，一方面是新浪在国际资本手中成长转型、建立现代企业治理机制的现实图景。

后者有强有力的事实作支撑。到1999年初四通利方与华渊合并亦即新浪成立之后，其掌门人不是中国媒体至为自豪的创业英雄王志东。王志东职务叫总裁，实职则只是新浪中国公司的总经理。担任新浪CEO的是硅谷互联网宿将、美籍华人沙正治。

至1999年8月间，沙正治对公司一次次大刀阔斧地改革之后，王志东一度“总裁”职位不保。

8月底，沙正治在董事会推出后来被知情者称为“全面接管”的一份计划，要求王志东等人辞职，以将新浪改造成为一个完全意义上的硅谷公司。沙正治以去就做赌注。由于上市之前临阵换将是大忌，沙正治的威胁极具杀伤力，而王志东当时可谓危如累卵。最终，在陈丕宏、段永基最后是在陈立武等诸董事的支持下，王志东方渡过难关，并一举登上新浪CEO之位。随后，公司撤换了早先支持沙正治的、后来又力主推迟上市的财务顾问美国投资银行高盛公司（参见《财经》1999年11期封面文章《新浪“政变”》）。

此役的内幕很难为众多国内传媒所确知和领悟。IT英雄呼唤的惯性还在继续，而且还有需求。国内一些报道以王志东单枪匹马地击败了硅谷大人物和美资投资银行的组合，而把他推至声望的顶峰。王志东从此成为新浪的化身与同义语。

冷静地看，董事们在1999年9月将票投向王志东，不是选择了他个人，而是在沙正治代表的硅谷概念和王志东代表的中国增长概念之间选择了后者。

王志东不可能不知道其中的关节，但至今，记者仍能听王志东自得地说起“我当年一个人干倒沙正治和高盛的时候……”他几乎完全遗忘了董事会里的激烈争锋，错误地估量了自己力量的源泉。

茅道林说：“造神是marketing（营销）的一种手法。（网络公司）最简单的就是做公关了。媒体本身需要追泡沫的时候最容易追的也是人。以这个情形讲，志东绝对是IT界的一个好手及一个标志。”

话说得很客气，但语义很明白。水能载舟，亦能覆舟。没有永远的敌友，只有永远的利益。以王志东之聪明，不可能不知道这个道理。不过，“王志东是一个神话，结果他自己都信了。”一位多年与王志东相交的知情人作此评论。

3. 敬酒罚酒

从6月1日至6月11日，新浪股票连涨6个交易日，从1.60美元左右涨至最高2.3美元左右，涨幅最高超过40%。这是市场的明确信号：欢迎王志东下台。

不过，远离美国的王志东已经不愿对资本意志示弱。

现在无从考究王志东想法发生变化的原因，但少数在王志东回京后即与他通过电话的人，确曾有幸听他说起“辞职”一事。或许，在中国“IT浪漫主义”犹存的环境中，王志东很快发现“辞职”说会让人失望；或许，黄土地上的网络英雄崇拜过于执著，王志东可以感受信心，也可能感受压力。

在媒体的热切支持与询问面前，王志东的态度是沉默。但这种沉默和人们过去所见企业管理者去职后的沉默很不一样，热爱王志东的媒体时时可以感觉，甚至在期望他会做些什么。各种推论争相显出高超的想象力，就连联想365历尽艰辛与AOL结盟，也会有人来大张旗鼓地猜测：“王志东会不会来吃晚餐？”

王志东本就倔犟，不愿放弃。他很快寻求其他办法。他曾南下香港、远赴云南，但动因不详，市场上开始出现诸如王志东将回购新浪等传闻。这段时间，外界几乎联系不上王志东本人，所有电话均由夫人转接。有媒体称之为王志东“神秘的沉默”。

姜丰年6月6日曾到北京，在与公司高层拜会信息产业部、国务院新闻办等主管部门之余，姜与王志东夫妇共进晚餐。但如姜丰年后来所说，他与王志东在一起“不谈公事”。当然，姜丰年仍未能按董事会之托，让王志东在同意辞职的协议上签字。他告诉记者：“在当时媒体的氛围中，志东太激动了。我做不了这种事。”

“神秘的沉默”之下其实暗潮涌动。王志东说，“作为上市公司的负责人”，他懂得要用法律保护自己。他在大约回到北京一个星期后开始找律师，再有一个星期左右，找到了著名的 O’ Melveny and Myers LLP 律师行。这是一家成立于 1885 年的美国律师行，在上海嘉里中心 20 层设有办事处，是上海最大的外国律师行办事处。

挂帅办事处的 O’ Melveny and Myers LLP 的合伙人 Howard Chao 告诉《财经》，他们以法律咨询的名义接受了王志东的委托，负责这项业务的律师是 Nicholas Groffman（中文名郭恺）。

6 月 15 日，“神秘的沉默”被悄悄打破，新浪董事会收到了王志东的代表律师发来的信函，称：6 月 1 日通过的董事会决议——决议称王志东因个人原因“主动”辞去了 CEO 职务——不符事实。他从未主动辞职。

这是王志东表示并未放弃的第一个正式信号，也是双方正式撕破脸所需要的最后一个砝码。律师信似乎拿住了新浪董事会的软肋。如果按王志东“主动”辞去 CEO 职务的说法，董事会方面拿不出王签字的任何相应法律文件；如果说王志东是被董事会解职，董事会亦没有解职文件。

与此同时，新浪董事会开始听到王志东在准备打官司的传闻。

这是一个多少有些荒谬的挑战。正如姜丰年后来在台北通过电话回答记者提问时悲伤地说道：“主动辞职还是解职，哪个对志东好，正常的人可以作出判断。”

不过，王志东的律师信也确有原因。新浪董事们经己方律师提示意识到，按新浪的公司章程规定，免去 CEO 需半数董事同意，而免去公司董事需要 75% 的选票。6 月 1 日，姜丰年投了弃权票，所以，赞成免去王 CEO 及董事两职的票数都只有 66%。

要紧的是 6 月 16 日的姜丰年已经不会再踌躇。新浪董事会成员经紧急磋商，向王志东发出最后通牒：在 12 个小时内必须签署关于辞职的法律文件，否则“新浪董事会将采取行动”。

12 个小时内，王志东无声无息。12 个小时后，6 月 16 日，新浪董事会召开电话会议，再次表决解除王志东总裁兼 CEO 和董事职位，表决的结果是 5 ∶ 0。

通过越洋传真，新浪除新上任 CEO 外的五名董事分别在两个解职决议上一一签名。传真随即发给了王志东。

这是一次至今未公开的表决。曾发表公开信称自己“不会做逃兵”的王志东讨来了最后的说法：他的确不是新浪的逃兵，他被新浪强令复员了。

4. 剑拔弩张

6月25日，王志东去新浪“上班”，记者蜂拥而至。一位消息灵通、热情高涨的记者竟在6点多钟前往守候。下午，在北京西客站不远的京都信苑饭店，王志东在律师 Nicholas Groffman（郭恺）的陪同下，像明星一样走进新闻发布会房间。面对数十名记者和如林的摄影机，他公开表示自己从未主动辞职。他的说法，与10天前发给董事会的信函中的说法并无大异。

有一个细节是，新闻发布会是在北京小有名气的 IT 业界活动 e-talking 的组织下进行的，主持者是 e-talking 的核心人物、中央电视台记者路彬彬。在6月8日姜丰年、茅道林、汪延、曹国伟代表新浪高层开记者会时，路彬彬曾记着：“如果王志东将来有一天站出来说没有主动辞职，你们该怎么办？”姜丰年一时结舌。

6月25日晚上，她得到了答案。新浪发布消息，董事会一致决定，“王志东已被终止公司总裁、首席执行长及董事会董事职务。一如先前公布的消息，茅道林被任命为公司首席执行长及董事会董事，汪延被任命为公司总裁”。消息精心措辞，没有提到公司董事会16日的投票，可谓又一次“用心良苦”。

也是在25日晚上，本刊致电已从上海飞返台北的姜丰年。姜黯然称：“也许新浪终有一劫。”此后稍晚些时，从上海返京的新任 CEO 茅道林告诉记者，王志东或许失去重回新浪任职的最后机会。“本来谁都知道，我茅道林是不会三五年干下去的。可他还能回来干吗？”

茅道林的话还另有所指。从25日开始，王志东每天出现在北京市海淀区万泉小学新浪的办公室，把这叫做“上班”。王志东告诉记者，他仍然是“新浪互联”的法定代表人。他对公司负有责任。

不需要比这更明显的决裂姿态了，所有人都知道，“新浪互联”的全称是新浪互联信息服务有限公司，是新浪中国门户网站 sina.com.cn 的运营者。这是新浪绝不能碰的命根子。

5. 灰色风险

王志东下台可能引发的新浪动荡，早为颇熟中国情况的《亚洲华尔街日报》所料中。6 月 5 日的《亚洲华尔街日报》发表了驻上海记者 Leslie Chang 的一篇文章，开宗明义地写道："新浪创始人和 CEO 的下台，重燃了中国互联网业的一个核心问题：由于要满足政府监管条件，许多互联网公司的关键性资产有不明晰的产权安排，这将使任何管理层变动复杂化。"

为了满足国内对互联网业的监管条件，取得主管部门对新浪海外上市放行，新浪在上市之前剥离了其国内的 ICP 业务。在一份题为《致中华人民共和国信息产业部电信管理局 关于新浪（sina.com）海外上市》的非正式文件上，新浪保证"本次上市资产范围在中华人民共和国大陆境内仅限于其通过香港利方投资公司间接持有的北京四通利方信息技术有限公司 97.29% 的股份……本次海外上市资产不包括新浪互联信息服务有限公司或其他任何在中国大陆地区经营互联网信息服务业务的公司的股权；同时保证上市公司将不涉及经营中国大陆的互联网信息服务（ICP）业务"。这份文件的签署日期是 2000 年 2 月 23 日。

按照这一保证，北京四通利方信息技术有限责任公司完全剥离其 ICP 业务，变成一个技术服务公司。特别为此成立的新浪互联信息服务有限公司接收了从四通利方转过来的 ICP 业务（sina.com.cn）。新浪互联名义上是一家王志东和汪延私人持有的公司，分别占有 70% 和 30% 的股权。一份于 1999 年 10 月 18 日签署的借款协议表明，王志东和汪延对于新浪互联共计 100 万元人民币的出资，全部来自于四通利方的借款（参见本刊 2000 年 5 月号《新浪：领跑的代价》）。

按照一份由四通利方与新浪互联于 1999 年 11 月 8 日签订的"资产与业务重组协议"，"为保证 ICP 业务剥离转让后新浪互联能继续开展并经营上述 ICP 业务，四通利方同意将其拥有的与经营 ICP 业务有关的全部资产租赁或转让给新浪互联并将向新浪互联提供相关的技术服务"。双方为此一共签订了六个协议，分别是"设备租赁或转让协议"、"版权许可协议"、"商标、域名许可协议"、"专线转租或转让协议"、"技术服务协议"、"信息提供协议"。除新浪互联外，还成立了一家北京新浪互动广告有限责任公司。四通利方在其中拥有 25% 的股权，其余 75% 初为王志东个人控股，后转给了汪延。

新浪招股说明书披露了在新浪互联、新浪互动广告、四通利方和上市公司新浪之间的一连串商业协议。这些商业协议将上述四家公司绑在一起，从而实际上将国内 ICP 业务也就是新浪互联的全部业务收入转移至上市公司。这是一个为求上市的权宜之计，如新浪向信息产业部所保证的那样，作为上市公司的新浪并不拥有新浪互联，也就是在中国内地的ICP业务——而这恰恰是最有价值的资产。

新浪的这种重组安排迅速地被搜狐和网易所复制，成为中国内地互联网公司海外上市的通用模式。

王志东下台凸显这种特别安排的风险，新浪公司招股说明书说得明白："我们与ICP公司的这种合约关系可能被视做加强了王志东的管理层地位或者赋予他以某种价值，特别是当与他产生任何冲突的时候。"

在可见的将来，会展开一场新浪与王志东之间以国内门户站点为赌注的拔河吗？

我们经查证各类文件获知，在最初进行上述资产重组的同时，四通利方与王志东及汪延签订了补充协议。这份"王志东雇用协议第一补充协议"称，如果王志东或汪延不再是四通利方的雇员，他们必须以账面净资产值向四通利方所指定的雇员转让新浪互联和新浪互动广告中的所有权益。这份协议签订的时间是2000年4月6日，新浪上市前夕。该协议名称中所提到的"王志东雇用协议"是1997年四通利方聘请王志东担任总经理的协议。两份协议均有王志东本人的签名。

当我们求证于新浪现任CEO茅道林，想知道王志东现在是否仍是四通利方的总经理或雇员时，茅道林表示，此事正在办理和移交之中。茅道林透露，新浪已指定了三四名员工，准备接受可能转过来的新浪互联股权，之所以是三四名，是为了避免以后出现类似的麻烦。他拒绝透露被指定雇员的名字。

在6月26日晚接受我们电话采访时，王志东表示，"新浪互联"的事情，一切都按"合法方法"去办，整个的事情会在法律的框架内解决，由律师作出决定。"我作为新浪最大个人股东和用户，希望其得到持续发展，但最重要的一点是要有合法性。"回答得无懈可击。但最后一句"合法性"，又显得意味深长。

也是在上述采访中，我们曾提出最后一个问题："当你的利益和公司的利益发生冲突时，你会做什么选择？"但没有得到正面回答。

直到现在，许多了解王志东的人都无法得知，他在这一核心问题上究竟是何态度？王志东有可能选择"两败俱伤"，借手中"新浪互联"的名义股权与上市公司打一场旷日持久的官司，这是一种最逼近的推测，甚至许多亲近、喜爱王志东的人都无法否认这种可能。但也有分析家偏乐观地说，王志东只是蓄势待发，拿自己看似拥有的"新浪互联"权益来考验所有人的神经。"他的律师现在只是当顾问，将来如果看了所有的文件，也根本不可能正式接手这个案了”。

“王志东不会伤害新浪！”直到6月28日最后一次通过电话接受大陆记者采访，姜丰年仍有此信念。

直到本文截稿为止，王志东仍坚持在新浪“上班”。中关村的宠儿与新浪董事会的对抗在继续，紧张空气仍在凝聚。6月25日后，新浪网价渐次跌到30日的1.60美元。

新浪在作最坏的准备。本刊了解到，新浪的股东已着手申请新的ICP牌照，其他应急办法亦在准备之中；信息产业部、国务院新闻办等主管部门已经晤见了姜丰年及新浪新管理层，对新浪公司的人事更动表示理解。至于是否会有妥协机会，姜丰年告诉记者，绝不可能就“新浪互联”做任何交易，“股东们不会允许”。

6月21日，新浪股票在纳斯达克的交易出现异动。当天的成交量达到200万股。这是一个惊人的数字，是新浪除上市之后数天外最大的一个成交量。此前两天，每天的成交不过8万股左右，一天之内成交量暴涨10多倍，预示不同寻常的事情可能发生。更令人惊讶的是，如此大的成交量并未促成新浪股价的剧烈波动，当天收盘仅涨了0.10美元。如果这件事发生在中国的股票市场上，通常只意味着对敲，发生在纳斯达克上，到底意味着什么，需要等待一些时候才能知道。无法推知此事跟王志东与董事会的对抗有什么关联，可以肯定的只有一点，新浪的故事远未结束，新的枝节就在前面。

（注：靳丽萍、王晓冰、赵小剑对本文亦有贡献）

投资如相玉

——专访联想控股弘毅投资顾问有限公司董事长柳传志

采访人：于宁、宋艳华

发表时间：2007-7-9

中国的市场环境有一些特点非常适合 PE 发展。

能够及时退出也是一种能力。

凡是需要撤换管理层的企业我们根本就不碰。

记者：近年来，PE 在中国的发展速度很快，但是一方面中国的并购环境并不理想，存在着各个方面的障碍；另一方面人们对 PE 的认识也相对模糊。如何看待 PE 在中国的发展空间？

柳传志：在我看来，与国际市场相比，中国的市场环境有一些特点非常适合 PE 发展。

首先，中国的传统行业都有很大的增长空间，因此 PE 投资的回报甚至比风险投资还高。国外传统行业增长有限，风险投资有着行业风险，但是中国的传统行业比如建材、服装、食品饮料等领域，一方面筛除了行业风险，另一方面发展又很快，非常适合 PE 投资；

其次，由于民营企业资源缺乏，PE 的进入相当于是“滴灌”，一旦进入往往会使企业发生质的变化；

第三，对于国有企业的产权改革和激励机制，PE 提供了很好的工具。以往进行产权改革或管理层收购，很容易触犯国有资产流失的禁区，PE 的出现是以一种市场化的价格来对企业和管理层定价，可以规范地推动国企改革。

有这三方面的背景，PE 的迅速发展就很自然了。

记者：作为金融资本，业界往往会质疑 PE 能给企业带来什么样的变化。

与产业资本不同，作为财务投资者的PE并不是行业专家，而且有着相对短期的赢利要求。

柳传志：PE对于企业来说，可以提供很多方面的帮助，不仅是在资金方面。像前面提到的国企改制对管理层的激励，往往改制前后对整个企业的带动作用非常不一样；在战略目标制定上，PE汇集了大量既懂企业又懂行业的人，可以提供很多经验；在兼并战略及执行方面，PE也可以提供很大帮助。比如说，中国玻璃要收购蓝星玻璃，强强联合是很容易产生矛盾的。根据我的经验，先让两个公司的领导人交朋友，交往了一年以后，谁当董事长、谁当CEO，部下怎么安排，自然就水乳交融了。这些经验都是我们长时期摸索出来的，可以让企业少走很多弯路。

记者：在国内进行收购，最大的困难在于利益整合，投资人、管理层、各级政府的利益取向往往相互冲突，再加上竞争对手之间相互拆台，收购往往会变成一场混战。弘毅是怎样对各种利益进行整合的？

柳传志：从联想的自身经验来看，1984年开始起步，大环境不好的时候，我们就寻找小环境；小环境再不好，就忍着，等到环境好的时候再出来做。现在我们做投资也是这样。

对于地方政府，我们要看它是真正看重地区发展、看重税收，还是看重经济管理权。如果是后者，而且难以推动，我们就会退出来。比如有的地方人事非常复杂，点头不算摇头算的人特别多，或者有很强政府背景的竞争对手出现，我们就需要探讨和分析。一旦不行我们就会退出来，能够及时退出也是一种能力。

对于管理层我们非常看重，首先要让管理层感觉到我们是一个战壕里的，而不是要把他们踢出去，凡是需要撤换管理层的企业我们根本就不碰。我们自己的企业挑选一个人要很多年，哪去找那么多值得信赖的人去接管？换人也不是没有，但那是迫不得已，而且总体来看，换人失败的多，成功的少。

还有一个就是下岗员工的问题，我们事先都会想到，是不是有条件把退下来的员工安置好。比如我们往往建议投资以后政府还留一些股份，政府拿每年的利润来做退休员工的利益保证。

这几方面的关系很微妙，先找谁后找谁，谁在里面起到关键性的作用，在动手之前，都需要非常小心地研究，才能得到圆满的结果。就像看玉石一样，不要一刀下去把它给毁了。

记者：在竞争不太激烈的时候，PE 还可以选择有所为有所不为，但现在是资金多于项目，许多 PE 在选项目的时候寻求的是政府背景，弘毅的竞争力在哪里？

柳传志：首先，要维护住品牌，这对于争取项目是很重要的；第二，会选择更透明、更规范的地区投资；第三是要充分发挥了解中国国情的优势。通过以往的成功投资经验，我们知道哪些环节是死扣，过不去；哪些环节是通过耐心工作能通过的。

面对各种竞争对手，我们一方面是要试试自己的背景有没有竞争力，当然所谓背景就是自己的实力；另一方面也要看被投的企业有多少待解决的问题，如果解决不了千万别去，否则会坏了自己的招牌。

记者：现在除了在境外注册的 PE，国内也开始发展类似的基金，比如发改委审批的产业投资基金，券商和保险公司也在涉足这一领域。相比之下，弘毅这类 PE 的未来在哪里？

柳传志：对于 PE 投资来说，主要有四个环节，就是融资、选项、帮助、退出，其中核心是选项和帮助，要深刻地了解企业管理、管理层和行业，产业背景的 PE 是有优势的。举个例子，风险投资对创业者的要求，就是对本行业中的运作、管理能够熟悉就敢投了，投了以后很快可以退出。但是 PE 投资的管理层不能只懂运作、管理，还需要有战略，会建立公司文化，比如，CEO 是否尊重整个班子？在利益分配时有没有胸怀？

弘毅会给予被投企业许多的帮助，一年一度组织 CEO 俱乐部等，不仅帮他们干活，还要具体进行指导，把人带出来。这就需要团队组合，这在外国基金很难做到，因为他们太讲个人效率。弘毅的理念是要做大事，将来要做成一个大基金，因此要强调团队。弘毅的最初项目是相互独立的，但慢慢就形成具有优势的领域了。在药业和建筑材料，我们就正在培育出领头人来。

附：弘毅和鼎晖背景介绍

由柳传志任董事长、赵令欢任总裁的弘毅投资顾问有限公司是联想控股有限公司控股的“后三家”投资公司之一。联想控股 1984 年由中科院计算所创立。旗下企业包括联想集团、神州数码被称为“前两家”的实业公司，以及融科置地、联想投资和弘毅投资“后三家”投资公司。

2006 年 11 月，弘毅投资三期融资 5.8 亿美元，联想控股出资 2 亿美元，其他出资人包括高盛、新鸿基、淡马锡等 17 家机构。至 2006 年末，弘毅管理的资金超过55亿元人民币，投资企业10家。弘毅投资自2003年1月运作以来，已先后在金融、建材、医药、汽车零部件、农业和家居等多个行业进行了投资。国企重组成为弘毅的一个特色。一期基金投资江苏宿迁玻璃有限公司，后改名中国玻璃（香港交易所代码：3300），以红筹方式赴H股上市，融资2亿多港元，上市后对7家玻璃企业进行兼并重组，并帮助引入外资。

今年4月，弘毅投资企业南京先声药业股份有限公司在纽约证券交易所上市。6月，弘毅又以8.7亿元收购石药集团全部股权，并承诺未来5年在石家庄医药产业投资50亿元。

鼎晖投资基金管理公司一直与吴尚志的名字联系在一起。在成立鼎晖之前，吴尚志任中金公司直接投资部董事总经理。由于证监会叫停券商的直投业务，2002年，吴尚志带领团队成立了鼎晖投资。开始包括两个基金，分别是1.02亿美元的鼎晖一期与一只3亿元的人民币基金。2005年，鼎晖又从3i、新加坡投资公司等国际投资人那里筹集了一个3.1亿美元的鼎晖成长基金，2006年还筹集了1.5亿美元的鼎晖创投基金。目前，鼎晖总共管理约6亿美元的基金。至今，鼎晖已经成功地投资了数十家企业，特色是投资持续在行业保持领先且高增长的企业，其中包括鹰牌陶瓷、南孚电池、李宁运动用品、蒙牛乳业、百丽鞋业等公司，均取得了丰厚的投资回报。

能适应自己的新角色吗

——专访阿里巴巴集团董事局主席马云

采访人：何华峰

发表时间：2007-10-15

“美国杨致远为主，日本孙正义为主，中国我为主，这是大家合作的基础，我们是伙伴关系。”

因为旗下B2B公司Alibaba.com即将上市，8月1日，在杭州接受本刊专访时，阿里巴巴集团董事局主席马云回避了有关上市的所有问题。一如既往，他谈的都是“大事”——阿里巴巴集团的架构改造、长远目标、价值观与文化。他认为这些最重要。

记者：你的下一步是什么？

马云：我们整个发展战略是从“Meet at Alibaba”走向“Work at Alibaba”。“Meet at Alibaba”指买卖在阿里巴巴，今后是“Work at Alibaba”，即帮助中小型企业生存、成长、发展。比如，支付宝现在和银行合作，开始给中小企业安排贷款，就是试图解决中小企业的发展资金问题。

阿里软件和支付宝会成为两个跨公司的平台，底层是软件、支付，上面是B2B、B2C和C2C。

将来具体还会有什么业务，现在不可能想得太透彻，这要看公司的造化和竞争环境，还有中国和全世界发生的变化。8年前，我们根本想不到阿里巴巴会变成今天这个样子。

记者：你在去年底把公司架构改造成控股子公司的模式，是出于什么考虑？

马云：阿里巴巴比较成熟，淘宝网和支付宝刚刚发力，雅虎中国还在治理中，阿里软件刚刚起来，五家公司在不同的发展阶段，捆在一起打仗很难，所以就分开来打。

阿里巴巴原来只有一个董事会，投资者都在里面，如果一个脑袋坏了，就全坏掉了，风险较大。分成五家公司，每家都成立独立的董事会，基本摆脱了某一天被某家投资方控制的风险。

记者：你如何看待与股东、杨致远和孙正义的关系？

马云：对股东，我尊重他们，我倾听他们，但我会按照我自己的想法做；对员工，我倾听，但我会按照我认为对的去做；对于客户，大部分我是跟着客户去走的。客户第一、员工第二、股东第三，上市后我还是如此，不会因为股市改变方向。

美国杨致远为主，日本孙正义为主，中国我为主，这是大家合作的基础，我们是伙伴关系。

8 年来，我问过所有的投资者，哪个季度让他们失望过？哪个季度我没说到做到？我们每年做的比说的好。

记者：五家公司分开后，现在你的角色是什么？

马云：具体的业务发展交给集团五虎将，他们比我聪明。淘宝网总裁孙彤宇有 90% 的时间在考虑淘宝的发展，我最多 20%，怎么可能比他聪明？

我要用最远的眼光看，用最大的胸怀去包容。我去做了孙正义的董事，了解日本怎么样发展；我到雅虎，了解美国整个的趋势发展。然后就是招人，建文化，建组织。

记者：你能适应自己的新角色吗？

马云：以前我自己拿着斧头往前冲，到后来指挥下面的兵马往前冲。以前睡两三个小时，起来就往前冲，没有累的感觉，有的是精力。今天突然发现，精力体力跟十年以前不一样了，跟年轻人去拼，老将黄忠也是一刀被杀了。我们凭的是经验、胸怀和眼光。年轻人精力、体力、聪明都比你强，他们可能干得更好。

我强迫自己和原先所谓的高层团队全部脱离。我觉得自己过渡得还可以。当然，我放手的时候，知道已经没有大问题。淘宝看不出来有人可以打败它，更看不出来有谁能在三五年内灭了阿里巴巴。

记者：听说在收购雅虎中国之后这一年你非常辛苦？

马云：接过雅虎中国时，发现他们的文化很奇特，原先是职业经理文化，后来又有3721的文化，就是没有属于自己的文化。

这家公司我们要做成盈利很容易，但是我希望每家公司必须成为No.1。因此，我把它的“武功”全废了，从头开始。雅虎中国无线业务一个月七八百万的收入，色情小广告一个月三四百万的收入，我先把他们砍了，因为我们要讲诚信。

雅虎中国网站首页原来密密麻麻，我把它简单化，搞成一页，不行就再搞大，训练大家拥抱变化。

雅虎原先的文化是做任何东西都要让老板开心，阿里巴巴是做任何东西必须让客户开心。为了调整，我把雅虎的员工带到杭州，让他们看一个优秀、健康的公司文化到底怎么样。

我承诺一年不会裁撤员工，一年到了以后，我全面改制文化。

今年雅虎中国开始恢复元气，原来肚子剖开都是癌细胞，现在癌细胞没有了，人很虚弱。先不忙挣钱，养身体，然后练基本功，有的是机会。

记者：改制文化？为什么这个对你如此重要？

马云：我注重文化、注重人才、注重价值观体系，对这些东西的兴趣远远大于业务。因为我建一个阿里巴巴，同样的制度、价值观，可以复制到淘宝，只要业务看好，我可以再复制一个支付宝出来，看好软件，还可以复制一个阿里软件出来。

记者：你的目标是什么？

马云：中国还没有一个真正强大的互联网公司。中国的互联网人口基数达到两亿以后，在技术创新情况下，中国会诞生世界级的互联网公司。我们内部提了一个目标，十年以内，希望世界上三大互联网公司中有一家是我们的。我们希望凭借自己的努力打进世界500强，还要成为世界最佳雇主。

收购悍马有各种预案

——专访腾中重工 CEO 杨毅

采访人：李微敖、梁冬梅

发表时间：2009-6-25

腾中重工 CEO 试图消除市场对这家公司的种种疑虑，并称对收购后面临的难题有足够心理准备。

因收购悍马而“一夜成名”的四川腾中重工机械有限公司（下称腾中重工），在沉默了一个星期后，终于开始直面媒体。

6 月 10 日 19 时，北京双子塔写字楼 26 楼，在成都至北京的航班延误了两个小时后，腾中重工总经理杨毅坐到了本刊记者的对面。

杨毅，中等个头、微胖，白色 T 恤、半框眼镜。他有过多年国企管理经验，但应付如此密集的媒体采访，显然还是第一次。

在过去的一个多星期中，这家四川民营企业遭遇了前所未有的质疑，有政府背景的智库专家，甚至用“荒谬”来形容此次收购行为。而在 20 多分钟的采访过程中，杨毅一直试图平息市场的种种疑虑。

通用将给腾中重工 OEM

记者：什么时候开始考虑做这笔收购的？

杨毅：事实上，我们了解了很久，做了细致的前期工作。2008 年开始和通用谈。最早我们希望等整个谈判完成之后再公布。但是按照美国法律，通用汽车有披露的义务。消息出来之后，美国媒体报道了，我们才决定发一个公告。不过这样的话，反而大家更加有兴趣了解这个交易。

记者：这次收购的悍马“资产包”具体包括哪些？交易金额有多大？

杨毅：我们将获得悍马品牌的使用权、长期组装合同、主要零部件供应、主要管理团队，并将承续与悍马经销网络相关的现行经销商合约等。这个长期供应合同将持续到2012年。但是不包括悍马的生产线和设备，也不包括任何债务。

这种交易模式，类似于通用汽车在帮腾中重工做OEM（代工），生产悍马H2和H3整车。同时，悍马正在研发的混合动力汽车、双模汽车项目，也包括在收购合同中。但是我们现在还不能披露财务数据。

记者：在你看来，悍马现在面临的最大问题是资金问题吗？

杨毅：资金是它最重要的问题之一。资金会影响到其他方面，悍马要改变缺乏资源的现状。

记者：你们的代工合同只持续到2012年，未来会不会在中国国内生产悍马？到时是新建生产线，还是把美国的生产线买下然后搬过来？

杨毅：目前我们主要开拓国际市场，当然也包括中国市场。在中国生产悍马，会有一个合理的考虑。方式倒不一定，可以建，也可以搬。不过新建的可能性更大一些。

李炎是潜在投资者

记者：旭光资源有限公司（香港交易所代码：00067）昨天（6月11日）发布公告称，公司控股股东李炎可能以个人名义参与悍马的收购。你能否证实一下李炎在这项收购中所扮演的角色？

杨毅：这是李炎个人的意愿。腾中重工是由两个股东组成的，收购通过一家投资公司来进行。李炎是一个可能的潜在投资者，他关心这个交易是很可能的。

记者：国内一些专家质疑，悍马高油耗的产品特点和中国节能减排的政策背道而驰。如果在国内兴建生产线，会不会遇到压力？

杨毅：我们会对悍马的产品进行一些新的研发，包括H4在内。我们很关注新能源，包括油电混合和纯电动，收购项目中也包括悍马正在研发的油电混合车和双模车项目。一旦将来在国内建立生产能力的话，我们会符合相关产业政策的要求的。

记者：对这一项目的审批前景，你怎么看？

杨毅：相关报批工作正在进行中。我们尊重政府的审批，将按照规定完成所有程序，并尽力配合。

记者：中国公司收购海外整车企业，一直面临着整合上的困难。目前，市场上对你们的财务实力和整合能力也有一些质疑，对此你有何看法？

杨毅：有关财务方面的信息，现在不能披露。不过我们这次收购，和当年上汽收购双龙的交易结构是不一样的。按照现有交易结构，我们基本上是“轻资本、高可变成本、无债务”的。跟大家想象的可能不太一样。但是对于收购过来面临的问题，我们是有充足准备的，不管是心理上还是资金上。我们不会买过来后过几年就转手。其他的预案和准备，我们当然也会有。

不完全的市场经济无时无刻不在妨碍竞争

——专访搜狐 CEO 张朝阳

采访人：曹海丽

发表时间：2010-2-22

张朝阳说，中国“不完全的市场经济”问题始终存在。最近的言论转向，是基于本人心路历程的变化，终于能跳出“自己的历史”。

张朝阳身穿一件橙红色为基调的格子太空棉服，是那种泛着光的面料。大部分时间，他把双脚跷在另一张椅子上。

上一次见到张朝阳，是十多年前。他创办搜狐未久，还在建国门内的长安大厦办公。谈话细节已经记不清楚，应该就是创业融资、商业模式、上市等，媒体最热门的话题。令人艳羡的教育背景、略带传奇的融资故事，以及引起争议的“个人作风”，让他在同时代创业的网络新贵中脱颖而出。

后来没有再联系过他，直到最近。其间，发生了很多变化，世界的，中国的，个人的。不过，当年三大门户网站三足鼎立的格局，倒还没变。

这次找张朝阳，是因为他最近在一个论坛上的发言。在这篇题为《不完全的市场经济时刻在妨碍竞争》的演讲稿中，他的发言让不少人意外。

“那时候（2049 年），中国人是否都能幸福而有尊严地活着，是否在美国人面前很有面子，中国是否能赢得尊重，这些全都与现在有关系，与每个人有关系。在现在与 2049 年的幸福生活之间还有很多障碍，能否到达光辉的彼岸，与我们现在是愚蠢还是聪明的选择有至关重要的关系。”

他指责“不完全的市场经济在无时无刻地妨碍竞争”；他呼吁“对政府权力的限制和对公平性的追根问底”，否则发展的就可能是“权贵资本主义”。他甚至像一个经济学家那样说，“矢志不渝地继续进行市场化改革，不改革没有出路”，类似的话，独立的具有自由思想的经济学家们已经反复说了十几年。

但此刻它出自一个知名的互联网企业家，一个拥有宝马敞篷车、豪华游艇，自称蹦迪比迈克尔·杰克逊更有创造性，曾经赤裸上身出现在一本时尚杂志封面的“时尚先生”口中。不少网友表达了感动和崇拜之情后，纷纷表示准备将首页立刻换成搜狐。

张朝阳说，他也没有想到在开会前一天下午花两个小时写出来的演讲稿，会产生如此热烈的反响。

美国的负面记忆

张朝阳不认为自己是个“愤青”，他和政府部门的官员相处得也颇为融洽，除了憋不住，偶尔说一下，平时就回归到“爱党爱国”的状态。直到最近一两年，他一直处在一种自称为“带有偏见、个人情绪”的“爱国状态”中。

这状态部分地源于家庭，他的外公曾是一位老红军；更多则是源于他在美国及回国后的经历。

张朝阳创业出名后，在媒体报道的那些公开的故事中，人们看到的是一个在清华物理系“被伤着了”、用自虐的方式试图证明自己的高才生，到美国后，又如何用反叛来平衡以前的压抑。但是，反叛没有给他带来心理慰藉。他在美国竞争最激烈的高等学府之一麻省理工学院的求学生活充满了不愉快的记忆，因为“一直在边缘化的状态生存”。他开始思念故乡。

美国的日子，显然给尚不谙世事的张朝阳留下了难以磨灭的印记，矛盾，焦灼。他既接受了个人主义、物质主义的精神和消费观，又对美国人特有的傲慢极度敏感。他发现，在内心，实则有一种强烈的“渴望中国崛起”、中国人能“扬眉吐气”的民族主义情绪。

决定回国创业后，张朝阳很是兴奋。“能够在一群黑头发、黄皮肤的人中间生活是一件很幸福的事。”他回忆说。

不过，负面的记忆并没有因为人离开了美国而消逝。很快，他又面临着在董事会与来自美国的投资者争夺控制权的斗争。他后来接受媒体采访时说，他用一种东方式的智慧战胜了董事会里的美国佬，把他们都“踢”了出去，从而获得了绝对的控股权。

2000 年，美国新一届总统布什被选上台的那年，《岳麓书院世纪论坛丛书》为张朝阳出了一本书，书名叫《跨越三百年的自卑》。

张朝阳写道："可爱的中国人，我们刚刚从三百年落后的谷底开始攀升，我们像一直被否定的孩子，刚刚获得一些鼓励，颤巍巍地站立起来，依然羞愧而不知所措。我们善于不相信自己，因为在我们的记忆里，强大的西方永远代表发达、质量、信誉，我们往往需要在西方人的喝彩声中才意识到自己的价值。关注心灵，我们还背负着三百年自卑感的重压，我们为自己居然可以对西方说'不'而扬眉吐气，沾沾自喜。"

一年后，中国申奥成功之时，张朝阳又在网上写了这样一篇日记："这一刻，快乐在地球上被13亿倍放大。""……几百年前，西方人踏上了传说中的中国的土地，发现了一个已经衰落的民族，一种优越感便不可遏制地产生而确立……接下来，便是我们一代代前赴后继，想向世界证明，我们是一种同等重要的文明。在仓皇而失态的努力中，我们政变，我们战争，我们尝试各种社会形态，并付出了亿万生命的代价。变化之中，我们却进一步证明我们的衰落，进一步加强西方的优越。"

张朝阳对中国的"崛起"感到由衷的自豪。"当中国人看到自己劣根性的时候，我更看到这个。"他在我们的这次会面中坦率地说。

这种情绪一直延续到北京奥运会召开。他"欢呼"，他"赞叹"，他也抵制家乐福。"中国搞点什么事别人都来指责，特烦。"他说。

心路历程之变

2008年的下半年，有两件事对张朝阳产生了重要影响：一是发端于美国的金融危机；二是美国总统大选，民主党重掌白宫和国会，美国也产生了历史上首位非裔总统。

此前的8年时间里，由于布什发动伊拉克战争，以及他在环境问题上的消极政策，张朝阳对美国政治及布什政府的反感达到了顶点。

白宫易主之后，张朝阳开始重新审视美国，"又重新燃起了一些希望"。他渐渐摆脱了在美国奋斗的负面记忆，也摆脱了后来在董事会斗争的负面记忆，甚至对布什政府的负面记忆。他此间又去了很多趟美国，在两边都读了很多东西之后，他说，对中国的"崛起"有了不同的看法，再来看中国的问题，就很"忧虑"。

张朝阳将注意力放到促使美国经济繁荣发达的市场经济原则上。金融危机后，奥巴马政府采取了很多加强政府管制和监控的措施，包括通过政府刺激方案来拉动投资和内需。

张朝阳认为，美国是完全的市场经济，政府的调控只是在市场经济基础上做了一些微调；“但中国把它作为一个原因。中国本来就是计划经济，权力对市场进行干涉，这让我忧虑。”

张朝阳承认，中国“不完全的市场经济”问题始终存在。他最近一两年言论的转向，并非由于问题本身有了什么变化，而是他本人心路历程的变化，终于能跳出“自己的历史”。

另一方面，张朝阳说，从互联网行业的成功看到其他行业的不成功，以及互联网行业成功后遇到的一些问题，也使他转变了看法。“这一年，看到的，听到的，在行业内发生的一些事，让人觉得有点压抑。不得不说了。”

那篇《不完全的市场经济时刻在妨碍竞争》演讲发表后，很多人将张朝阳的“放炮”，同前段时间发生在互联网行业的一些事件联系起来。互联网资深评论员胡泳就在专栏中如此解读：“张朝阳是第一个出来抨击这种危险发展趋势的企业家。这是一个信号，表明在当下大环境中，中国互联网业已很难独善其身，这个行业在高歌猛进的年代所生发出来的理想光环正在消失。”

张朝阳承认，部分的原因是发生在互联网行业里的一些事。令他感触最深的，是在保护知识版权、打击盗版上的某些“不作为”。“他们作为的，往往就是绿坝软件，或者发个许可证——谁可以做谁不可以做，整天玩这些事情。但真正的知识产权却不去管。”

“知识经济和网络视频，不保护知识产权，不打击盗版，这个产业起不来。”张朝阳说。

游走在矛盾之间

过去一两年里，搜狐公司多次将部分视频网站告到法院，又被后者反诉，其间官司不断。张朝阳认为，由于“司法不独立”，致使“盗版方只要找找政府就行了”。在他看来，“这还不是一个国有企业和民营企业的问题，就是在民营企业之间，政府也不去考虑公平竞争的问题”。

不久前发生的谷歌威胁退出中国市场事件，也多多少少对他产生了一些影响。张朝阳说，有些事，有没有亲身经历过，体会是不一样的。互联网行业出现的一些问题，给他提供了一个“管中窥豹”的机会。

不过，行业本身只是他发表这个言论的小部分原因。张朝阳对中国的互联网很有信心。真正影响他思想的，是一直心仪的中美比较。

“美国人对我那么傲慢，人家有原因傲慢。人家太先进了。我们为什么不能先进呢？中国人那么聪明。”张朝阳说，“中国人什么时候有面子，这件事对我很重要”。

在他看来，美国的市场经济确实比中国的发达，“我们在经济上应该学习人家”。

张朝阳承认，他不是典型意义上的儒家知识分子，因为受到美国个人主义的影响，缺乏责任感；另一方面，又缺乏美国基督教精神培育出来的感恩和慈善精神，不喜欢捐款。他只是一个“自私”的人，他相信的是“我自己要过好”。

他还承认，作为一个拥有钱、地位、名誉的企业家，他也是一个既得利益者，也可以算做“权贵”的一部分。他可以不用说话，就过舒服的日子。

但是，他有一个心结。“我希望中国进步得更快一点，无论从国家的角度，还是我个人在美国人面前有面子的角度。”因此，他要出来讲那些话。

但是他不会选择激烈的方式，他说他对儒家文化抱有希望，希望官员们有所作为，但方向要正确；“至于何时能走到，我很有耐心”。

国美不姓“黄”

——专访国美董事局主席陈晓

采访人：王珊珊、王宁

发表时间：2010-8-23

“国美怎么可能变成我的公司呢？这个公司根本就不该有姓氏。”

两周以来，在大股东黄光裕发起夺回控制权的争夺后，国美董事局主席陈晓便背上了“小人”甚至“汉奸”等骂名，他是否有意图谋国美的控制权？在引资中是否欺骗了黄光裕？他如何与管理层度过这一艰难时刻？是什么动力支撑他走到现在？如果他和黄光裕面对面，将是如何场景？

面对记者的诸多提问，8 月 20 日下午，陈晓第一次接受了本刊记者的采访，地点就在鹏润大厦 18 层办公室。

一问一答间，陈晓显得平静，但说到种种责难，一向以“理性”自诩的他亦难免情绪波动，碍于中期业务发布以及即将召开但尚未确定日期的特别股东大会，他没有说出来的话还有太多。

记者：现在对你和国美都是一个很艰难的时刻？压力大吗？

陈晓：媒体说我和他争权夺利，控制公司，我是一个小股东，国美怎么可能变成我的公司呢？根本就不存在这个问题，这个公司根本就不该有姓氏。

记者：2008 年 11 月黄光裕被突然带走，管理层如何从“只负责执行”逐步转变成“集体决策层”？

陈晓：公司的危机实际上并不是突然出现的。它已有先兆。

后来黄光裕被带走，我就变成董事局代理主席。当时公司面临重大危机，52 亿港元的可转债很可能触发提前赎回，而公司根本没有钱。

几乎所有银行贷款全部停止，有些要求我们提前还款，大部分账户被冻结。供应商也要求缩短账期，最极端的时候要求我们一手交钱一手交货。

这段时间不堪回首，公司可能顷刻间就没了。这时，管理层承担责任是义不容辞的。

大家自发地没日没夜地和银行、供货商沟通，对外强调公司和黄光裕是两回事，就想如何度过这个危机，连明天都不敢想。

这个过程很漫长，从2008年11月底，一直延续到第二年3月。那时曾以我个人无限责任提供担保做抵押贷款，最高时贷了一二十亿。现在这些行为都变成阴谋和笑话了。

记者：当时引资的需要、方案选择，黄光裕参与意见了吗？

陈晓：那个时点上，我们不需要征求他意见，但实际上我们还是征求他了。公司不行了，必须融资。2009年3月前，我们想过很多办法，但那时全世界都没钱。国美的股价一直低于同类公司，资本市场对这种情况有一个名词叫"黄光裕折让"。大家都知道我们需要融资时，能谈什么条件？

记者：当时机构投资者认为摊薄到多少才有安全感？

陈晓：几乎无一例外都要摊薄大股东股权。黄光裕说："是谁不重要，但不能被摊薄到30%以下。"而机构说，"必须摊薄到30%以下，我们才可以投资"。这是一个很大的矛盾。

记者：同意这个条件的，只有贝恩？

陈晓：对。它同意，但有很多附加条件，"我可以股权少一点，但我对公司治理、透明度有要求，我参与董事会"，所以他们要求在董事会至少要有三名董事。

记者：为什么在贝恩融资后三个月又第二次发债融资16亿港元？

陈晓：我们第一次融资不够，因为不能摊薄大股东到30%以下。实现两轮融资，后一轮融资就会好很多。因为第一轮融资之后，让别人知道你公司死不了，我谈判的筹码就多了。第二轮发债融资的转股价是2.84港元，第一轮只有1.06港元。

记者：黄光裕知不知道融资的具体条款？

陈晓：我怎么告知？我没法和他自由交流呀。具体的条款不可能让他知道，我们的司法体系不允许一大堆文件拿去让他看，就写个条子告诉他有这件事情发生了。

记者：后来发行可转债时征求黄意见了吗？

陈晓：不需要征求他的意见，因为是必须还的钱，52 亿港元还没解决掉。前面发债是给市场信号，说明公司不会倒。分两步融资比一次性做好很多，因为第二次融资的价格比较高。

记者：永乐被国美收购的时候，你为什么留下来做国美总裁？

陈晓：是黄光裕希望我做这个总裁的。我把永乐卖给他，作为新公司的股东，我希望我的投资回报可以更多。今天这个状态，从股东角度来讲，这么折腾是谁都不愿意看到的。客观上我们给竞争对手很多机会。

记者：你怎么评价黄光裕这个人？又怎么来看自己的优缺点？

陈晓：执著。他认为该坚持的，他一定坚持。我自己，没什么优点。我最大的问题就是太理性。太理性有时候挺痛苦。